Die Republik Österreich stellt Ihnen Buch und SbX für Ihre Ausbildung zur Verfügung.
Ihre Professorinnen und Professoren helfen Ihnen, den Stoff zu erlernen und so eine gute Basis für Ihr späteres Berufsleben oder Ihr Studium zu legen. Übernehmen Sie aber auch selbst Verantwortung für Ihren Lernerfolg und nutzen Sie die vielfältigen Möglichkeiten, die Ihnen dieses Buch und das zugehörige SbX zum Lernen, Üben, Sichern und Wissen bieten.

Autoren:

LSI OStR Mag. Klaus-Peter Haberl
Landesschulrat für Kärnten

BOL Dipl.-Päd. Günter Sachadonig
Landesberufsschule 2 Salzburg
Personalverrechnungstrainer in der
Erwachsenenfortbildung

Wien 2018

Buch-Nr. 170796

Dieses Lern- und Arbeitsbuch wurde vom Bundesministerium für Bildung und Frauen mit Bescheid vom 3. Oktober 2014, Geschäftszahl 5.025/0011–B/8/2014, für den Unterrichtsgebrauch an Handelsakademien und an Handelsschulen und mit Bescheid vom 1. Oktober 2015, Geschäftszahl 5.025/0011–B/8/2015, für den Unterrichtsgebrauch an Berufsschulen und Höheren land- und forstwirtschaftlichen Lehranstalten für geeignet erklärt.

Herzlich willkommen im neuen Schuljahr!

Das innovative MANZ Lernpaket

Als führender Verlag im berufsbildenden Schulwesen wissen wir, dass Sie Lernpakete benötigen, die Sie zielgerecht zum Lernerfolg – zu Wissen und Kompetenz – führen. Wir wollen, dass Sie nach Abschluss Ihrer Ausbildung Ihre persönlichen Chancen am Arbeitsmarkt bestmöglich wahrnehmen können.
Wir arbeiten täglich an der Produktion zeitgemäßer Lernpakete und stehen dabei im ständigen Dialog mit erfahrenen Schulbuchautorinnen und -autoren sowie Wissenschaftlerinnen und Wissenschaftlern.

Ihr **Lernpaket** besteht aus
● einem übersichtlich gegliederten Schülerbuch und
● abwechslungsreichen digitalen Ergänzungen inklusive des MANZ Lernraumes im E-Book.

Alle Teile des Lernpakets sind aufeinander abgestimmt und folgen dem **MANZ 4-Schritte-Lernmodell.**

Das MANZ 4-Schritte-Lernmodell

Dieses Buch ist ein speziell für Sie gestaltetes, modernes Lern- und Arbeitsbuch. Der Lernstoff ist in diesem Buch in Kapitel und innerhalb der Kapitel in Lerneinheiten gegliedert. Die Lerneinheiten sind nach dem MANZ 4-Schritte-Lernmodell aufgebaut und ein spezielles Leitsystem erleichtert die „Navigation" im Buch.

LERNEN (Input)
Information aufnehmen, Zusammenhänge erkennen, Theorie erfassen

ÜBEN (Anwendung)
Routine erwerben, Zusammenhänge verstehen, Erfahrung sammeln

SICHERN (Festigung)
Gelerntes zusammenfassen, Übersicht gewinnen, Inhalte wiederholen

WISSEN (Kontrolle)
Wissen testen, Kompetenz überprüfen, Können beweisen

SbX Zu diesem Lern- und Arbeitsbuch gibt es im Rahmen des E-Books vielfältige Online-Ergänzungen sowie ein Lernmanagementsystem, den **MANZ Lernraum.** Die Online-Ergänzungen sind wie das Schülerbuch im 4-Schritte-Lernmodell aufgebaut und enthalten PowerPoint-Präsentationen, MP3-Zusammenfassungen, Aufgaben mit automatischer Aufgabenkontrolle und mehr.

Dem Verlag MANZ ist es ein grundlegendes Anliegen, …

… Chancengleichheit wo immer möglich zu fördern. Frauen und Männer werden in den Texten und Beispielen dieses Buches gleichberechtigt behandelt. Um den Lesefluss nicht zu stören, wird aber – wo nötig – auf das Nebeneinander weiblicher und männlicher Formen verzichtet.

Das Schülerbuch als E-Book inklusive SbX

Zusatzmaterial
Alle Download-Dateien (Angaben, Lehrbeispiele, Zusatzinfos) sind hier gesammelt.

Der MANZ Lernraum
ist Ihr Arbeits- und Kommunikationsbereich.

Suchfeld
Suchen Sie hier nach Schlagworten und wählen Sie dann aus den Vorschlägen.

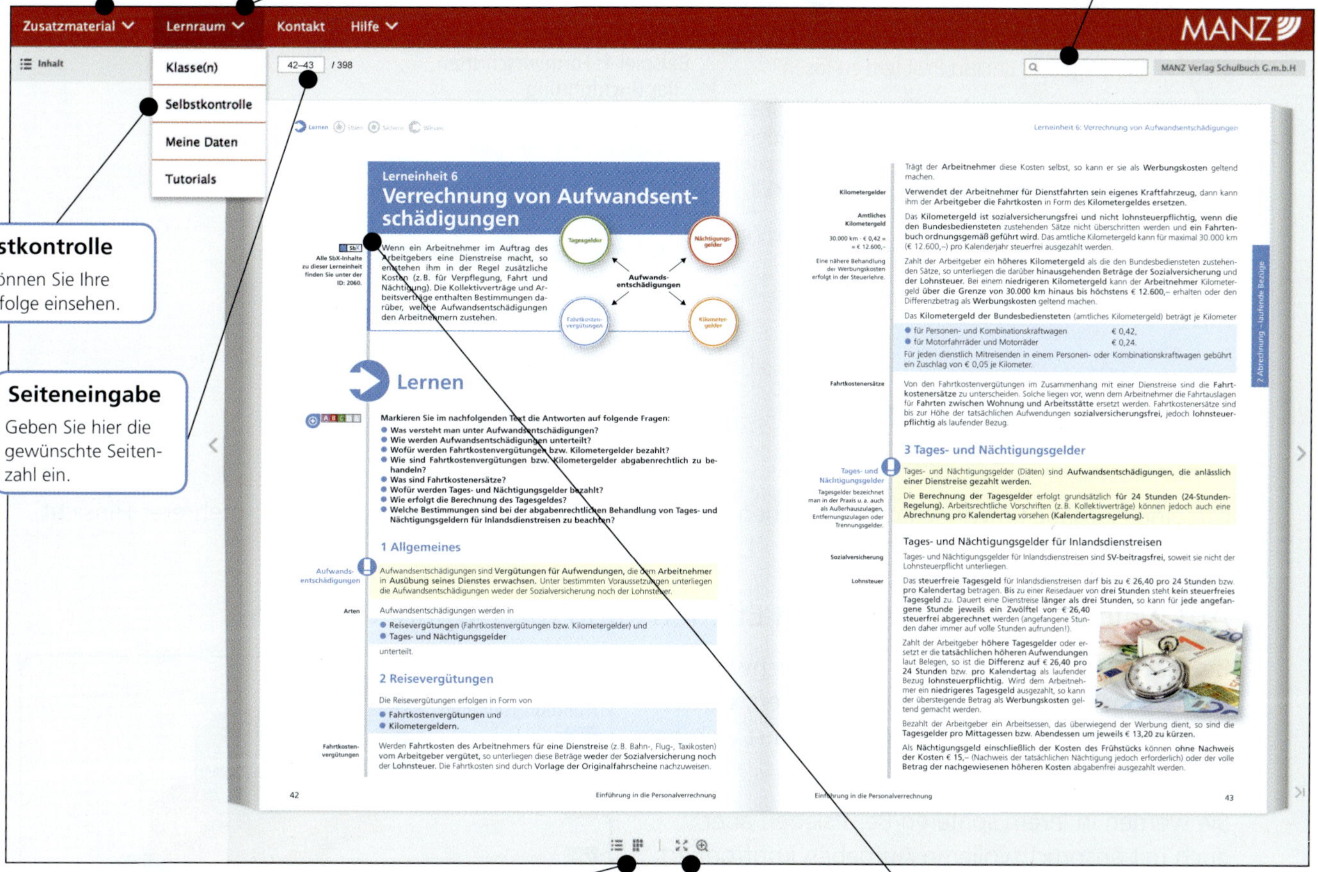

Selbstkontrolle
Hier können Sie Ihre Lernerfolge einsehen.

Seiteneingabe
Geben Sie hier die gewünschte Seitenzahl ein.

Ansicht
Sie können zwischen der Inhaltsansicht mittels Inhaltsverzeichnis und einer Miniaturansicht der Buchseiten wählen.

Zoomfunktion und Vollbildmodus
Die Lupe oder ein Doppelklick ermöglichen eine Detailansicht. Der Vollbildmodus öffnet sich in einem neuen Fenster.

SbX-Leiste und SbX-ID
Ein Klick auf die SbX-ID öffnet eine Übersicht der passenden SbX-Inhalte zum aktuellen Lernschritt.

Das E-Book finden Sie online unter:

 **www.wissenistmanz.at**

 **Startcode: 00255386**

Der Kompetenzerwerb – Ihr Weg zum Ziel

Ziel Ihrer Ausbildung ist es, Wirtschaftskompetenz zu erwerben. Diese umfasst Kenntnisse und Fähigkeiten, welche Sie benötigen, um die Anforderungen des Wirtschaftslebens bewältigen zu können. Wesentlich sind in diesem Zusammenhang zwei Faktoren: Inhaltskompetenz und Handlungskompetenz.

Beispiele zur Inhaltskompetenz:
Beispiel 1: Formvorschriften der Buchführung

Beispiel 2: Möglichkeiten der Gewährung von Skonto

Beispiele zur Handlungskompetenz:
Beispiel 1: Eintragungen in Bücher und Aufzeichnungen vornehmen

Beispiel 2: Lieferanten- und Kundenskonto berechnen und verbuchen

Um eine Aufgabe im wirtschaftlichen Leben bewältigen zu können, müssen Sie also in mehrerer Hinsicht über Kompetenzen verfügen.

Auf welchen unterschiedlichen Ebenen kann man kompetent sein?

Bei manchen Aufgaben reicht es aus, Fachwissen wiederzugeben, beispielsweise zu erklären, was ein Skonto ist und in welcher Form er gewährt werden kann.

Sie werden in Ihrem späteren Berufsleben aber auch mit anspruchsvolleren Aufgaben konfrontiert sein, in denen Sie nicht nur Fachwissen wiedergeben, sondern die Kompetenz haben müssen, eigenständig neue Lösungen zu entwickeln. Das ist zum Beispiel der Fall, wenn Sie eine neue Lagerbuchführung aufbauen müssen.

Abhängig von der Art und Weise, welche Kenntnisse und Fähigkeiten Sie einsetzen müssen, spricht man von unterschiedlichen Handlungsebenen. Diese werden zur leichteren Unterscheidung mit Buchstaben versehen.

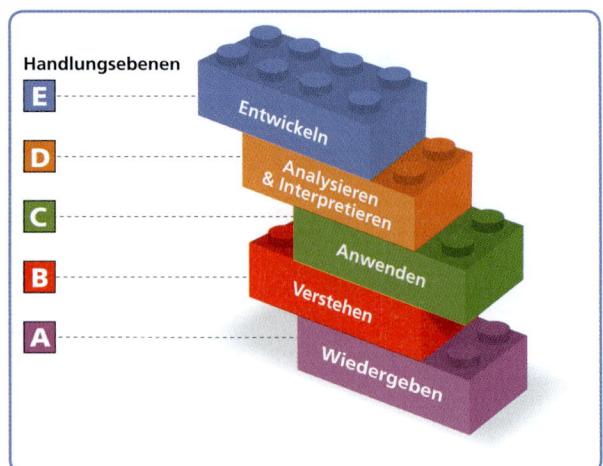

A **Wiedergeben:** Sie können grundlegende Inhalte des Rechnungswesens, die Sie gelernt haben, wiedergeben, beschreiben und einordnen (z. B. erklären, wie man eine Schlussbilanz erstellt und welche Arbeitsschritte hierfür nötig sind).

B **Verstehen:** Sie können Gelerntes auf bestimmte Sachverhalte beziehen und damit vergleichen oder etwas in anderer Form zusammenfassend darstellen (z. B. Bezeichnungen von Konten vornehmen und Zusammenhänge zwischen Buchungen und Beleg herstellen).

C **Anwenden:** Sie können praxisnahe Aufgabenstellungen mithilfe gelernter Verfahren und Werkzeuge bearbeiten (z. B. Buchungen auf aktiven und passiven Bestandskonten mithilfe der Buchungsregeln durchführen).

D **Analysieren & Interpretieren:** Sie können Gelerntes neu strukturieren und nach eigenen Kriterien beurteilen (z. B. eine Bilanz unter Berücksichtigung eines vorhandenen Geschäftsfalles aufstellen).

E **Entwickeln:** Sie können eigenständig Neues entwickeln (z. B. eine für Ihr Unternehmen passende Mahnorganisation entwickeln).

Was Sie am Ende Ihrer Ausbildung können werden

Der Lehrplan, nach dem Sie unterrichtet werden, enthält für jeden Unterrichtsgegenstand die Bildungs- und Lehraufgabe sowie den Lehrstoff. Die **Bildungs- und Lehraufgaben** legen die **Kompetenzen,** die Sie im Rahmen Ihrer schulischen Ausbildung erwerben, **als Inhalts- und Handlungsdimension** fest. Im **Lehrstoff** werden die **Inhalte des Unterrichtsgegenstandes** angeführt.

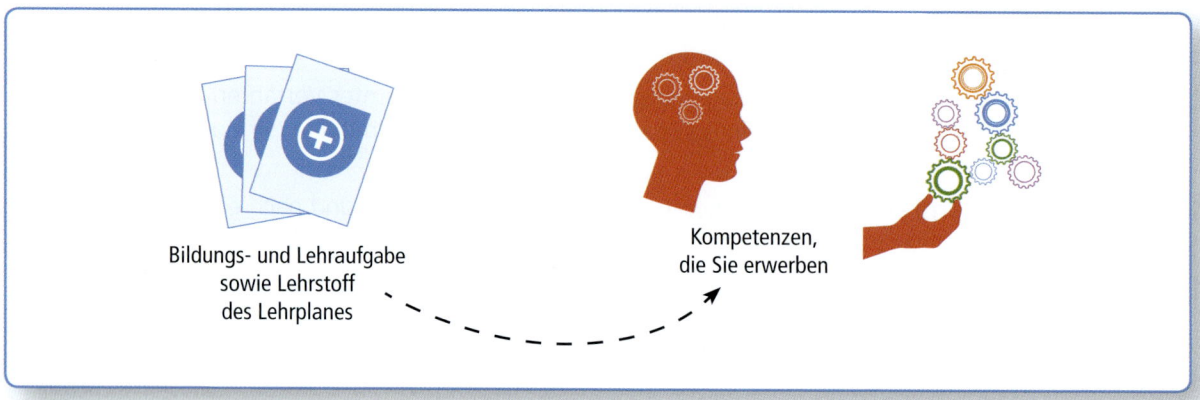

Bildungs- und Lehraufgabe
sowie Lehrstoff
des Lehrplanes

Kompetenzen,
die Sie erwerben

 Sie sollen wissen, welche Kompetenzen Sie erlangen! Dazu finden Sie nachfolgend nach Schulformen geordnet die **Bildungs- und Lehraufgaben** aus den **aktuellen Lehrplänen** mit den jeweiligen **Kompetenzen** als Zielvorgabe.

Schultyp	Bildungs- und Lehraufgabe	Lehrstoff
Handelsakademie – Unternehmensrechnung, 4. Semester	Die Schülerinnen und Schüler können im **Bereich Personalverrechnung** ● **laufende Bezüge (Gehälter, Löhne, Lehrlingsentschädigungen, geringfügig Beschäftigte, Zulagen und Zuschläge, Sachbezüge, Aufwandsentschädigungen) und sonstige Bezüge abrechnen,** ● **Abrechnungen bei Beendigung von Dienstverhältnissen vornehmen,** ● **außerbetriebliche Abrechnungen durchführen,** ● **die erforderlichen Aufzeichnungen führen,** ● **die Verbuchung von Lohn- und Gehaltszahlungen sowie Aufwandsentschädigungen vornehmen,** ● **die Arbeitnehmerveranlagung mittels FinanzOnline durchführen,** ● **den Schriftverkehr mit Sozialversicherung und Finanzamt abwickeln.** **Bereich Computerunterstütztes Rechnungswesen** ● **einfache Lohn- und Gehaltsabrechnungen mit einer kaufmännischen Standardsoftware durchführen, die lohn- und gehaltsabhängigen Abgaben ermitteln und die erforderlichen Buchungen vornehmen.**	Diesen Kompetenzen liegt folgender Lehrstoff zugrunde: **Personalverrechnung:** **Abrechnung von laufenden und sonstigen Bezügen, Verrechnung mit der Krankenkasse, dem Finanzamt und der Gemeinde, Lohnkonto und sonstige gesetzlich erforderliche Aufzeichnungen, Arbeitnehmerveranlagung mit Finanz-Online, Schriftverkehr, Verbuchung** **Computerunterstütztes Rechnungswesen:** **Abrechnung laufender und sonstiger Bezüge**

Schultyp	Bildungs- und Lehraufgabe	Lehrstoff
Handelsschule – Betriebswirtschaft, Wirtschaftliches Rechnen, Rechnungswesen, 4. Semester	Die Schülerinnen und Schüler können im **Bereich Unternehmensrechnung** ● einfache monatliche Abrechnungen (Löhne, Gehälter, Lehrlingsentschädigungen, geringfügig Beschäftigte) durchführen, die Abrechnung von Sonderzahlungen ohne Sechstelüberschreitung vornehmen, die anfallenden Abgaben ermitteln und abliefern sowie die erforderlichen Buchungen durchführen, auch mit einer kaufmännischen Standardsoftware, ● die Arbeitnehmerveranlagung mittels FinanzOnline durchführen.	Diesen Kompetenzen liegt folgender Lehrstoff zugrunde: **Unternehmensrechnung:** **Abrechnung von Bezügen, Ermittlung der Abgaben, auch mit einer kaufmännischen Standardsoftware, Verbuchung, Arbeitnehmerveranlagung**
Handelsschule – Betriebswirtschaftliche Übungen einschließlich Übungsfirma, Projektmanagement und Projektarbeit, 4. Semester	Die Schülerinnen und Schüler können im **Bereich Unternehmensrechnung** ● Löhne, Gehälter, Lehrlingsentschädigungen und geringfügig Beschäftigte sowie Sonderzahlungen ohne Sechstelüberschreitung abrechnen, die anfallenden Abgaben ermitteln und abführen, die entsprechenden Buchungen vornehmen, auch mit einer kaufmännischen Standardsoftware einschließlich Stammdatenpflege und Datensicherung, ● die Arbeitnehmerveranlagung mit FinanzOnline durchführen.	Diesen Kompetenzen liegt folgender Lehrstoff zugrunde: **Personalverrechnung**

Ihre Lehrerinnen und Lehrer und dieses Lern- und Arbeitsbuch helfen Ihnen, **diese Kompetenzen nach und nach aufzubauen**. Übungsaufgaben, Fallbeispiele und **Aufgaben zur Lernkontrolle** bieten die Möglichkeit, **Ihre Kompetenzen zu festigen und zu überprüfen.** Viel Erfolg!

Einführung in die Personalverrechnung

Stand 1. Jänner 2018

1 EINFÜHRUNG IN DIE PERSONALVERRECHNUNG – ALLGEMEINES

Worum geht's in diesem Kapitel?

SbX

Alle SbX-Inhalte zu diesem Kapitel finden Sie unter der ID: 1000.

Der Tätigkeitsbereich der in der Personalverrechnung eingesetzten Mitarbeiter entwickelt sich zunehmend weg von der reinen Bezugsabrechnung in Richtung der Personalsachbearbeitung. Die Mitarbeiter müssen daher, neben Kenntnissen im Abgabenrecht, auch über fundierte Kenntnisse im Arbeitsrecht verfügen. Alleine die Vielzahl von arbeitsrechtlichen Bestimmungen macht bereits die Ermittlung der Bruttobezüge zu einer interessanten Aufgabe.

Aufgrund der laufenden gesetzlichen und sonstigen Änderungen sind Personalverrechner gezwungen, sich über diese Neuerungen ständig zu informieren.

Kein anderes Rechtsgebiet ist einer so raschen Veränderung unterworfen wie das Arbeits-, Sozial- und Steuerrecht. Dazu kommen noch Neuerungen, die sich aus der Rechtsprechung der Höchstgerichte ergeben, Richtlinien der Finanzbehörden und Sozialversicherungsträger, Änderungen in der Verwaltungspraxis und vieles mehr.

Das vorliegende Kapitel gibt Ihnen einen ersten Überblick über die Organisation, Aufgaben und Grundlagen der Personalverrechnung.

In diesem Kapitel finden Sie Aufgaben zum Kompetenzerwerb und zur Kompetenzüberprüfung auf den Handlungsebenen **A** **Wiedergeben** und **B** **Verstehen.**

Dieses Kapitel umfasst folgende Inhalte:

1 Betriebliches Personalwesen

2 Begriffsbestimmungen

3 Organisation der Personalverrechnung

4 Aufgaben der Personalverrechnung

5 Grundlagen und Hilfsmittel der Personalverrechnung

Lernen

Markieren Sie im nachfolgenden Text die Antworten auf folgende Fragen:

● **Was versteht man unter der Personalverrechnung?**
● **Wer bekommt einen Lohn und wer ein Gehalt?**
● **Was versteht man unter einem Arbeiter bzw. einem Angestellten?**
● **Wer führt die Personalverrechnung in Kleinbetrieben bzw. Mittel- und Groß-betrieben durch?**
● **Welche Aufgaben beinhaltet die innerbetriebliche Abrechnung?**
● **Welche Aufgaben weist die außerbetriebliche Abrechnung auf?**
● **Welche Grundlagen und Hilfsmittel werden in der Personalverrechnung in der Regel verwendet?**

1 Betriebliches Personalwesen

Personalabteilung

Die Arbeiten, die der Dienstgeber durch die Beschäftigung von Dienstnehmern zu erledigen hat, werden in der **Personalabteilung** durchgeführt.

Personalverwaltung

Aufgabenbereiche der Personalabteilung sind u. a. die Personalbedarfsplanung, die **Personal-verwaltung**, die Personalführung, die Personalausbildung und die Personalbetreuung.

Personalverrechnung

Ein Aufgabenbereich der Personalverwaltung ist die **Personalverrechnung**.

2 Begriffsbestimmungen

Personalverrechnung, Lohn, Gehalt

Unter **Personalverrechnung** (Lohnverrechnung) versteht man **die Entgeltabrechnung aller im Betrieb Beschäftigten** (innerbetriebliche Abrechnung) sowie **die Berechnung und Über-weisung der lohn- und gehaltsabhängigen Beiträge und Steuern** (außerbetriebliche Abrechnung).

Arbeiter → Lohn, Angestellter → Gehalt

Im Allgemeinen wird das **Entgelt der Arbeiter** als **Lohn**, das **Arbeitsentgelt der Angestell-ten** als **Gehalt** bezeichnet.

Arbeiter

Arbeiter sind jene Arbeitnehmer (Dienstnehmer), die **überwiegend körperliche Arbeit** ver-richten und deren Tätigkeit nicht dem Angestelltengesetz unterliegt.

Angestellte

Als **Angestellte** gelten jene unselbständig erwerbstätigen Personen, die in einem Unterneh-men **vorwiegend zur Leistung kaufmännischer Dienste** (z. B. Buchhalter oder Verkäufer) oder **höherer, nicht kaufmännischer Dienste** (z. B. technische Angestellte) oder zu **Kanzlei-arbeiten** angestellt sind. Das Beschäftigungsverhältnis der Angestellten ist durch das Angestell-tengesetz geregelt.

Schriftverkehr

Der mit der Personalverrechnung in Zusammenhang stehende **Schriftverkehr,** der meist **auf elektronischem Weg** durchgeführt wird, beschränkt sich im Wesentlichen auf das Ausfüllen und die Übermittlung von **Formularen** sowie die Durchführung verschiedener **Meldungen** im Zusammenhang mit den sozialversicherungsrechtlichen und steuerrechtlichen Bestimmungen.

3 Organisation der Personalverrechnung

Organisation in Kleinbetrieben

Die **Personalverrechnung** wird in **kleinen Betrieben** vom Unternehmer selbst oder von einem Angestellten (z. B. von dem mit der Personalverrechnung betrauten Buchhalter) durchgeführt. Oft werden die Arbeiten auch einem Steuerberater übertragen.

Organisation in Mittel- und Großbetrieben

In **mittleren** und vor allem **großen Betrieben** werden die Arbeiten meist von einer eigenen Abteilung, dem **Personalbüro** (Personalverwaltung, Personalabteilung, Lohnbüro) mit-hilfe von Softwarepaketen durchgeführt.

4 Aufgaben der Personalverrechnung

Für eine **Abrechnungsperiode** (Monat) sind die **innerbetriebliche** und die **außerbetriebliche Abrechnung** durchzuführen.

Innerbetriebliche Abrechnung

Die **innerbetriebliche Abrechnung** umfasst u. a. folgende Aufgaben:

● **Ermittlung des Bruttobezuges**

Zum Rechenvorgang zur **Ermittlung des Bruttobezuges,** *der* **Abzüge** *und des* **Auszahlungs- bzw. Überweisungsbetrages** *siehe Kapitel 2*

Der **Bruttobezug** richtet sich entweder nach dem Kollektivvertrag oder es werden durch Betriebsvereinbarung oder Einzeldienstvertrag günstigere Regelungen für den Arbeitnehmer getroffen.

Der Bruttobezug kann neben dem **Grundbezug (= Normalbezug),** das ist der Verdienst in der Normalarbeitszeit, u. a. **folgende Entgeltteile** umfassen:

○ ein **Überstundenentgelt,**

○ **Zuschläge** für Sonntags-, Feiertags- und Nachtarbeit sowie

○ **Zulagen,** wie Schmutz-, Erschwernis- und Gefahrenzulagen.

Sachbezüge (z. B. Privatnutzung eines arbeitgebereigenen Kraftfahrzeuges, Dienstwohnung) werden bei der Ermittlung des Bruttobezuges in der Regel nicht berücksichtigt. Sie unterliegen jedoch der Sozialversicherung und der Lohnsteuer.

Aufwandsentschädigungen, wie z. B. Tagesgelder, Nächtigungsgelder und Reisevergütungen (Fahrtkostenvergütungen bzw. Kilometergelder) werden meist gesondert abgerechnet und ausgezahlt und zählen im Allgemeinen nicht zum Bruttobezug.

● **Errechnung der Abzüge**

Diese gliedern sich in gesetzliche, freiwillige und sonstige Abzüge.

○ Die **gesetzlichen Abzüge** sind im Wesentlichen:
  ● der **Dienstnehmeranteil zum Sozialversicherungsbeitrag,**
  ● die **Lohnsteuer** und
  ● das **Service-Entgelt** (E-Card-Gebühr).

Zum **Service-Entgelt** *siehe Kapitel 4*

○ **Freiwillige Abzüge** (z. B. der Gewerkschaftsbeitrag)

○ **Sonstige Abzüge** (z. B. Akontozahlungen)

*Anneliese Müller
(Bilanzbuchhalterin)*

*Gehalt
– Sozialversicherung
– Lohnsteuer
_____
Auszahlung / Überweisung*

Brutto

Netto

● **Errechnung des Auszahlungsbetrages** bzw. **Überweisungsbetrages**

● **Erfassung auf dem Lohnkonto**

Zum **Lohnkonto** *siehe Kapitel 5 und 8*

Der Bruttobezug, die Abzüge und der Auszahlungsbetrag sind auf dem jeweiligen **Lohnkonto** zu erfassen.

● **Überweisung (Auszahlung) des Bezuges**

Außerbetriebliche Abrechnung
Die außerbetriebliche Abrechnung betrifft u. a. die Gebietskrankenkasse, das Finanzamt und die Gemeinde bzw. Stadtkasse; siehe dazu Kapitel 7.

Die **außerbetriebliche Abrechnung** umfasst u. a. folgende Aufgaben:

● **Ermittlung** der **Dienstgeberbeiträge** und **-abgaben**

Zu den Dienstgeberbeiträgen und -abgaben zählen vor allem der

○ Dienstgeberanteil zum Sozialversicherungsbeitrag, der
○ Beitrag zur betrieblichen Vorsorge, der
○ Dienstgeberbeitrag zum Ausgleichsfonds für Familienbeihilfen, der
○ Zuschlag zum Dienstgeberbeitrag, die
○ Kommunalsteuer und,
○ in Wien, die U-Bahn-Steuer (Wiener Dienstgeberabgabe).

*Finanzamt
Gebietskrankenkasse
Gemeinde*

- **Ablieferung** der **entsprechenden Beiträge** und der **vorgenommenen Abzüge** an die zuständigen Stellen
- **Rückforderung** des durch den Dienstgeber **fortgezahlten Entgeltes** bei Dienstverhinderungen durch Krankheit bzw. nach Unfällen

5 Grundlagen und Hilfsmittel der Personalverrechnung

Grundlagen

Einschlägige Gesetze zur Personalverrechnung sind u. a. das Einkommensteuergesetz, das Allgemeine Sozialversicherungsgesetz, das Familienlastenausgleichsgesetz, das Betriebliche Mitarbeiter- und Selbständigenvorsorgegesetz und das Angestelltengesetz.

Grundlagen der Personalverrechnung sind u. a.:
- die **Verordnungen** und **Richtlinien** der **Europäischen Gemeinschaft**
- die **einschlägigen Gesetze**
- der bzw. die **maßgebenden Kollektivverträge**
- **Betriebsvereinbarungen, Dienstverträge** bzw. **Dienstzettel**
- die **Erklärungen** zur Berücksichtigung des Alleinverdiener- bzw. Alleinerzieherabsetzbetrages sowie zur Berücksichtigung des Pendlerpauschales und des Pendlereuros und die **Mitteilungen** zur Vorlage beim Arbeitgeber

Hilfsmittel

Die **Effektiv-Tarif-Tabelle** ist im Anhang abgebildet. Der **Arbeitsbehelf** steht als Download unter **www.sozialversicherung.at** zur Verfügung.

Hilfsmittel der Personalverrechnung sind u. a.:
- die **Effektiv-Tarif-Tabelle** bzw. eine **Lohnsteuertabelle** zur Ermittlung der Lohnsteuer
- der von den **Gebietskrankenkassen** jährlich herausgegebene **Arbeitsbehelf** mit den wichtigsten sozialversicherungsrechtlichen Bestimmungen
- verschiedene **Softwarepakete** zur Personalverrechnung

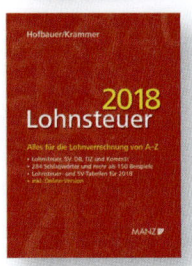

 **Sichern**

| SbX | ID: 1003 |

Personalverrechnung (Lohnverrechnung)

Unter **Personalverrechnung** (Lohnverrechnung) versteht man **die Entgeltabrechnung aller im Betrieb Beschäftigten** (innerbetriebliche Abrechnung) sowie **die Berechnung und Überweisung der lohn- und gehaltsabhängigen Beiträge und Steuern** (außerbetriebliche Abrechnung).

Lohn

Entgelt der **Arbeiter**

Gehalt

Entgelt der **Angestellten**

Aufgaben der Personalverrechnung

Die **Aufgaben der Personalverrechnung** umfassen die **innerbetriebliche Abrechnung** wie
- Ermittlung des Bruttobezuges,
- Errechnung der Abzüge,
- Errechnung des Auszahlungs- bzw. Überweisungsbetrages,
- Erfassung auf dem jeweiligen Lohnkonto,
- Überweisung (Auszahlung) des Bezuges,

und die **außerbetriebliche Abrechnung** wie
- Ermittlung der Dienstgeberbeiträge und -abgaben,
- Ablieferung der entsprechenden Beiträge und der vorgenommenen Abzüge an die zuständigen Stellen sowie die
- Rückforderung von Entgeltfortzahlungen.

Grundlagen der Personalverrechnung

Grundlagen der Personalverrechnung bilden u. a.
- die Verordnungen und Richtlinien der Europäischen Gemeinschaft;
- die einschlägigen Gesetze;
- Kollektivverträge;
- Betriebsvereinbarungen, Dienstverträge bzw. Dienstzettel;
- die Erklärungen zur Berücksichtigung des Alleinverdiener- bzw. Alleinerzieherabsetzbetrages sowie des Pendlerpauschales und des Pendlereuros und die Mitteilungen zur Vorlage beim Arbeitgeber.

Hilfsmittel der Personalverrechnung

Hilfsmittel der Personalverrechnung sind u. a.

- die Effektiv-Tarif-Tabelle bzw. eine Lohnsteuertabelle zur Ermittlung der Lohnsteuer,
- der Arbeitsbehelf der Gebietskrankenkassen und
- verschiedene Softwarepakete zur Personalverrechnung.

SbX
ID: 1003

Im SbX finden Sie diese Zusammenfassung als Audio-Wiederholung sowie eine Bildschirmpräsentation.

 # Wissen

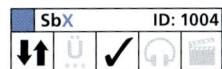

SbX ID: 1004

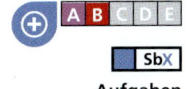

Aufgaben mit automatischer Aufgabenkontrolle ID: 1004

W 1.01: Wie bezeichnet man im Allgemeinen das Entgelt für Arbeiter bzw. Angestellte? Kreuzen Sie an. **B**

Arbeiter   Angestellte

Lohn   Gehalt   Lohn   Gehalt

W 1.02: Ergänzen Sie nachfolgende Aussage: **A**

Für eine Abrechnungsperiode sind die _____ und die _____ Abrechnung durchzuführen.

W 1.03: Ordnen Sie zu: **B**

	Abrechnung	
	inner-betrieblich	außer-betrieblich
Erfassung auf dem jeweiligen Lohnkonto		
Ablieferung der entsprechenden Beiträge und Abzüge an die zuständigen Stellen		
Errechnung der Abzüge		
Ermittlung des Bruttobezuges		
Ermittlung der Dienstgeberbeiträge und -abgaben		
Überweisung (Auszahlung) des Bezuges		
Rückforderung von Entgeltfortzahlungen		
Errechnung des Auszahlungs- bzw. Überweisungsbetrages		

W 1.04: Geben Sie an, um welchen Abzug es sich handelt. **B**

	Abzüge		
	gesetzliche	freiwillige	sonstige
Dienstnehmeranteil zum Sozialversicherungsbeitrag			
Gewerkschaftsbeitrag			
Service-Entgelt			
Akontozahlung			
Lohnsteuer			

ID: 1004

Weitere Möglichkeiten zur Kompetenzüberprüfung im SbX

| Wiederholungsfragen | Weitere Aufgaben mit automatischer Aufgabenkontrolle |  |

Ein kurzer Kompetenz-Check, bevor's weitergeht!

Kompetenz-Check

	☺	😐	☹
Ich kann die Begriffe Personalverrechnung, Lohn und Gehalt erklären.			
Ich kann zwischen Arbeitern und Angestellten unterscheiden.			
Ich kann die Organisation der Personalverrechnung beschreiben.			
Ich kann die Aufgaben der Personalverrechnung aufzählen.			
Ich kann die Grundlagen und Hilfsmittel der Personalverrechnung nennen.			

2 ABRECHNUNG VON LAUFENDEN BEZÜGEN

Worum geht's in diesem Kapitel?

In diesem Kapitel wird die Abrechnung von laufenden Bezügen für Arbeiter, Angestellte und Lehrlinge behandelt.

Laufende Bezüge sind Bezüge, die während der Lohnzahlungszeiträume regelmäßig anfallen.

Die Höhe des Bezuges, also der Preis der Arbeitskraft, hängt so wie der Preis jeder anderen Ware von verschiedenen Faktoren ab. Dies sind z. B. das Angebot und die Nachfrage nach Arbeitskräften, der Lebensstandard einer Gesellschaft, die soziale Sicherheit, die Erfordernisse des Produktionsprozesses und letztlich auch die Kraft und Stärke der organisierten Arbeiterschaft.

 A B C D E

In diesem Kapitel finden Sie Übungsbeispiele und Aufgaben zum Kompetenzerwerb und zur Kompetenzüberprüfung auf den Handlungsebenen **A Wiedergeben**, **B Verstehen** und **C Anwenden**.

Dieses Kapitel umfasst folgende Lerneinheiten:

1 Beginn des Dienstverhältnisses

2 Abrechnung von Löhnen und Gehältern

3 Abrechnung von Lehrlingsentschädigungen

4 Zulagen und Zuschläge – Überstundenverrechnung

5 Besonderheiten in der Abrechnung laufender Bezüge

6 Verrechnung von Aufwandsentschädigungen

Lerneinheit 1
Beginn des Dienstverhältnisses

SbX

Alle SbX-Inhalte
zu dieser Lerneinheit
finden Sie unter der
ID: 2010.

Der Beginn des Dienstverhältnisses ist auf jeden Fall spannend! Man lernt ein neues Unternehmen, neue Kollegen und den neuen Arbeitsplatz kennen. Darüber hinaus entstehen bei Arbeitsantritt für Dienstgeber und Dienstnehmer auch bestimmte Verpflichtungen.

 Lernen

Markieren Sie im nachfolgenden Text die Antwort auf folgende Frage:
● **Welche arbeits- und abgabenrechtlichen Verpflichtungen entstehen für den Dienstgeber und für den Dienstnehmer bei Beginn des Dienstverhältnisses?**

1 Arbeitsrechtliche Verpflichtungen

Folgende **Begriffe** haben
dieselbe Bedeutung:
Arbeitnehmer =
Dienstnehmer
Arbeitgeber =
Dienstgeber
Arbeitsverhältnis =
Dienstverhältnis

● Abschluss eines Dienstvertrages (Lehrvertrages)
● Ausstellung eines Dienstzettels
● Anmeldung eines Lehrlings an der Berufsschule
● Anmeldung eines Lehrlings bei der Lehrlingsstelle der Wirtschaftskammer
● Gegebenenfalls Meldung des Beschäftigungsantritts eines Ausländers an das Arbeitsmarktservice
● Meldung der erfolgten Einstellung von Dienstnehmern an den Betriebsrat
● Anlage diverser Aufzeichnungen

**Abschluss eines
Dienstvertrages**

Durch einen **Dienstvertrag** (Lehrvertrag) wird ein **Dienstverhältnis** (Lehrverhältnis) **begründet.** Der Dienstvertrag kann mündlich oder schriftlich (Lehrverträge nur schriftlich!) abgeschlossen werden.

**Ausstellung eines
Dienstzettels**

Der Dienstgeber (Lehrberechtigte) hat dem Dienstnehmer (Lehrling) **unverzüglich** nach Beginn des Dienstverhältnisses (Lehrverhältnisses) eine **schriftliche Aufzeichnung** über die wesentlichen Rechte und Pflichten aus dem Dienstvertrag (Lehrvertrag) in Form eines **Dienstzettels** auszuhändigen. **Keine Verpflichtung zur Aushändigung** eines Dienstzettels besteht u. a., wenn bereits ein schriftlicher Dienstvertrag ausgehändigt wurde, der inhaltlich den Erfordernissen des Dienstzettels entspricht.

**Anmeldung eines
Lehrlings**

Nach Eintritt in das Lehrverhältnis ist der Lehrling binnen zwei Wochen bei der **Berufsschule** bzw. binnen drei Wochen bei der **Lehrlingsstelle der Wirtschaftskammer** anzumelden.

Meldung an Betriebsrat

Neben der **Mitwirkung des Betriebsrates** bei der **Einstellung von Dienstnehmern** hat der Dienstgeber den **Betriebsrat** von jeder **erfolgten Einstellung** unverzüglich **in Kenntnis zu setzen.**

**Anlage von
Aufzeichnungen**

In der Regel sind Aufzeichnungen über die **geleisteten Arbeitszeiten** (Arbeitsstunden) sowie eine **Urlaubs-, Kranken- und Fehltageübersicht** für jeden einzelnen Dienstnehmer anzulegen.

2 Abgabenrechtliche Verpflichtungen

Anmeldung des Arbeitnehmers beim Arbeitgeber unter Vorlage diverser Unterlagen, Anlage eines Lohnkontos

**Anmeldung des Arbeitnehmers
beim Arbeitgeber**

Vor Antritt des Dienstverhältnisses hat der Arbeitnehmer dem Arbeitgeber unter Vorlage einer **amtlichen Urkunde** (z. B. Reisepass, Führerschein) folgende Daten bekanntzugeben:

- **Name**
- **Versicherungsnummer** (falls diese noch nicht vergeben ist, das Geburtsdatum)
- **Wohnsitz**

Weiters hat der Arbeitnehmer im Allgemeinen nachstehende Unterlagen vorzulegen:

Vorlage der Mitteilung für einen Freibetrag

- Der Arbeitnehmer hat dem Arbeitgeber eine eventuelle **Mitteilung** betreffend einen **Freibetrag vor der erstmaligen Auszahlung des Arbeitslohnes vorzulegen.**

Vorlage einer Erklärung zur Berücksichtigung des AV(E)AB

Die Bekanntgabe, dass Voraussetzungen vorliegen, wird als **„erklären"** bezeichnet.

- Der Arbeitnehmer muss das **Vorliegen der Voraussetzungen** (diese sind dem nachstehend abgebildeten Formular zu entnehmen) **für den Alleinverdiener- oder den Alleinerzieherabsetzbetrag** auf einem (beim Finanzamt bzw. als Download erhältlichen) amtlichen Vordruck (Formular E 30) **bekanntgeben.** Der Arbeitgeber hat die Erklärung des Arbeitnehmers dem Lohnkonto beizulegen.

Das Formular E 30 steht unter **www.bmf.gv.at,** unter **Formulare,** als Download zur Verfügung.

Abbildung: Beispiel einer Erklärung zur Berücksichtigung des Alleinverdiener-/Alleinerzieherabsetzbetrages (auszugsweise und verkleinerte Darstellung)

Beachten Sie bitte die Hinweise auf Seite 2!

Bei der Arbeitgeberin/dem Arbeitgeber/der pensionsauszahlenden Stelle eingelangt am
1. Februar 2018

An

Zutreffendes bitte ankreuzen!

Name/Bezeichnung der Arbeitgeberin/des Arbeitgebers/der pensionsauszahlenden Stelle

Walter Kalmar GmbH, Haspinger Straße 16, 6020 Innsbruck

Erklärung zur Berücksichtigung des Alleinverdiener-/Alleinerzieherabsetzbetrages/erhöhten Pensionistenabsetzbetrages oder behinderungsbedingter Freibeträge für außergewöhnliche Belastungen ab 2013

Angaben zur Antragstellerin/zum Antragsteller

Familien- oder Nachname und Vorname (in Blockschrift)	Versicherungsnummer [1]		Geburtsdatum (TTMMJJ)
HEIGLBRUNNER ANTON		3250	270488

Postleitzahl	Wohnanschrift
6020	Innsbruck, Wolkensteingasse 17/11

☒ **Ich beanspruche den Alleinverdienerabsetzbetrag**

Der Alleinverdienerabsetzbetrag steht zu, wenn Sie länger als sechs Monate in einer bestehenden Partnerschaft (Ehe, Lebensgemeinschaft, eingetragene Partnerschaft) leben und wenn Sie oder Ihre Partnerin/Ihr Partner für mindestens sieben Monate während dieses Zeitraumes für mindestens ein Kind Familienbeihilfe bezieht. Die Einkünfte der Partnerin/des Partners dürfen nicht mehr als 6.000 Euro betragen. Sie und Ihre Partnerin/Ihr Partner müssen unbeschränkt steuerpflichtig sein.

Familien- oder Nachname und Vorname der Partnerin/des Partners	Versicherungsnummer [1]		Geburtsdatum (TTMMJJ)
Heiglbrunner Hilde		2939	140590

☒ Meine Partnerin/Mein Partner bezieht Einkünfte von höchstens 6.000 Euro im Kalenderjahr. Wir (ich oder meine Partnerin/mein Partner) beziehen für mindestens sieben Monate im Kalenderjahr Familienbeihilfe.

☐ **Ich beanspruche den Alleinerzieherabsetzbetrag**

Der Alleinerzieherabsetzbetrag steht zu, wenn Sie mehr als sechs Monate nicht in einer Partnerschaft (Ehe, Lebensgemeinschaft, eingetragene Partnerschaft) leben und während dieses Zeitraumes Familienbeihilfe für mindestens ein Kind erhalten.

Angaben zu Kindern gemäß § 106 Abs. 1 Einkommensteuergesetz 1988
Voraussetzung für die Berücksichtigung des Alleinverdiener-/Alleinerzieherabsetzbetrages ist, dass im Kalenderjahr für das jeweilige Kind für **mindestens sieben Monate** Familienbeihilfe bezogen worden ist (durch Antragstellerin/Antragsteller oder Partnerin/Partner). Bei Wegfall bitte die Meldepflicht beachten.

Familien- oder Nachname und Vorname des Kindes	Versicherungsnummer [1]	Geburtsdatum (TTMMJJ)
Heiglbrunner David	3407	260713
Heiglbrunner Ella	3478	171216

Ich versichere, dass ich die Angaben nach bestem Wissen und Gewissen **richtig** und **vollständig** gemacht habe. Mir ist bekannt, dass unrichtige oder unvollständige Angaben strafbar sind. Wenn die Voraussetzungen für den Alleinverdienerabsetzbetrag und den Alleinerzieherabsetzbetrag weggefallen sind, werde ich dies meiner Arbeitgeberin/meinem Arbeitgeber (bezugs- bzw. pensionsauszahlende Stelle) mit der umseitigen Meldung innerhalb eines Monats melden.

01.02.2018

Datum, Unterschrift

2 Abrechnung – laufende Bezüge

Vorlage – Erklärung/ Nachweis zur Berücksichtigung des Pendlerpauschales und des Pendlereuro ab 01.01.2014; siehe dazu Kapitel 10

Vorlage – Lohnzettel und Beitragsgrundlagennachweis; siehe dazu Kapitel 5 und 10

Anlage eines Lohnkontos; siehe dazu Kapitel 5 und 8

- Der Arbeitnehmer muss das **Vorliegen der Voraussetzungen zur Berücksichtigung des Pendlerpauschales und des Pendlereuros** auf einem (als Download erhältlichen) amtlichen Vordruck (Formular L 34 EDV) **bekanntgeben.** Der Arbeitgeber hat die Erklärung des Arbeitnehmers dem Lohnkonto beizulegen sowie das Pendlerpauschale und den Pendlereuro zu berücksichtigen.

- Wird das Dienstverhältnis **während eines Kalenderjahres** begonnen, legt der Arbeitnehmer dem Arbeitgeber in der Regel einen **Lohnzettel und Beitragsgrundlagennachweis** aus seinem vorherigen Dienstverhältnis vor. Eine Nichtvorlage kann zu Nachteilen bei der zukünftigen abgabenrechtlichen Behandlung der Sonderzahlungen führen.

Der Arbeitgeber hat **für jeden Arbeitnehmer** spätestens ab dem **15. Tag des Monats,** der dem Beginn des Dienstverhältnisses folgt, ein **Lohnkonto** zu führen, dem die angeführten Unterlagen beigelegt und auf welchem die Abrechnungen der Bezüge pro Lohnzahlungszeitraum erfasst werden.

Anmeldung zur Sozialversicherung

Beginn der Pflichtversicherung

Die Pflichtversicherung **beginnt unabhängig von der Anmeldung** mit dem **Tag des tatsächlichen Beginnes der Beschäftigung** bzw. des Lehr- oder Ausbildungsverhältnisses.

Anmeldung

Die Sozialversicherung empfiehlt die **Vollmeldung vor Arbeitsantritt.**

Der Dienstgeber ist verpflichtet, jeden bei ihm beschäftigten Dienstnehmer (Lehrling) spätestens **vor Arbeitsantritt** bei der zuständigen **Gebietskrankenkasse anzumelden (Vollmeldung).**

Sind **vor Arbeitsbeginn noch nicht alle Daten des Dienstnehmers bekannt,** kann die Anmeldung auch in zwei Schritten erfolgen. Dabei sind

Mindestangaben-Anmeldung

1. **vor Arbeitsantritt** die
   - **Dienstgeberkontonummer,** der
   - **Name** und die **Versicherungsnummer** bzw. das **Geburtsdatum** des Dienstnehmers, der
   - **Ort und Tag der Beschäftigungsaufnahme** sowie
2. die noch fehlenden Angaben **innerhalb von sieben Tagen ab Beginn der Pflichtversicherung**

zu melden.

Anmeldungen zur Gebietskrankenkasse (aber auch alle anderen Meldungen, z. B. Abmeldungen oder Sonderzahlungsmeldungen) sind mittels **elektronischer Datenfernübertragung (DFÜ)** durchzuführen.

Die ELDA-Software steht unter **www.elda.at** als Download zur Verfügung.

Die **Übertragung** erfolgt entweder mit dem in der Personalverrechnung eingesetzten **Softwarepaket** oder mithilfe der von der Gebietskrankenkasse zur Verfügung gestellten **ELDA-Software.** Die übertragenen Datensätze kommen in das Datensammelsystem, das bei der Oberösterreichischen Gebietskrankenkasse (OÖ GKK) eingerichtet ist und werden in Folge an die zuständige Gebietskrankenkasse weitergeleitet.

Nach erfolgter Übertragung können vom Dienstgeber die **Bestätigung für den Dienstgeber** (bei einer Anmeldung, Änderungsmeldung oder Abmeldung) und **für den Dienstnehmer** sowie das **Sendeprotokoll** ausgedruckt werden.

Änderungsmeldung

Zur **Abrechnung mit der Gebietskrankenkasse** siehe Kapitel 7

Jede **bedeutsame Änderung,** z. B. Änderung des Namens, der Wohnanschrift, der Beitragsgruppe des Dienstnehmers, ist **innerhalb von sieben Tagen** der **Gebietskrankenkasse zu melden.** Änderungen des Entgeltes sind nur von jenen Dienstgebern (Kleinbetrieben) zu melden, denen der SV-Gesamtbeitrag von der Gebietskrankenkasse vorgeschrieben wird.

Beispiel

Vollmeldung vor Arbeitsbeginn bei der Gebietskrankenkasse

Die Ing. Walter Koller e. U. stellt am 1. August 2018 Frau Anna Weirich als Buchhalterin (Angestellte) ein.

Am 31. Juli 2018 gibt Ing. Koller entsprechend der Bildschirmmaske die Daten ein und erhält nach durchgeführter Übertragung eine Bestätigung für den Dienstgeber und für die Dienstnehmerin sowie das abgebildete Sendeprotokoll ausgedruckt.

Ausgedruckte Bildschirmmaske (verkleinert)

Die Anmeldung wurde mit der ELDA-Software erstellt.

Anmeldung

Dienstgeber	zuständiger Versicherungsträger	Ordnungsbegriff
Ing. Walter Koller e.U., Elektrohandel	**W GKK (19612175)**	

Familienname	Weirich
Familienname 2	
Früherer Familienname 1	
Früherer Familienname 2	
Vorname(n)	Anna
Vorname 2	
Akademischer Grad	
Akademischer Grad 2	
Land / Plz / Ort	A 1170 Wien
Strasse	Madergasse 20/14
Versicherungsnummer	4050300894 Geburtsdatum 30.08.1994
Geschlecht	○ männlich ● weiblich
Staatsangehörigkeit	Österreich
Beschäftigt ab	01.08.2018
Beschäftigt als	Buchhalterin
Geringfügig beschäftigt	○ Ja ● Nein
Zugehörigkeit	Angestellte(r)

Das Arbeitsverhältnis unterliegt folgender gesetzlicher Regelung: Andere gesetzliche Regelung:

Angestelltengesetz

Tabakmonopolgesetz   ○ Ja   ● Nein

Umlagen / Nebenbeiträge
- ☑ Arbeiterkammerumlage   ☐ Schlechtwetterentschädigung
- ☐ Landarbeiterkammerumlage   ☐ Nacht-Schwerarbeits-Beitrag
- ☑ Wohnbauförderungsbeitrag   ☑ IESG-Zuschlag

Lehrlinge: 1. Lehrjahr vom |__.__.___| bis |__.__.___| Ende der Lehrzeit: |__.__.___|

● nicht mit dem Dienstgeber verheiratet oder verwandt
○ mit dem Dienstgeber verheiratet / in eingetragener Partnerschaft lebend
○ mit dem Dienstgeber verwandt (wenn ja, wie?)

Am Unternehmen beteiligt (wenn ja, wie?)

Geldbezüge (monatl., brutto) inkl. Provisionen, Trinkgelder, usw.   €   2.540,00

Sachbezüge   ○ Ja   ● Nein

● Monatslohn   ○ Zeitlohn   Anzahl der Tage bei Zeitlohn: | 0 |

Beitragsgruppe: | D1 | Durchschnittlich beschäftigt in der Woche: | 5 | Tage, | 38,50 | Std.

Betriebliche Vorsorge durch Bauarbeiter-Urlaubskasse: ○ Ja   ● Nein

Betrieblicher Vorsorgebeitrag ab: | 01.09.2018 |

Beschäftigungsort (Land / Plz / Ort)
A   1070   Wien

Der Ausdruck der von der Gebietskrankenkasse übermittelten Bestätigung der Anmeldung für den Dienstgeber und Dienstnehmer weicht geringfügig vom Ausdruck der Bildschirmmaske zur Erfassung der Anmeldung ab.

Protokoll (verkleinert)

Das Protokoll wurde mit der ELDA-Software erstellt.

```
Elektronisches Datensammlsystem
der Sozialversicherungstraeger (ELDA)

Seriennummer: 181118                        P R O T O K O L L
KOLLER E.U.                              der erhaltenen Meldungen
A-1070 WIEN

Uebermittlung vom 31.07.2018 um 10:08:14    Protokoll-Nr.:   41484276

--------------------------------------------------------------
Typ                   An       BK-Nr. Dienstgeber      Meldedatum
  Vers-Nr.   Name              Betrag       Ordnungsbeg.
Referenznummer
--------------------------------------------------------------

ANMELDUNG            WGKK      19612175 ING.WALTER KOLLER   01.08.2018
  4050300894 WEIRICH ANNA              2.540,00 EUR
EC_58
```

 **Sichern**

SbX   ID: 2013

Arbeitsrechtliche Verpflichtungen

- Abschluss eines Dienstvertrages (Lehrvertrages)
- Ausstellung eines Dienstzettels
- Anmeldung eines Lehrlings an der Berufsschule bzw. bei der Lehrlingsstelle der Wirtschaftskammer
- Gegebenenfalls Meldung des Beschäftigungsantritts eines Ausländers an das Arbeitsmarktservice
- Meldung der erfolgten Einstellung von Dienstnehmern an den Betriebsrat
- Anlage diverser Aufzeichnungen

Abgabenrechtliche Verpflichtungen

- **Anmeldung des Arbeitnehmers beim Arbeitgeber** unter Bekanntgabe von
  - **Name,**
  - **Versicherungsnummer** und
  - **Wohnsitz.**

  Vom Arbeitnehmer werden regelmäßig auch **folgende Unterlagen** vorgelegt:
  - Mitteilung betreffend einen Freibetrag
  - Erklärung zur Berücksichtigung des AV(E)AB sowie des Pendlerpauschales und des Pendlereuros
  - Lohnzettel und Beitragsgrundlagennachweis

  Für jeden Arbeitnehmer ist spätestens ab dem **15. Tag des Monats,** der dem Beginn des Dienstverhältnisses folgt, ein **Lohnkonto** zu führen, dem die angeführten Unterlagen beigelegt und auf welchem die Abrechnungen der Bezüge erfasst werden.

- **Anmeldung zur Sozialversicherung**

  Die **Pflichtversicherung beginnt** mit dem **Tag des tatsächlichen Beginnes der Beschäftigung.** Der Dienstgeber ist verpflichtet, jeden bei ihm beschäftigten Dienstnehmer spätestens **vor Arbeitsantritt** bei der zuständigen **Gebietskrankenkasse anzumelden.**

SbX
ID: 2013 **Im SbX finden Sie diese Zusammenfassung als Audio-Wiederholung sowie eine Bildschirmpräsentation.**

 **Wissen**

SbX   ID: 2014

SbX
**Aufgaben mit automatischer Aufgabenkontrolle
ID: 2014**

W 2.01: Ordnen Sie zu: **B**

	Beginn des Dienstverhältnisses	
	arbeitsrechtliche Verpflichtungen	abgabenrechtliche Verpflichtungen
Abschluss eines Dienstvertrages (Lehrvertrages)		
Ausstellung eines Dienstzettels		
Anmeldung des Arbeitnehmers beim Arbeitgeber		
Anmeldung zur Sozialversicherung		
Anmeldung eines Lehrlings an der Berufsschule bzw. bei der Lehrlingsstelle der Wirtschaftskammer		
Vorlage der Mitteilung betreffend einen Freibetrag		

	Beginn des Dienstverhältnisses	
	arbeitsrechtliche Verpflichtungen	abgabenrechtliche Verpflichtungen
Vorlage einer Erklärung zur Berücksichtigung des AV(E)AB sowie des Pendlerpauschales und des Pendlereuros		
Gegebenenfalls Meldung des Beschäftigungsantritts eines Ausländers an das Arbeitsmarktservice		
Meldung der erfolgten Einstellung von Dienstnehmern an den Betriebsrat		
Vorlage des Lohnzettels und Beitragsgrundlagennachweises		
Anlage eines Lohnkontos		
Anlage diverser Aufzeichnungen		

W 2.02: Ein Angestellter wird von einem Unternehmen in Salzburg eingestellt. Wann ist er bei der Gebietskrankenkasse anzumelden? **A**

W 2.03: Eine Angestellte tritt am 1. August ein und nimmt am gleichen Tag ihre Arbeit auf. Sie wird am 13. August (verspätet) angemeldet. Wann beginnt die Pflichtversicherung? **B**

SbX
ID: 2014

Weitere Möglichkeiten zur Kompetenzüberprüfung im SbX

| Wiederholungsfragen | Weitere Aufgaben mit automatischer Aufgabenkontrolle | H₂Ö MUSTERUNTERNEHMEN |

Ein kurzer Kompetenz-Check, bevor's weitergeht!

Kompetenz-Check

	☺	😐	☹
Ich kann die arbeits- und abgabenrechtlichen Verpflichtungen, welche Arbeitgeber bzw. Arbeitnehmer zu Beginn eines Dienstverhältnisses zu erfüllen haben, aufzählen und beschreiben.			
Ich kann die Daten und Unterlagen nennen, die ein Arbeitnehmer bei der Anmeldung dem Arbeitgeber bekanntzugeben bzw. vorzulegen hat.			

2 Abrechnung – laufende Bezüge

Lerneinheit 2
Abrechnung von Löhnen und Gehältern

Das Arbeitsentgelt der Arbeiter wird als Lohn, jenes der Angestellten als Gehalt bezeichnet. Nach Abzug der gesetzlichen, freiwilligen und sonstigen Abzüge ergibt sich der Auszahlungs- bzw. Überweisungsbetrag. Dieser wird in der Regel auf das Bankkonto der Arbeiter bzw. der Angestellten überwiesen.

➜ Lernen

⊕ Ⓐ Ⓑ Ⓒ Ⓓ Ⓔ

1 Grundsätzliches Schema der Lohn- und Gehaltsabrechnung

Markieren Sie im nachfolgenden Text die Antwort auf folgende Frage:
● **Wie lautet das Schema der Lohn- und Gehaltsabrechnung?**

Die Abrechnung der Löhne und Gehälter erfolgt im Allgemeinen nach folgendem Schema:

Die **Kammerumlage** ist der Pflichtbeitrag der Dienstnehmer für die gesetzliche Interessenvertretung (z.B. die Kammer für Arbeiter und Angestellte).

Der **Wohnbauförderungsbeitrag** dient der Wohnbaufinanzierung.

Mithilfe der **Betriebsratsumlage** werden u.a. die Kosten der Geschäftsführung des Betriebsrates finanziert.

Akontozahlungen sind Vorauszahlungen für eine **bereits erbrachte** Arbeitsleistung.

Vorschüsse sind Vorauszahlungen für eine **noch nicht erbrachte** Arbeitsleistung.

```
  Grundbezug (Lohn bzw. Gehalt)
+ Überstundenentgelt
+ Zuschläge
+ Zulagen
  Gesamtbruttobezug (Gesamtbruttolohn bzw. Gesamtbruttogehalt)
- gesetzliche Abzüge: Dienstnehmeranteil zur Sozialversicherung (SV-DNA) inkl.
                      Kammerumlage (KU) und
                      Wohnbauförderungsbeitrag (WF)
                      Lohnsteuer (LSt)
                      Service-Entgelt (E-Card-Gebühr)
- freiwillige Abzüge: Gewerkschaftsbeitrag
                      Betriebsratsumlage
                      Abzüge für Zusatzversicherungen, Werksküche usw.
- sonstige Abzüge:    Akontozahlungen
                      Rückzahlung von Lohn-(Gehalts-)Vorschüssen bzw. Darlehen
                         des Dienstgebers
                      Lohn-(Gehalts-)Pfändungen usw.
  Auszahlungs- bzw. Überweisungsbetrag
```

2 Beitrag zur gesetzlichen Sozialversicherung

Markieren Sie im nachfolgenden Text die Antworten auf folgende Fragen:
● **Was versteht man unter der Sozialversicherung?**
● **Wie setzt sich der Sozialversicherungsbeitrag zusammen?**
● **Was versteht man unter der Vollversicherung bzw. der Teilversicherung?**
● **Von welchem Betrag werden die Sozialversicherungsbeiträge berechnet?**
● **Wie viele Tage umfasst der Beitragszeitraum?**
● **Welche Bedeutung haben die Geringfügigkeitsgrenze und die Höchstbeitragsgrundlage?**

- **Wie viel Prozent beträgt der Dienstnehmeranteil zur Sozialversicherung für Arbeiter und Angestellte?**
- **Wie wird der Dienstnehmeranteil zur Sozialversicherung ermittelt?**
- **Wie viel Euro beträgt das Service-Entgelt (E-Card-Gebühr) für das Kalenderjahr 2019?**

Sozialversicherung

Unter **Sozialversicherung** versteht man die **gesetzlich geregelte Pflichtversicherung der Dienstnehmer,** für den Fall der Krankheit, der Arbeitsunfähigkeit infolge Krankheit und der Mutterschaft, eines Arbeitsunfalles, der Invalidität bzw. Berufsunfähigkeit, des Alters, des Todes und der Arbeitslosigkeit, **bei öffentlich-rechtlichen Versicherungsanstalten.**

SV-Beitrag im engeren Sinn

Der **Sozialversicherungsbeitrag im engeren Sinn** umfasst die

- Arbeitslosenversicherung (AV), die
- Krankenversicherung (KV), die
- Unfallversicherung (UV) und die
- Pensionsversicherung (PV).

SV-Beitrag im weiteren Sinn

Zum **Sozialversicherungsbeitrag im weiteren Sinn** rechnet man die

- Kammerumlage (KU), den
- Wohnbauförderungsbeitrag (WF), den
- Zuschlag nach dem Insolvenz-Entgeltsicherungsgesetz (IE), den
- Nachtschwerarbeitsbeitrag (NB, für Arbeitnehmer, die Nachtschwerarbeit leisten), den
- Schlechtwetterentschädigungsbeitrag (SW, bei Bau- und Baunebenbetrieben), den
- Beitrag gemäß dem Betrieblichen Mitarbeiter- und Selbständigenvorsorgegesetz (BV-Beitrag) und das
- Service-Entgelt (E-Card-Gebühr).

Weitere Informationen zur Sozialversicherung finden Sie im Internet unter **www.sozialversicherung.at**

Unter **„abführen"** versteht man das Überweisen von Steuern und Beiträgen an die jeweilige Gebietskrankenkasse, das Finanzamt usw.

Der **Gesamtbeitrag zur Sozialversicherung** (im engeren und weiteren Sinn) wird gemeinsam vom Dienstnehmer und vom Dienstgeber aufgebracht und an die zuständige Gebietskrankenkasse abgeführt.

Die **gesetzliche Grundlage** der KV, UV und PV findet sich im **Allgemeinen Sozialversicherungsgesetz** (ASVG). Die Arbeitslosenversicherung ist durch das **Arbeitslosenversicherungsgesetz** (ALVG) und das **Arbeitsmarktpolitik-Finanzierungsgesetz** (AMPFG) geregelt.

Umfang der Versicherung

Die Pflichtversicherung teilt sich in die

- **Vollversicherung** und die
- **Teilversicherung.**

Vollversicherung

Unter **Vollversicherung** versteht man die **Pflichtversicherung in allen drei Versicherungszweigen** (Kranken-, Unfall- und Pensionsversicherung; nicht jedoch Arbeitslosenversicherung).

Beispiele

Bei einem oder mehreren Dienstgebern beschäftigte Dienstnehmer, Lehrlinge sowie freie Dienstnehmer (siehe Kapitel 4) unterliegen der Vollversicherung.

Teilversicherung

Unter **Teilversicherung** versteht man die **Pflichtversicherung nur in einem oder in zwei Versicherungszweigen.**

Beispiele

Geringfügig beschäftigte Dienstnehmer sowie geringfügig beschäftigte freie Dienstnehmer (siehe Kapitel 4) unterliegen der Teilversicherung.

2 Abrechnung – laufende Bezüge

Beitragsgrundlage und Beitragszeitraum

Beitragsgrundlage, Entgelt

Ermittlung des beitragspflichtigen Entgeltes:

Summe der laufenden Geld- und Sachbezüge bzw. Leistungen vom Dienstgeber oder Dritten (z. B. Trinkgelder) – beitragsfreie Bezüge

beitragspflichtiges Entgelt

Grundlage für die Berechnung (Bemessung) der Sozialversicherungsbeiträge ist das im **Beitragszeitraum gebührende, auf Cent gerundete Entgelt (= Beitragsgrundlage)** mit Ausnahme allfälliger Sonderzahlungen, wie Urlaubsbeihilfe, Weihnachtsremuneration und Bilanzgeld.

Unter **Entgelt** sind gemäß ASVG die **Geld- und Sachbezüge** zu verstehen, auf die der **pflichtversicherte Dienstnehmer** aus dem Dienstverhältnis **Anspruch hat** oder die er darüber hinaus aufgrund des Dienstverhältnisses **vom Dienstgeber** oder **von einem Dritten erhält** (z. B. Trinkgelder).

Es sind jedoch nicht alle Bezüge beitragspflichtig. Das ASVG zählt im § 49 Abs. 3 die **beitragsfreien Bezüge** vollständig auf. Die wichtigsten davon sind:

Zur Ersatzleistung für Urlaubsentgelt siehe Kapitel 4

- Auslagenersätze (z. B. Kilometergelder, Tages- und Nächtigungsgelder), soweit sie nicht der Einkommen-(Lohn-)Steuerpflicht unterliegen
- Schmutzzulagen, soweit sie lohnsteuerfrei sind
- Vergütungen, die aus Anlass der Beendigung des Dienst- oder Lehrverhältnisses bezahlt werden (z. B. Abfertigungen), ausgenommen Ersatzleistungen für nicht verbrauchte Urlaube
- Jubiläumsgeschenke in Form von Sachzuwendungen des Dienstgebers
- freiwillige soziale Zuwendungen des Dienstgebers (z. B. zur Gesundheitsförderung und Prävention)
- freie oder verbilligte Mahlzeiten (auch in Form von Gutscheinen für Mahlzeiten) und

Zur Betrieblichen Vorsorgekasse siehe Kapitel 6

- Beiträge an eine Betriebliche Vorsorgekasse oder Pensionskasse zugunsten des Dienstnehmers, soweit sie nicht der Einkommen-(Lohn-)Steuerpflicht unterliegen

Beitragszeitraum, Geringfügigkeitsgrenze, Höchstbeitragsgrundlage

Zur Abrechnung von geringfügig Beschäftigten siehe Kapitel 4

Beitragszeitraum ist der **Kalendermonat**, der **einheitlich mit 30 Tagen** anzunehmen ist.

Bei der Berechnung der Sozialversicherung vom beitragspflichtigen Entgelt sind die **Geringfügigkeitsgrenze** und die **Höchstbeitragsgrundlage** zu beachten.

Die **Geringfügigkeitsgrenze** ist bei geringfügig Beschäftigten zu beachten. Von einer **geringfügigen Beschäftigung** spricht man, wenn das **monatliche Entgelt € 438,05 nicht übersteigt**. In diesem Fall besteht im Allgemeinen **keine Vollversicherungspflicht**.

Liegt das monatliche Entgelt über der Geringfügigkeitsgrenze von € 438,05, besteht bis zum Erreichen der **Höchstbeitragsgrundlage von € 5.130,– pro Monat** (€ 171,– pro Kalendertag) **Vollversicherungspflicht**.

Das Entgelt, welches **über der Höchstbeitragsgrundlage** liegt, ist **beitragsfrei**.

Darstellung: Sozialversicherungspflicht von Entgelten

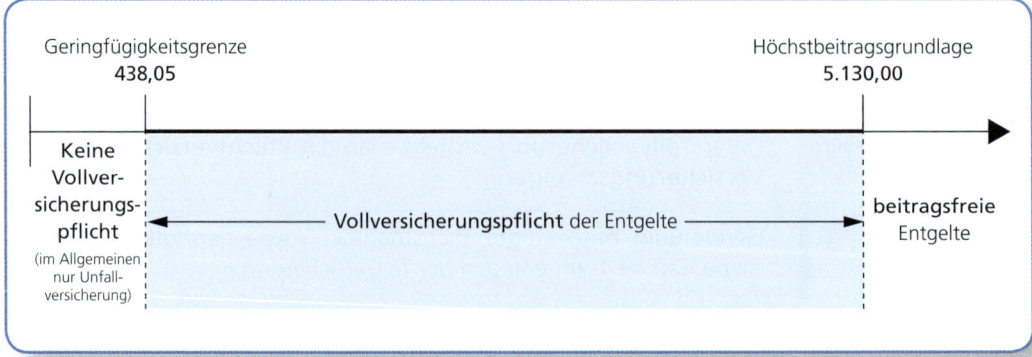

Höhe der Beiträge sowie deren Aufteilung in den Dienstnehmer- und Dienstgeberanteil

Die Tabelle zeigt, dass der **SV-Beitrag vom Dienstnehmer (SV-DNA) und Dienstgeber (SV-DGA) aufzubringen ist.**

Die **Beitragsgruppe** – bei **Arbeitern** meist **A1,** bei **Angestellten** meist **D1** – gibt an, welche Beiträge zu zahlen sind.

Die SV-Beiträge der Arbeiter bzw. der Angestellten sämtlicher Lehr- und Übungsbeispiele dieses Fachbuches werden nach der Beitragsgruppe A1 bzw. D1 ermittelt.

Zum **BV-Beitrag** siehe Kapitel 6

* **Senkung bzw. Entfall des Dienstnehmeranteiles zur Arbeitslosenversicherung**

Der vom Dienstgeber zu tragende AV-Beitrag bleibt unverändert und damit auch der Dienstgeberanteil (SV-DGA).

Normaler AV-Beitragssatz

Normaler AV-Beitragssatz

Sozialversicherungs-Beitragssätze für Arbeiter und Angestellte		Dienstnehmer-anteil (SV-DNA) %	Dienstgeber-anteil (SV-DGA) %	Summe (SV-Beitrag) %
Beitragsgruppen				
A1 bzw. D1 bis € 171,00/Tag € 5.130,00/Monat	Arbeitslosenversicherung	3,00*	3,00	6,00
	Krankenversicherung	3,87	3,78	7,65
	Unfallversicherung	—	1,30	1,30
	Pensionsversicherung	10,25	12,55	22,80
		17,12	20,63	37,75
	Kammerumlage	0,50	—	0,50
	Wohnbauförderungs-beitrag	0,50	0,50	1,00
	IESG-Zuschlag	—	0,35	0,35
	BV-Beitrag	—	(1,53)	(1,53)
		18,12	21,48 (23,01)	39,60 (41,13)

monatliche Beitragsgrundlage	AV-Beitrag %	SV-DNA %	SV-DGA %	Gültigkeit
bis € 1.381,00	0,00	15,12		
von € 1.381,01 bis € 1.506,00	1,00	16,12	21,48 (23,01)	ab 1. Jänner 2018
von € 1.506,01 bis € 1.696,00	2,00	17,12		
über € 1.696,00	3,00	18,12		

monatliche Beitragsgrundlage	AV-Beitrag %	SV-DNA %	SV-DGA %	Gültigkeit
bis € 1.648,00	0,00	15,12		
von € 1.648,01 bis € 1.798,00	1,00	16,12	21,48 (23,01)	ab 1. Juli 2018
von € 1.798,01 bis € 1.948,00	2,00	17,12		
über € 1.948,00	3,00	18,12		

* Zur Senkung bzw. zum Entfall des Dienstnehmeranteiles zur Arbeitslosenversicherung siehe oberhalb.

Darstellung: SV-Dienstnehmeranteil bei Arbeitern bzw. Angestellten

```
                                            SV-Beitrag: 929,56
        17,12 % SV im engeren Sinn*
        0,50 % KU
        0,50 % WF
        18,12 % SV im weiteren Sinn                      beitragsfrei

                                     5.130,00            Entgelt
```

Technik der Beitragsermittlung

Mithilfe der **angeführten Prozentsätze** wird der **SV-Beitrag** unmittelbar **vom beitragspflichtigen Entgelt** berechnet. Die **Beitragsgrundlage** ist **nicht zu runden,** der **SV-Beitrag** ist **auf zwei Dezimalstellen genau** zu rechnen. Eine Aufspaltung in SV im engeren Sinn, KU und WF ist nicht erforderlich.

Beispiele

Berechnung des SV-Dienstnehmeranteiles

Das Bruttogehalt der Angestellten Annemarie Klarer beträgt im Mai:

a) Bruttogehalt € 3.250,60   b) Bruttogehalt € 1.605,00   c) Bruttogehalt € 5.170,00

Aufgabe: Ermitteln Sie den Dienstnehmeranteil zur Sozialversicherung. **C**

2 Abrechnung – laufende Bezüge

Beitragspflichtiges
Entgelt · Beitrags-
satz = **SV-DNA**

Lösung:

a) € 3.250,60 · 18,12 % = € **589,01**

b) € 1.605,00; bei einer monatlichen Beitragsgrundlage von € 1.506,01 bis € 1.696,00 ist ein AV-Beitrag von 2 % einzubehalten, dies ergibt einen SV-DNA (inkl. KU und WF) von 17,12 %;
€ 1.605,00 · 17,12 % = € **274,78**

c) € 5.170,00; bei Überschreitung der Höchstbeitragsgrundlage ist der SV-DNA von € 5.130,00 zu berechnen;
€ 5.130,00 · 18,12 % = € **929,56**

Service-Entgelt (E-Card-Gebühr)

Zum **Service-Entgelt**
siehe Kapitel 4

Das **Service-Entgelt** für die E-Card beträgt **pro Dienstnehmer** für das Kalenderjahr 2019 € **11,70** und ist mit den **Sozialversicherungsbeiträgen für November 2018** zu entrichten. Für mitversicherte Ehegatten bzw. Lebensgefährten und deren Kinder fällt kein Service-Entgelt an.

3 Lohnsteuer

Markieren Sie im nachfolgenden Text die Antworten auf folgende Fragen:

- ● **Was versteht man unter der Lohnsteuer?**
- ● **Wer führt die Berechnung der Lohnsteuer durch?**
- ● **Wann ist die Lohnsteuer an das Finanzamt abzuliefern?**
- ● **Wie wird die Lohnsteuer-Bemessungsgrundlage ermittelt?**
- ● **Welche Kosten, Ausgaben und Belastungen führen zu einem Freibetrag?**
- ● **Wann besteht ein Anspruch auf das Pendlerpauschale und auf den Pendlereuro?**
- ● **Was versteht man unter einem Lohn- oder Gehaltsabrechnungsbeleg?**

Lohnsteuer

Die Einkommensteuer aus **Einkünften aus nichtselbständiger Arbeit** heißt **Lohnsteuer**. Sie ist keine eigene Steuer, sondern eine **besondere Erhebungsform der Einkommensteuer.**

Die Lohnsteuer ist vom **Arbeitgeber zu ermitteln, einzubehalten** und bis **spätestens 15. des nächsten Monats an das zuständige Finanzamt** abzuführen.

Rechtsgrundlage ist das **Einkommensteuergesetz** (EStG).

Der **Arbeitgeber haftet** für die **richtige Ermittlung** (Berechnung) und **Ablieferung** (Überweisung) **der Lohnsteuer.**

Die Berechnung und richtige Abfuhr der **Sozialversicherungsbeiträge**, der **Lohnsteuer** und der **lohn- und gehaltsabhängigen Abgaben** werden durch **Bedienstete der Sozialversicherung** oder der **Finanzverwaltung** geprüft.

Ermittlung der Lohnsteuer-Bemessungsgrundlage

Die **Lohnsteuer** wird von
der LSt-Bemessungs-
grundlage berechnet.

Die **Lohnsteuer-Bemessungsgrundlage** wird wie folgt ermittelt:

> Bruttobezug
> − lohnsteuerfreie Beträge gem. § 68 EStG
>   (z. B. steuerfreie Überstundenzuschläge)
> − Dienstnehmeranteil zur Sozialversicherung (inkl. KU und WF)
> − Freibetrag
> − Pendlerpauschale
> − Service-Entgelt (E-Card-Gebühr)
> − Gewerkschaftsbeitrag
> + Jahressechstelüberhang
> _____
> Lohnsteuer-Bemessungsgrundlage

Zum **Jahressechstelüber-
hang** siehe Kapitel 3

Freibetrag

Zur **Arbeitnehmerver-
anlagung** siehe Kapitel 9

Bestimmte **Werbungskosten** (z. B. Ausbildungs- und Fortbildungskosten), **Sonderausgaben** (z. B. Prämien für eine freiwillige Krankenversicherung, Ausgaben für Wohnraumschaffung) und **außergewöhnliche Belastungen** (z. B. für ein erheblich behindertes Kind) können zu einem **Freibetrag** führen. Das Einkommensteuergesetz sieht vor, dass **Freibeträge im Wege der Veranlagung beim Finanzamt** geltend gemacht werden können.

Voraussetzung für die Berücksichtigung des Pendlerpauschales und des Pendlereuros

Das Pendlerpauschale und der Pendlereuro werden in sämtlichen Lehr- und Übungsbeispielen dieses Fachbuches in vollem Ausmaß berücksichtigt.

Anzahl der Fahrten von der Wohnung zur Arbeitsstätte pro Kalendermonat	Ausmaß des Pendlerpauschales und Pendlereuros
mindestens elf Fahrten	voller Monatsbetrag
mindestens acht Fahrten	2/3 des Monatsbetrages
mindestens vier Fahrten	1/3 des Monatsbetrages

Pendlerpauschale

Mit dem Pendlerpauschale, dem Pendlereuro und dem Verkehrsabsetzbetrag sind **alle Ausgaben für Fahrten zwischen Wohnung und Arbeitsstätte** abgegolten. Eine nähere Behandlung erfolgt in der Steuerlehre.

Das Pendlerpauschale und der Pendlereuro sind auch für **Feiertage** sowie für Lohnzahlungszeiträume zu berücksichtigen, in denen sich der Arbeitnehmer im **Krankenstand** oder auf **Urlaub** befindet.

● Kleines Pendlerpauschale

Beträgt die **Entfernung** zwischen **Wohnung und Arbeitsstätte mindestens 20 km** und ist die **Benützung eines Massenbeförderungsmittels** (z. B. Bahn, Bus) **zumutbar**, beträgt das kleine Pendlerpauschale:

	mind. 20 km	mehr als 40 km	mehr als 60 km
Jahresbetrag	€ 696,00	€ 1.356,00	€ 2.016,00
Monatsbetrag	€ 58,00	€ 113,00	€ 168,00

● Großes Pendlerpauschale

Ist dem Arbeitnehmer an **mehr als der Hälfte** seiner **Arbeitstage** im jeweiligen **Kalendermonat** die Benützung eines Massenbeförderungsmittels **nicht möglich** oder **nicht zumutbar**, beträgt das **große Pendlerpauschale**:

	mind. 2 km	mehr als 20 km	mehr als 40 km	mehr als 60 km
Jahresbetrag	€ 372,00	€ 1.476,00	€ 2.568,00	€ 3.672,00
Monatsbetrag	€ 31,00	€ 123,00	€ 214,00	€ 306,00

Pendlereuro

Unter **einfacher Fahrtstrecke** versteht man die Fahrtstrecke in eine Richtung, z. B. von der Wohnung zur Arbeitsstätte.

Das Formular L 34 EDV – **Erklärung/Nachweis zur Berücksichtigung des Pendlerpauschales und des Pendlereuro ab 01.01.2014** steht unter **www.bmf.gv.at**, unter **Berechnungsprogramme – Pendlerrechner,** nach Eingabe der erforderlichen Daten, als Download zur Verfügung.

Zusätzlich zum Pendlerpauschale steht dem Arbeitnehmer ein **Pendlereuro** in Höhe von **jährlich € 2,– pro Kilometer** der **einfachen Fahrtstrecke zwischen Wohnung und Arbeitsstätte** zu.

Für die **Ermittlung der Entfernung** zwischen Wohnung und Arbeitsstätte sowie für die Beurteilung, ob die Benutzung eines **Massenbeförderungsmittels zumutbar oder unzumutbar** ist, ist der auf der Website des BMF installierte **Pendlerrechner** zu verwenden.

Für **die Inanspruchnahme des Pendlerpauschales und des Pendlereuros** hat der Arbeitnehmer dem Arbeitgeber auf einem **amtlichen Vordruck (Formular L 34 EDV) das ermittelte Ergebnis des Pendlerrechners über das Vorliegen der entsprechenden Voraussetzungen** zu übergeben. Änderungen der Verhältnisse sind vom Arbeitnehmer innerhalb eines Monats zu melden.

Gewerkschaftsbeitrag

Für Mitglieder der Gewerkschaft der Privatangestellten beträgt der Beitrag 1 % des Bruttogehaltes, höchstens jedoch € 32,10 (= Grenzbeitrag).

Die **Höhe des Gewerkschaftsbeitrages** richtet sich nach der Bezugshöhe und den dafür von den einzelnen Fachgewerkschaften vorgeschriebenen Sätzen. Der Gewerkschaftsbeitrag stellt für den Arbeitnehmer **Werbungskosten** dar. Wird der Gewerkschaftsbeitrag vom **Arbeitgeber einbehalten,** erfolgt die lohnsteuerliche Berücksichtigung bei der **Bezugsabrechnung.** Wird der Beitrag vom **Arbeitnehmer** direkt an die Gewerkschaft **bezahlt,** erfolgt die lohnsteuerliche Berücksichtigung entweder bei der **Aufrollung der laufenden Bezüge** oder im Wege der **Veranlagung zur Einkommensteuer.**

Berechnung der Lohnsteuer

Die Lohnsteuer sämtlicher Lehr- und Übungsbeispiele dieses Fachbuches wird mit der Effektiv-Tarif-Tabelle ermittelt. Abbildung der Effektiv-Tarif-Tabelle – Monatslohnsteuertabelle für Arbeitnehmer, siehe im nachfolgenden L 2.01

Die **Lohnsteuer** für laufende Bezüge ist ausgehend von der **LSt-Bemessungsgrundlage** zu ermitteln. Sie wird in der Regel mithilfe der **Effektiv-Tarif-Tabelle** errechnet oder kann aus den im Handel erhältlichen **Lohnsteuertabellen** meist direkt abgelesen werden.

Die Effektiv-Tarif-Tabelle besteht u. a. aus einer **Monatslohnsteuertabelle für Arbeitnehmer** und einer **Tageslohnsteuertabelle für Arbeitnehmer.**

2 Abrechnung – laufende Bezüge

Beim Ermitteln der Lohnsteuer für Arbeitnehmer ist der

- **jeweilige Lohnzahlungszeitraum** (täglich, monatlich), der
- **Alleinverdienerabsetzbetrag** (mit Kinderzuschlag) und der
- **Alleinerzieherabsetzbetrag** (mit Kinderzuschlag)

zu beachten.

Lohnzahlungszeitraum Kalendertag, Kalendermonat

Beginnt und/oder endet ein Dienstverhältnis während eines Kalendermonats, so ist der Lohnzahlungszeitraum der **Kalendertag**. In allen **anderen Fällen** ist der Lohnzahlungszeitraum der **Kalendermonat**.

Lohn- oder Gehaltsabrechnungsbeleg

Ein **Lohn-** oder **Gehaltsabrechnungsbeleg** ist auf Seite 113 abgebildet.

Der Arbeitgeber hat dem Arbeitnehmer gemäß EStG **spätestens mit der Lohnzahlung** eine **Abrechnung** für den **im Kalendermonat ausgezahlten Arbeitslohn auszuhändigen** bzw. **elektronisch zu übermitteln**. Diese Abrechnung hat zumindest folgende Angaben zu enthalten:

- Bruttobezug,
- SV-Beitragsgrundlage,
- SV-Beitrag,
- LSt-Bemessungsgrundlage,
- Lohnsteuer sowie die
- Bemessungsgrundlage für den Beitrag zur Betrieblichen Vorsorgekasse (BV-Kasse) und den
- geleisteten Beitrag (BV-Beitrag).

In der **Abrechnung** sind die **geleisteten Überstunden auszuweisen**.

Lehrbeispiele

L 2.01: Abrechnung eines Gehaltes

Kalkulanten berechnen z.B. die Herstellkosten aus der Warenproduktion.

Sebastian Porsche (Kalkulant); Bruttogehalt € 2.480,–; mit AVAB, 2 Kinder; Freibetrag € 30,10/Monat, Pendlerpauschale € 113,–/Monat, Pendlereuro für 45 km (einfache Fahrtstrecke)

Aufgabe: Stellen Sie die Abrechnung auf. **C**

SV lfd. = Sozialversicherung vom laufenden Bezug
LSt lfd. = Lohnsteuer vom laufenden Bezug

Lösung:

Gehalt		2.480,00
SV lfd.: 2.480,00 · 18,12 %		– 449,38
LSt lfd.: Brutto	2.480,00	
– SV lfd.	449,38	
– Freibetrag	30,10	
– Pendlerpauschale	113,00 1.887,52	– 179,28
Auszahlung/Überweisung		**1.851,34**

Berechnung der Lohnsteuer mithilfe der **Effektiv-Tarif-Tabelle 2018 – Monatslohnsteuertabelle für Arbeitnehmer**

AVAB = Alleinverdienerabsetzbetrag

AEAB = Alleinerzieherabsetzbetrag

Bei **mehr als 5 Kindern** erhöht sich der **Abzugsbetrag für jedes weitere Kind um € 220,–** jährlich bzw. um **€ 18,33** (gerundet) **monatlich**.

Online-Berechnung der **Lohnsteuer** z.B. **www.bmf.gv.at** unter **Berechnungsprogramme – Brutto-Netto-Rechner** oder **akbruttonetto.akwien.at** bzw. **lohnsteuerverein.at**.

Effektiv-Tarif-Tabelle 2018 für Arbeitnehmer								
Monatslohn		Grenz-steuersatz	Abzug ohne AVAB/AEAB	Abzug mit AVAB/AEAB				
von	bis			1 Kind	2 Kinder	3 Kinder	4 Kinder	5 Kinder
SV-Rückerstattung oder Steuer			1.066,01	1.230,67	1.289,00	1.362,33	1.435,67	1.509,00
1.066,01	1.516,00	25 %	266,50	307,67	322,25	340,58	358,92	377,25
1.516,01	2.599,33	35 %	418,10	459,27	473,85	492,18	510,52	528,85
2.599,34	5.016,00	42 %	600,05	641,22	655,80	674,14	692,48	710,81
5.016,01	7.516,00	48 %	901,01	942,18	956,76	975,10	993,43	1.011,77
7.516,01	83.349,33	50 %	1.051,33	1.092,50	1.107,08	1.125,42	1.143,76	1.162,09
	darüber	55 %	5.218,80	5.259,97	5.274,55	5.292,88	5.311,22	5.329,55

Die **Bemessungsgrundlage** von € 1.887,52 ist der entsprechenden Zeile zuzuordnen (im Lehrbeispiel ist das die Zeile von 1.516,01 bis 2.599,33); aus dieser Zeile sind der **Grenzsteuersatz** und der **Abzugsbetrag** (Spalten Abzug ohne AVAB/AEAB bzw. Abzug mit AVAB/AEAB) abzulesen.

1.887,52 · 35 %	660,63 (auf 2 Dez.)
Abzugsbetrag (mit AVAB, 2 Kinder)	– 473,85
Pendlereuro: 45 km · 2,00 = 90,00/Jahr : 12 = 7,50/Monat	– 7,50
Lohnsteuer	**179,28**

In den folgenden Lehrbeispielen wird die Ermittlung der Lohnsteuer in der Marginalspalte dargestellt.

Berechnung des SV-DNA nur bis zur Höchstbeitragsgrundlage von € 5.130,–

4.114,64 · 42 % –
– 600,05 = 1.128,10

Das **Service-Entgelt** und der **Gewerkschaftsbeitrag vermindern die LSt-Bemessungsgrundlage** und sind **bei der Ermittlung des Auszahlungsbetrages zu subtrahieren.**

Bruttolohn = Stundenlohn · Arbeitsstunden

L 2.02: Abrechnung eines Gehaltes

Lotte Haas (Leiterin eines Personalbüros); Bruttogehalt € 5.180,–; ohne AV(E)AB; Freibetrag € 92,–/Monat, Service-Entgelt (E-Card-Gebühr) € 11,70; Gewerkschaftsbeitrag € 32,10

Aufgabe: Stellen Sie die Abrechnung auf. C

Lösung:

Gehalt			5.180,00
SV lfd.: 5.130,00 · 18,12 %			– 929,56
LSt lfd.: Brutto	5.180,00		
– SV lfd.	929,56		
– Freibetrag	92,00		
– Service-Entgelt	11,70		
– Gewerkschaftsbeitrag	32,10	4.114,64	– 1.128,10
Service-Entgelt			– 11,70
Gewerkschaftsbeitrag			– 32,10
Auszahlung/Überweisung			**3.078,54**

L 2.03: Abrechnung eines Lohnes

Victoria Birgmann (Optikerin); Bruttolohn € 2.221,10 (€ 13,30 · 167); mit AEAB, 1 Kind; Freibetrag € 50,–/Monat, Pendlerpauschale € 123,–/Monat, Pendlereuro für 30 km (einfache Fahrtstrecke), Service-Entgelt (E-Card-Gebühr) € 11,70; Akontozahlung € 600,–

Aufgabe: Stellen Sie die Abrechnung auf. C

Lösung:

Lohn			2.221,10
SV lfd.: 2.221,10 · 18,12 %			– 402,46
LSt lfd.: Brutto	2.221,10		
– SV lfd.	402,46		
– Freibetrag	50,00		
– Pendlerpauschale	123,00		
– Service-Entgelt	11,70	1.633,94	– 107,61
Service-Entgelt			– 11,70
Akontozahlung			– 600,00
Auszahlung/Überweisung			**1.099,33**

Pendlereuro:
30 · 2,00 = 60,00 : 12 = 5,00
1.633,94 · 35 % –
– 459,27 – 5,00 = 107,61

Die **Akontozahlung** ist eine Vorauszahlung des Lohnes bzw. Gehaltes, die **bei der Berechnung des Auszahlungsbetrages abzuziehen ist.**

Üben

Rechnen Sie die nachstehenden Löhne und Gehälter ab. C

Ü 2.01:

Georg Inselsbacher (Außendienstmitarbeiter); Bruttogehalt € 2.191,–; mit AVAB, 1 Kind; Gewerkschaftsbeitrag € 21,91; Akontozahlung am 15. d. M. € 780,–

Ü 2.02:

Sandra Schild (Hauptkassierin); Gehalt € 2.070,–; ohne AV(E)AB; Freibetrag € 43,40/Monat, Pendlerpauschale € 31,–/Monat, Pendlereuro für 9 km (einfache Fahrtstrecke), Service-Entgelt (E-Card-Gebühr) € 11,70; Rückzahlung eines Gehaltsvorschusses € 180,–

Ü 2.03:

Jaqueline Auer (Patissière); Abrechnung für Jänner, Bruttolohn € 1.601,–; ohne AV(E)AB; Pendlerpauschale € 31,–/Monat, Pendlereuro für 15 km (einfache Fahrtstrecke); Gewerkschaftsbeitrag € 16,01; Akontozahlung € 400,–

Ein **Gehaltsvorschuss** ist **bei der Berechnung des Auszahlungsbetrages abzuziehen.**

Verringerung des AV-Beitrages

Das Aufgabengebiet einer Patissière (Zuckerbäckerin, Konditorin) umfasst z. B. das Herstellen und Verarbeiten von Teigen und die Zubereitung von Süßspeisen.

2 Abrechnung – laufende Bezüge

Ü 2.04:

Lukas Hofmann (Kraftfahrzeugmechaniker); Bruttolohn November € 2.538,40 (€ 15,20 · 167); mit AVAB, 2 Kinder; Freibetrag € 26,–/Monat, Service-Entgelt (E-Card-Gebühr) € 11,70; Gewerkschaftsbeitrag € 25,38, Betriebsratsumlage € 6,30; Akontozahlung € 700,–

Ü 2.05:

Barbara Savic (Sekretärin); Bruttogehalt € 2.240,–; mit AEAB, 1 Kind; Freibetrag € 26,60/Monat, Pendlerpauschale € 58,–/Monat, Pendlereuro für 33 km (einfache Fahrtstrecke); Gewerkschaftsbeitrag € 22,40, Betriebsratsumlage € 5,60

Ü 2.06:

Josef Hofbauer (Schulungsleiter); Gehalt € 5.711,–; mit AVAB, 2 Kinder; Freibetrag € 38,90/Monat, Service-Entgelt (E-Card-Gebühr) € 11,70; Gewerkschaftsbeitrag € 32,10, Betriebsratsumlage € 14,20

Die Betriebsratsumlage darf höchstens **0,5 % des Bruttoarbeitsentgeltes** betragen. Sie wird **bei Ermittlung der Lohnsteuer-Bemessungsgrundlage nicht berücksichtigt.**

 # Sichern

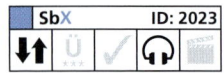

Lohn, Gehalt

Das **Arbeitsentgelt** der **Arbeiter** wird als **Lohn,** jenes der **Angestellten** als **Gehalt** bezeichnet.

Schema der Lohn- und Gehaltsabrechnung

> **Grundbezug (Lohn bzw. Gehalt)**
> + **Überstundenentgelt**
> + **Zuschläge**
> + **Zulagen**
> _____
> **Gesamtbruttobezug (Gesamtbruttolohn bzw. Gesamtbruttogehalt)**
> – **gesetzliche Abzüge:** Dienstnehmeranteil zur Sozialversicherung (SV-DNA) inkl. Kammerumlage (KU) und Wohnbauförderungsbeitrag (WF)
> Lohnsteuer (LSt)
> Service-Entgelt (E-Card-Gebühr)
> – **freiwillige Abzüge:** Gewerkschaftsbeitrag
> Betriebsratsumlage
> Abzüge für Zusatzversicherungen, Werksküche usw.
> – **sonstige Abzüge:** Akontozahlungen
> Rückzahlung von Lohn-(Gehalts-)Vorschüssen bzw. Darlehen des Dienstgebers
> Lohn-(Gehalts-)Pfändungen usw.
> _____
> **Auszahlungs- bzw. Überweisungsbetrag**

Sozialversicherungsbeitrag im engeren Sinn

- Arbeitslosenversicherung (AV)
- Krankenversicherung (KV)
- Unfallversicherung (UV)
- Pensionsversicherung (PV)

Beitragsgrundlage, Beitragszeitraum

Beitragsgrundlage ist das **im Beitragszeitraum** (= **Kalendermonat** mit einheitlich **30 Tagen**) gebührende, auf Cent gerundete Entgelt.

Lohnsteuer

Der Lohnsteuer unterliegen die **Einkünfte aus nichtselbständiger Arbeit.**

Lohnsteuer-Bemessungsgrundlage

Bruttobezug
- lohnsteuerfreie Beträge gem. § 68 EStG
  (z. B. steuerfreie Überstundenzuschläge)
- Dienstnehmeranteil zur Sozialversicherung (inkl. KU und WF)
- Freibetrag
- Pendlerpauschale
- Service-Entgelt (E-Card-Gebühr)
- Gewerkschaftsbeitrag
+ Jahressechstelüberhang
  _____
  Lohnsteuer-Bemessungsgrundlage

Berechnung der Lohnsteuer

Die Lohnsteuer wird in der Regel mithilfe der **Effektiv-Tarif-Tabelle** errechnet oder kann aus den **Lohnsteuertabellen** meist direkt abgelesen werden.

SbX
ID: 2023

Im SbX finden Sie diese Zusammenfassung als Audio-Wiederholung sowie eine Bildschirmpräsentation.

 # Wissen

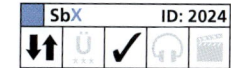
SbX   ID: 2024

SbX
Aufgaben mit automatischer Aufgabenkontrolle
ID: 2024

W 2.04: Geben Sie an, ob es sich um einen Sozialversicherungsbeitrag im engeren Sinn oder im weiteren Sinn handelt. **B**

	Sozialversicherungsbeitrag	
	im engeren Sinn	im weiteren Sinn
Arbeitslosenversicherung		
Kammerumlage		
Wohnbauförderungsbeitrag		
Unfallversicherung		
Krankenversicherung		
Service-Entgelt (E-Card-Gebühr)		
Zuschlag nach dem Insolvenz-Entgeltsicherungsgesetz		
Pensionsversicherung		

W 2.05: Herr Wolfgang Mateschitz bezieht im Juni einen Lohn (= beitragspflichtiger Bezug) von € 1.425,–. **C**

a) Wie viel % beträgt

- der Dienstnehmeranteil zur Arbeitslosenversicherung?

- der SV-DNA inkl. KU und WF?

b) Wie viel Euro beträgt der Dienstnehmeranteil zur Sozialversicherung?

W 2.06: Herr Kurt Zilk erhält ein Gehalt von € 5.260,–, Frau Claudia Wallner € 5.590,–. **C**

Zahlt Herr Zilk   a) weniger   b) mehr   c) gleich viel

SV-Beitrag wie Frau Wallner und warum?

Begründung:

W 2.07: Die Lohnsteuer für Mai 2018 ist spätestens abzuliefern am _____. **B**

W 2.08: Geben Sie an, in welchem Ausmaß das Pendlerpauschale und der Pendlereuro gebühren. **B**

Anzahl der Fahrten von der Wohnung zur Arbeitsstätte pro Kalendermonat	Ausmaß des Pendlerpauschales und Pendlereuros
mindestens elf Fahrten	
mindestens acht Fahrten	
mindestens vier Fahrten	

W 2.09: Wem ist die Erklärung/der Nachweis zur Berücksichtigung des Pendlerpauschales und des Pendlereuros vorzulegen? **B**

a) Gemeindeamt

b) Finanzamt

c) Verkehrsamt

d) Arbeitgeber

SbX
ID: 2024

Weitere Möglichkeiten zur Kompetenzüberprüfung im SbX

Wiederholungsfragen	Weitere Aufgaben mit automatischer Aufgabenkontrolle	

Ein kurzer Kompetenz-Check, bevor's weitergeht!

Kompetenz-Check

	☺	😐	☹
Ich kann das Schema der Lohn- und Gehaltsabrechnung nennen.			
Ich kann den Begriff Sozialversicherung erklären.			
Ich kann aufzählen, aus welchen Teilen sich der Sozialversicherungsbeitrag zusammensetzt.			
Ich kann die Ermittlung des beitragspflichtigen Entgeltes beschreiben.			
Ich kann den Beitragszeitraum nennen.			
Ich kann die Geringfügigkeitsgrenze und die Höchstbeitragsgrundlage nennen und deren Bedeutung erläutern.			
Ich kann den Dienstnehmeranteil zur Sozialversicherung (in Prozenten) für Arbeiter und Angestellte nennen.			
Ich kann den SV-Dienstnehmeranteil berechnen.			
Ich kann erklären, was man unter der Lohnsteuer versteht.			
Ich kann die Lohnsteuer-Bemessungsgrundlage ermitteln.			
Ich kann die Lohnsteuer berechnen.			
Ich kann erklären, wann ein Lohn- oder Gehaltsabrechnungsbeleg auszustellen ist.			
Ich kann einfache Lohn- und Gehaltsabrechnungen durchführen.			

Lerneinheit 3
Abrechnung von Lehrlings-entschädigungen

Die Entlohnung des Lehrlings heißt Lehrlingsentschädigung. Die Bezugsansprüche sind im Kollektivvertrag geregelt.

Die Abrechnung erfolgt weitestgehend ähnlich der Abrechnung von Löhnen und Gehältern.

SbX

Alle SbX-Inhalte zu dieser Lerneinheit finden Sie unter der ID: 2030.

Lernen

Markieren Sie im nachfolgenden Text die Antworten auf folgende Fragen:
- **Wer ist ein Lehrling?**
- **Welche Arten von Lehrlingen werden unterschieden?**
- **Welche Fördermaßnahmen gibt es im Lehrlingsbereich?**
- **Wovon ist die Höhe der SV-Beitragssätze bei Lehrlingen abhängig?**
- **Warum fällt für Lehrlingsentschädigungen in der Regel keine Lohnsteuer an?**

1 Allgemeines

Lehrling

Ein Lehrling im Sinne des Berufsausbildungsgesetzes (BAG) ist eine Person, die aufgrund eines **Lehrvertrages** zur **Erlernung** eines in der Lehrberufsliste enthaltenen **Lehrberufes bei einem Lehrberechtigten** fachlich ausgebildet und im Rahmen dieser Ausbildung verwendet wird.

Arten von Lehrlingen

Je nach erlerntem Beruf unterscheidet man
- **Arbeiter-Lehrlinge** und
- **Angestellten-Lehrlinge.**

Lehrlingsentschädigung

Lehrlinge erhalten als Entlohnung eine **Lehrlingsentschädigung.**

Förderung der betrieblichen Ausbildung von Lehrlingen

Die **Förderung der betrieblichen Ausbildung von Lehrlingen** erfolgt durch verschiedene **Fördermaßnahmen** für welche unterschiedliche Beihilfen gewährt werden.

● **Basisförderung**

Die **Förderhöhe** beträgt im **ersten Lehrjahr drei**, im **zweiten Lehrjahr zwei** und im **dritten und vierten Lehrjahr** jeweils eine kollektivvertragliche Bruttolehrlingsentschädigung und kann jeweils nach Abschluss eines Lehrjahres beantragt werden.

● **Zusätzliche Förderungen**

Weitere Informationen stehen unter **www.lehre-foerdern.at** zum Download bereit.

Weitere **Fördermaßnahmen** betreffen u. a. die **Erwachsenenlehre** sowie die **Steigerung der Qualität in der Ausbildung** durch z. B. Maßnahmen für Lehrlinge mit Lernschwierigkeiten und Prämien für ausgezeichnete sowie gute Lehrabschlussprüfungen.

2 Beitrag zur gesetzlichen Sozialversicherung

Die **Höhe des Beitragssatzes zur Sozialversicherung** hängt vom **Beginn des Lehrverhältnisses** ab.

Lehrverhältnisse ab dem 1. Jänner 2016

Für **Lehrverhältnisse**, die **ab dem 1. Jänner 2016 beginnen,** wurde ein **einheitlicher Beitragssatz** für die gesamte Dauer des Lehrverhältnisses festgelegt.

Die Beitragsgruppen – bei Arbeiter-Lehrlingen bzw. **Angestellten-Lehrlingen** in der Regel **A3z** bzw. **D3z** – geben an, welche Beiträge zu zahlen sind.

Sozialversicherungs-Beitragssätze für Arbeiter- und Angestellten-Lehrlinge		Dienstnehmeranteil (SV-DNA) %	Dienstgeberanteil (SV-DGA) %	Summe (SV-Beitrag) %
A3z bzw. D3z bis € 171,00/Tag € 5.130,00/Monat	Arbeitslosenversicherung	1,20*	1,20	2,40
	Krankenversicherung	1,67	1,68	3,35
	Unfallversicherung	—	—	—
	Pensionsversicherung	10,25	12,55	22,80
		13,12	15,43	28,55
	Kammerumlage	—		
	Wohnbauförderungsbeitrag	—	—	—
	IESG-Zuschlag	—	—	—
	BV-Beitrag	—	(1,53)	(1,53)
		13,12	15,43 (16,96)	28,55 (30,08)

Zum BV-Beitrag siehe Kapitel 6

* Die Senkung bzw. der **Entfall des Dienstnehmeranteiles** zur Arbeitslosenversicherung gilt auch für **Lehrlingsentschädigungen.**

Normaler AV-Beitragssatz

monatliche Beitragsgrundlage	AV-Beitrag %	SV-DNA %	SV-DGA %	Gültigkeit
bis € 1.381,00	0,00	11,92		
von € 1.381,01 bis € 1.506,00	1,00	12,92	15,43 (16,96)	ab 1. Jänner 2018
über € 1.506,00	1,20	13,12		

Normaler AV-Beitragssatz

monatliche Beitragsgrundlage	AV-Beitrag %	SV-DNA %	SV-DGA %	Gültigkeit
bis € 1.648,00	0,00	11,92		
von € 1.648,01 bis € 1.798,00	1,00	12,92	15,43 (16,96)	ab 1. Juli 2018
über € 1.798,00	1,20	13,12		

Lehrverhältnisse vor dem 1. Jänner 2016

Bei **Lehrverhältnissen**, die **vor dem 1. Jänner 2016 begonnen haben,** hängt der **Beitragssatz** von der **Dauer der Lehrzeit** und dem **jeweiligen Lehrjahr** ab. Bei **Arbeiter-Lehrlingen** ist die Höhe des Dienstnehmeranteiles zusätzlich noch davon abhängig, ob der Lehrling **Anspruch auf eine Lehrlingsentschädigung** mindestens in der **Höhe eines Hilfsarbeiterlohnes** hat.

Die angeführten Bestimmungen laufen mit diesen Lehrverhältnissen aus. Aus Vereinfachungsgründen ist der entsprechende **Beitragssatz bei den jeweiligen Lehr- und Übungsbeispielen** angeführt.

3 Lohnsteuer

Lehrlingsentschädigungen stellen **Einkünfte aus nichtselbständiger Arbeit** dar und unterliegen daher der **Lohnsteuer.** Wegen der geringen Höhe fällt jedoch häufig keine Lohnsteuer an.

Lehrbeispiele

L 2.04: Abrechnung einer Lehrlingsentschädigung

Lv. = Lehrverhältnis

Christoph Brandstätter (Versicherungskaufmann, Angestellten-Lehrling); Lehrlingsentschädigung im Juni € 665,– ; ohne AV(E)AB; 1. Lehrjahr (Beginn Lv. = Juni 2018)

Aufgabe: Stellen Sie die Abrechnung auf. **C**

Bis zu einer monatlichen Beitragsgrundlage von € 1.381,– beträgt der SV-DNA 11,92 %.

Die LSt-Bemessungsgrundlage liegt unter € 1.066,01, daher fällt keine Lohnsteuer an.

Lösung:

Lehrlingsentschädigung				665,00
SV lfd.: 665,00 · 11,92 %			–	79,27
LSt lfd.: Brutto	665,00			
– SV lfd.	79,27	585,73	–	—
Auszahlung/Überweisung				**585,73**

L 2.05: Abrechnung einer Lehrlingsentschädigung

Alexander Audi (Kraftfahrzeugtechniker, Arbeiter-Lehrling); € 1.316,– monatlich; ohne AV(E)AB; 4. (= letztes) Lehrjahr (Beginn Lv. = August 2014), SV-DNA 14,2 %

Aufgabe: Stellen Sie die Abrechnung auf. C

Lösung:

Lehrlingsentschädigung				1.316,00
SV lfd.: 1.316,00 · 14,2 %			–	186,87
LSt lfd.: Brutto	1.316,00			
– SV lfd.	186,87	1.129,13	–	15,78
Auszahlung/Überweisung				**1.113,35**

1.129,13 · 25 % – – 266,50 = 15,78

Üben

Rechnen Sie die nachstehenden Lehrlingsentschädigungen ab. C

Ü 2.07:

Entfall des AV-Beitrages

Petra Werhonig (Industriekauffrau, Angestellten-Lehrling); Lehrlingsentschädigung im Mai € 799,– ; ohne AV(E)AB; 1. Lehrjahr (Beginn Lv. = Mai 2018)

Ü 2.08:

Laura Jeindl (Bürokauffrau, Angestellten-Lehrling); monatlich € 915,–; ohne AV(E)AB; 3. Lehrjahr (Beginn Lv. = September 2015), SV-DNA 14,2 %

Ü 2.09:

Entfall des AV-Beitrages

Stephan Prax (Konditor, Arbeiter-Lehrling); Lehrlingsentschädigung im Juni € 416,–; ohne AV(E)AB; 1. Lehrjahr (Beginn Lv. = Juni 2018)

Ü 2.10:

Klaus Ablinger (Kommunikationstechniker, Arbeiter-Lehrling); Lehrlingsentschädigung im Juni € 1.811,– (Hilfsarbeiterlohn); ohne AV(E)AB; 3. Lehrjahr (Beginn Lv. = Juni 2015), SV-DNA 17,2 %; Gewerkschaftsbeitrag € 18,11

Sichern

Lehrling

Lehrling ist, wer aufgrund eines **Lehrvertrages** zur **Erlernung** eines in der Lehrberufsliste enthaltenen **Lehrberufes bei einem Lehrberechtigten** fachlich ausgebildet und im Rahmen dieser Ausbildung verwendet wird.

Lehrlingsentschädigung

Die **Entlohnung des Lehrlings** wird als **Lehrlingsentschädigung** bezeichnet.

Fördermaßnahmen

Die Förderungen im Lehrlingsbereich umfassen u. a. die **Basisförderung**, die **Erwachsenenlehre** sowie **Maßnahmen** zur **Steigerung der Qualität in der Ausbildung**.

2 Abrechnung – laufende Bezüge

Sozialversicherung

Die **Höhe des Beitragssatzes zur Sozialversicherung** hängt vom **Beginn des Lehrverhält-nisses** ab. Für **Lehrverhältnisse**, die **ab dem 1. Jänner 2016 beginnen,** wurde ein **einheit-licher Beitragssatz** für die gesamte Dauer des Lehrverhältnisses festgelegt. Bei **Lehrverhält-nissen,** deren Beginn **vor dem 1. Jänner 2016** liegt, hängt die **Höhe des Beitragssatzes** von der **Dauer der Lehrzeit** und dem **jeweiligen Lehrjahr** ab.

Lohnsteuer

Lehrlingsentschädigungen unterliegen der **Lohnsteuer.** Jedoch fällt häufig, wegen der geringen Höhe der Lehrlingsentschädigungen, keine Lohnsteuer an.

SbX
ID: 2033

Im SbX finden Sie diese Zusammenfassung als Audio-Wiederholung sowie eine Bild-schirmpräsentation.

 # Wissen

SbX
ID: 2034

Weitere Möglichkeiten zur Kompetenzüberprüfung im SbX

| Wiederholungsfragen | Weitere Aufgaben mit auto-matischer Aufgabenkontrolle | H₂Ö MUSTERUNTERNEHMEN |

Ein kurzer Kompetenz-Check, bevor's weitergeht!

Kompetenz-Check

	☺	😐	☹
Ich kann erklären, was man unter einem Lehrling versteht.			
Ich kann die Fördermaßnahmen im Lehrlingsbereich nennen.			
Ich kann den für die Berechnung des Dienstnehmeranteiles zur Sozialver-sicherung erforderlichen Beitragssatz für Lehrlinge nennen.			
Ich kann erklären, warum für Lehrlingsentschädigungen in der Regel keine Lohnsteuer anfällt.			
Ich kann die Abrechnung von Lehrlingsentschädigungen durchführen.			

Lerneinheit 4

Zulagen und Zuschläge – Überstundenverrechnung

Alle SbX-Inhalte zu dieser Lerneinheit finden Sie unter der ID: 2040.

Zulagen und Zuschläge werden aus verschiedenen Gründen, wie Arbeit über die Normalarbeitszeit hinaus, Arbeit an Sonntagen, Feiertagen bzw. in der Nacht oder für erschwerte Arbeitsbedingungen, gewährt.

Lernen

1 Allgemeines

Markieren Sie im nachfolgenden Text die Antworten auf folgende Fragen:

● **Was versteht man unter Zulagen und Zuschlägen?**
● **Wie werden Zulagen und Zuschläge in der Regel berechnet?**

Zulagen und Zuschläge

> Zulagen und Zuschläge werden für **bestimmte Arbeiten** und/oder für **Arbeiten**, die **unter besonderen Bedingungen geleistet werden**, bezahlt. Zulagen und Zuschläge können **mit dem Grundbezug regelmäßig**, **unregelmäßig** oder **einmalig** zur Auszahlung gelangen.

Abgeltung

Die Abgeltung von **Zulagen und Zuschlägen** richtet sich nach

● Gesetzen,
● Kollektivverträgen,
● Betriebsvereinbarungen,
● innerbetrieblichen Vereinbarungen oder erfolgt
● freiwillig.

Arten

Im Allgemeinen fallen in Unternehmen folgende Zulagen und Zuschläge an:

● Überstundenzuschläge
● Zuschläge für Sonntags-, Feiertags- und Nachtarbeit (SFN-Zuschläge)
● Schmutz-, Erschwernis- und Gefahrenzulagen (SEG-Zulagen)

Berechnung

Üblicherweise werden Zulagen und Zuschläge entweder in Form

● eines **Betrages** oder
● eines **Prozentsatzes vom Stundenlohn**

festgelegt.

2 Überstundenverrechnung

Markieren Sie im nachfolgenden Text die Antworten auf folgende Fragen:

● **Was versteht man unter Überstunden?**
● **Wie werden Überstunden entlohnt?**
● **Wie wird der Überstundengrundlohn ermittelt?**
● **Wie werden die Überstundenzuschläge berechnet?**
● **Wie erfolgt die abgabenrechtliche Behandlung des Überstundenentgeltes?**

Arbeitsrechtliche Bestimmungen

Überstundenarbeit

Beträgt die kollektivvertraglich festgelegte Arbeitszeit weniger als 40 Stunden, dann wird die Differenz auf 40 Stunden **Mehrarbeit** genannt. Diese kann durch Zeitausgleich (im Verhältnis 1 : 1) oder durch Bezahlung (evtl. mit Zuschlag) abgegolten werden.

Überstundenarbeit (eine Überstunde) liegt vor, wenn entweder die **Grenzen der zulässigen wöchentlichen Normalarbeitszeit** (40 Stunden) oder die **tägliche Normalarbeitszeit,** die sich aufgrund der betrieblichen Verteilung der wöchentlichen Normalarbeitszeit ergibt, **überschritten wird.**

Überstunden müssen **aufgezeichnet** werden, d. h., es muss hervorgehen, an welchem Tag und zu welchen Tagesstunden die einzelnen Arbeitnehmer die Überstunden geleistet haben. Außerdem sind Überstunden auf dem **Lohnkonto** ersichtlich zu machen.

Die **Entlohnung einer Überstunde** (Überstundenentgelt) setzt sich zusammen aus dem

- **Überstundengrundlohn** und dem
- **Überstundenzuschlag.**

Berechnung des Überstundengrundlohnes

Die angegebenen Bruchteile des Wochenlohnes bzw. des Monatslohnes (-gehaltes) nennt man **Überstundenteiler.**

Hinsichtlich der **Berechnung des Überstundengrundlohnes** bestimmen die Kollektivverträge in der Regel bei vereinbartem

- **Stundenlohn** → den Stundenlohn
- **Wochenlohn** → 1/40 bis 1/38 des Wochenlohnes
- **Monatslohn (-gehalt)** → 1/173 bis 1/143 des Monatslohnes (-gehaltes)

} **Überstundenteiler**

als Überstundengrundlohn.

Berechnung des Überstundenzuschlages

Hinsichtlich der **Berechnung des Überstundenzuschlages** bestimmen die Kollektivverträge im Allgemeinen für Überstunden

- an **Werktagen untertags** einen Zuschlag von → 50 %
- an **Werktagen in der Nacht** (in der Regel zwischen 20:00 und 6:00 Uhr) einen Zuschlag von → 100 %
- an **Sonn- und Feiertagen** einen Zuschlag von → 100 %

Abgeltung von Überstunden

Überstundenentgelte werden in vielen Betrieben **verspätet,** d. h. nicht mit dem Arbeitslohn für den Lohnzahlungszeitraum, in dem die Überstunden geleistet wurden, ausbezahlt. Bei Angestellten wird z. B. das Überstundenentgelt häufig mit dem Gehalt des nächsten Monats bezahlt.

Überstunden können

Zeitausgleich z. B. für eine Überstunde mit 50 % Zuschlag → 1,5 Stunden

- nach dem **tatsächlichen Anfall (Einzelvergütung),**
- **pauschal** (mit einem monatlich gleichbleibenden Betrag),
- als im **Grundbezug enthalten (All-in-Vereinbarung)** und
- in Form von **Freizeit (Zeitausgleich)**

abgegolten werden.

Abgabenrechtliche Behandlung des Überstundenentgeltes

Sozialversicherung

Das gesamte Überstundenentgelt, **Grundlohn und Zuschlag,** unterliegt der **Sozialversicherungspflicht.**

Lohnsteuer

Der für die Überstunde bezahlte **Grundlohn** ist **lohnsteuerpflichtig.**

Für die **Überstundenzuschläge** gilt Folgendes:

Der Freibetrag erhöht sich auf € 540,–/Monat für jene Arbeitnehmer, deren **Normalarbeitszeit** im Lohnzahlungszeitraum **überwiegend** in der Zeit **zwischen 19:00 und 7:00 Uhr** („steuerliche Nacht") liegt.

Als **Nachtarbeit** gelten zusammenhängende Arbeitszeiten von mindestens drei Stunden (Blockzeit), die in der Zeit von 19:00 bis 7:00 Uhr erbracht werden und an die Tagesarbeitszeit anschließen müssen.

- **Schmutz-, Erschwernis- und Gefahrenzulagen** (SEG-Zulagen) sowie **Zuschläge für Sonntags-, Feiertags- und Nachtarbeit** (SFN-Zuschläge) und **mit diesen Arbeiten zusammenhängende Überstundenzuschläge** sind insgesamt **bis € 360,–** monatlich unter bestimmten Voraussetzungen **steuerfrei.**
- Zusätzlich zu den vorgenannten Zulagen und Zuschlägen sind **Zuschläge für die ersten zehn Überstunden im Monat** an Werktagen und Samstagen außerhalb der Nachtzeit im Ausmaß von **höchstens 50 % des Grundlohnes, insgesamt höchstens jedoch € 86,– monatlich, steuerfrei.** Als Überstundenzuschläge gelten auch Zuschläge für Mehrarbeit, die sich aufgrund der verkürzten kollektivvertraglichen Normalarbeitszeit ergibt.

Darstellung: SV-Beitrag und LSt bei 13 Überstunden mit 50 % Überstundenzuschlag im Monat

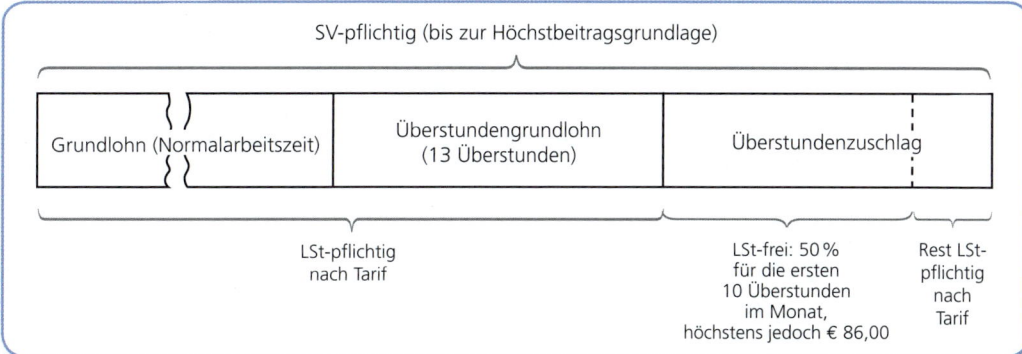

2 Abrechnung – laufende Bezüge

Überstundenpauschale

Bei einem **Überstundenpauschale** kann der dem Überstundenzuschlag entsprechende Teil im Rahmen der vorgenannten Bestimmungen steuerfrei belassen werden, wenn das Pauschale im Durchschnitt den tatsächlich geleisteten Überstunden entspricht. Eine Überstundenaufzeichnung ist daher auch bei Zahlung eines Überstundenpauschales erforderlich.

Lehrbeispiele

L 2.06: Abrechnung eines Angestellten mit Überstunden

Franz Josef Aigner (Leiter der EDV-Abteilung in einem Handelsbetrieb); Gehalt € 3.240,–; im Februar 16 Überstunden mit 50 % ÜZ, Überstundenteiler 1/158; ohne AV(E)AB; Freibetrag € 42,30/Monat; Gewerkschaftsbeitrag € 32,10; Abrechnung für den Monat März inkl. der Überstunden vom Februar

Die **Mehrarbeitsstunden** werden in sämtlichen Lehr- und Übungsbeispielen dieses Fachbuches durch **Zeitausgleich** abgegolten.

Aufgabe: Stellen Sie die Abrechnung auf. C

Lösung:

Gehalt		3.240,00
ÜG: 3.240,00 : 158 = 20,51 · 16		+ 328,16
ÜZ steuerfrei: 10,26 · 10 = 102,60, steuerfrei jedoch höchstens		+ 86,00
ÜZ steuerpflichtig: 10,26 · 6 = 61,56 + 16,60		+ 78,16
Gesamtbruttogehalt		3.732,32
SV lfd.: 3.732,32 · 18,12 %		− 676,30

ÜG = Überstundengrundlohn
ÜZ = Überstundenzuschlag
ÜZ: 16 zu 50 %

10 steuerfrei 6 steuerpflichtig

102,60 − 86,00 = 16,60 steuerpflichtig

2.895,62 · 42 % −
− 600,05 = 616,11

LSt lfd.:	Brutto	3.732,32		
	– ÜZ frei	86,00		
	– SV lfd.	676,30		
	– Freibetrag	42,30		
	– Gewerkschaftsbeitrag	32,10	2.895,62	− 616,11
Gewerkschaftsbeitrag				− 32,10
Auszahlung/Überweisung				**2.407,81**

L 2.07: Abrechnung einer Arbeiterin mit Überstunden

Angelika Winter (Metallbearbeitungstechnikerin); Bruttolohn € 2.688,70; 15 Überstunden mit 50 % ÜZ und 6 Stunden Nachtarbeit mit 100 % steuerfreiem ÜZ, Überstundenteiler 1/143; mit AEAB, 1 Kind. Der Betrieb hat € 550,– akontiert.

akontieren = eine Akontozahlung leisten

Aufgabe: Stellen Sie die Abrechnung auf. C

Lösung:

Lohn		2.688,70
ÜG: 2.688,70 : 143 = 18,80 · 21		+ 394,80
ÜZ steuerfrei: 9,40 · 10 = 94,00, steuerfrei jedoch höchstens 86,00		
18,80 · 6 =	112,80	+ 198,80
ÜZ steuerpflichtig: 9,40 · 5 = 47,00 + 8,00		+ 55,00
Gesamtbruttolohn		3.337,30
SV lfd.: 3.337,30 · 18,12 %		− 604,72

ÜG: 15 + 6 = 21
ÜZ: 15 zu 50 %

10 steuerfrei 5 steuerpflichtig

94,00 − 86,00 = 8,00 steuerpflichtig
ÜZ: 6 zu 100 % sind steuerfrei

2.533,78 · 35 % −
− 459,27 = 427,55

LSt lfd.:	Brutto	3.337,30		
	– ÜZ frei	198,80		
	– SV lfd.	604,72	2.533,78	− 427,55
Akontozahlung				− 550,00
Auszahlung/Überweisung				**1.755,03**

3 Sonntags-, Feiertags- und Nachtarbeit (SFN-Zuschläge)

Markieren Sie im nachfolgenden Text die Antworten auf folgende Fragen:

● Wo sind die Bestimmungen über Zuschläge für Sonntags-, Feiertags- und Nachtarbeit enthalten?
● Wie erfolgt die Entlohnung bei Nichtarbeit bzw. Arbeit an einem Feiertag?
● Wie werden Zuschläge für Sonntags-, Feiertags- und Nachtarbeit abgabenrechtlich behandelt?

SFN-Zuschläge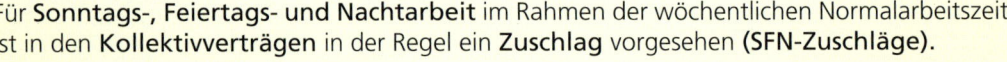

Für **Sonntags-, Feiertags- und Nachtarbeit** im Rahmen der wöchentlichen Normalarbeitszeit ist in den **Kollektivverträgen** in der Regel ein **Zuschlag** vorgesehen (**SFN-Zuschläge**).

Die Arbeitsleistung an einem Feiertag gilt erst dann als **Überstunden-arbeit,** wenn sie hinsichtlich ihrer Dauer **über** das Ausmaß der **täglichen Normalarbeitszeit hinausgeht.**

Für die **gesetzlichen Feiertage** hat der Dienstgeber **bei Nichtarbeit** das **regelmäßige Entgelt (Feiertagsentgelt)** fortzuzahlen. Dem Dienstnehmer gebührt jenes Entgelt, das er erhalten hätte, wenn die Arbeit nicht ausgefallen wäre (**Ausfallprinzip**).

Zusätzlich zum Feiertagsentgelt erhält der Dienstnehmer **bei Arbeitsleistung an Feiertagen**

a) **innerhalb der Normalarbeitszeit**
  ● das **Feiertagsarbeitsentgelt** und eventuell laut Kollektivvertrag oder freiwillig
  ● einen **Feiertagszuschlag** (in Form eines Prozentsatzes)

b) **außerhalb der Normalarbeitszeit**
  ● den **Überstundengrundlohn** und laut Kollektivvertrag
  ● einen **Überstundenzuschlag.**

Sozialversicherung

Das für **Sonntags-, Feiertags- und Nachtarbeit** bezahlte Entgelt einschließlich der Zuschläge ist **sozialversicherungspflichtig.**

Lohnsteuer

Das **Entgelt für Sonntags-, Feiertags- und Nachtarbeit** unterliegt der **Lohnsteuerpflicht.** Zuschläge für Sonntags-, Feiertags- und Nachtarbeit und **mit diesen Arbeiten zusammenhängende Überstundenzuschläge** sind jedoch **lohnsteuerfrei,** sofern die auf Seite 30 genannten **Grenzen nicht überschritten** werden.

4 Schmutz-, Erschwernis- und Gefahrenzulagen (SEG-Zulagen)

Markieren Sie im nachfolgenden Text die Antworten auf folgende Fragen:

● Was versteht man unter Schmutz-, Erschwernis- und Gefahrenzulagen?
● Wo sind die Bestimmungen über Schmutz-, Erschwernis- und Gefahrenzulagen enthalten?
● Wie erfolgt die abgabenrechtliche Behandlung der Schmutz-, Erschwernis- und Gefahrenzulagen?

SEG-Zulagen

Schmutz-, Erschwernis- und Gefahrenzulagen (SEG-Zulagen) sind Teile des Arbeitsentgeltes, die für besonders schmutzige, schwere oder gefährliche Arbeiten bezahlt werden.

Sonstige Zulagen

Zulagen können aber auch aus **sonstigen Gründen** (z.B. Bildschirmzulage, Schichtzulage, Montagezulage) gewährt werden.

Die Zulagen sind im Allgemeinen in den Kollektivverträgen oder durch Betriebsvereinbarungen geregelt.

Sozialversicherung

Die **Erschwernis- und Gefahrenzulagen** sind **sozialversicherungspflichtig,** die **Schmutzzulagen** sind **sozialversicherungsfrei,** sofern sie auch **lohnsteuerfrei** sind.

Lohnsteuer

Schmutz-, Erschwernis- und Gefahrenzulagen sind **bis zu** den auf Seite 30 genannten Grenzen **lohnsteuerfrei.**

Üben

Mechatroniker sind Fach-
kräfte, die selbständig an
elektrischen und mecha-
nischen Anlagen arbeiten.

Rechnen Sie die nachstehenden Dienstnehmer mit Überstunden ab. C

Ü 2.11:

Sebastian Kendler (Mechatroniker); Bruttolohn August € 2.588,50; im Juli 12 Überstunden mit 50 % ÜZ, Überstundenteiler 1/143; ohne AV(E)AB; Pendlerpauschale € 58,–/Monat, Pendlereuro für 36 km (einfache Fahrtstrecke); Gewerkschaftsbeitrag € 29,14; Akontozahlung € 450,–; Abrechnung für den Monat August inkl. der Überstunden vom Juli

Ü 2.12:

Veronika Spatzenegger (Leiterin Presse- und Öffentlichkeitsarbeit in einem Versicherungsunternehmen); Gehalt € 4.710,–; 15 Überstunden im März mit 50 % ÜZ, Überstundenteiler 1/143; ohne AV(E)AB; Freibetrag € 45,20/Monat; am 16. April wurde der Angestellten eine Akontozahlung von € 1.100,– geleistet; Abrechnung für den Monat April inkl. der Überstunden vom März

Ü 2.13:

Andrea Francic (Versandarbeiterin im Handel); Monatslohn Juni € 1.790,–; Überstundenteiler 1/167, 16 Überstunden mit 50 % ÜZ und 9 Nacht-Überstunden mit 100 % ÜZ (steuerfrei); ohne AV(E)AB; Freibetrag € 31,40/Monat

Ü 2.14:

Klaus Hierländer (Vertragssachbearbeiter in einem Versicherungsunternehmen); Gehalt € 3.160,–; im Abrechnungsmonat 14 Überstunden mit 50 % ÜZ und 3 Nacht-Überstunden mit 100 % steuerfreiem ÜZ, Überstundenteiler 1/143; mit AVAB, 3 Kinder; Freibetrag € 47,–/Monat, Pendlerpauschale € 113,–/Monat, Pendlereuro für 48 km (einfache Fahrtstrecke); Gewerkschaftsbeitrag € 31,60

Ü 2.15:

Rainer Kraft (Fitnessbetreuer); Lohn € 2.280,–; Überstundenteiler 1/173, im Februar 11 Überstunden mit 50 % ÜZ und 3 Nacht-Überstunden mit 100 % steuerfreiem ÜZ; mit AVAB, 2 Kinder; Freibetrag € 33,10/Monat, Pendlerpauschale € 113,–/Monat, Pendlereuro für 42 km (einfache Fahrtstrecke)

Ü 2.16:

Karl Berger (Programmierer); Gehalt für den Monat Juni € 3.035,–; Überstundenteiler 1/158, Überstunden laut nachstehender Überstundenaufzeichnung (1. Mai bis 31. Mai 2018); mit AVAB, 2 Kinder; Freibetrag € 46,30/Monat

Der **Überstunden-
zuschlag von 100 %**
für die am **27. Mai**
geleisteten **fünf Über-
stunden** ist **steuerfrei.**

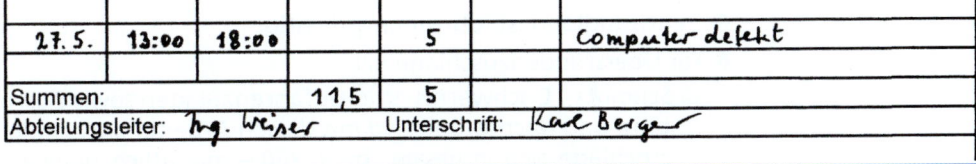

Dr. Hauser GmbH						
Abteilung: 12			Überstunden im Monat Mai 2018			
Name: Karl Berger						
Tag	Zeit		Überstunden			Begründung
	von	bis	50%	100%	%	
2. 5.	16:00	18:00	2			Auftrag 13781
3. 5.	16:00	18:00	2			" 13781
4. 5.	16:00	18:30	2,5			" 13781
17. 5.	16:00	18:30	2,5			" 13784
18. 5.	16:00	18:30	2,5			" 13784
27. 5.	13:00	18:00		5		Computer defekt
Summen:			11,5	5		
Abteilungsleiter: Ing. Weiser				Unterschrift: Karl Berger		

2 Abrechnung – laufende Bezüge

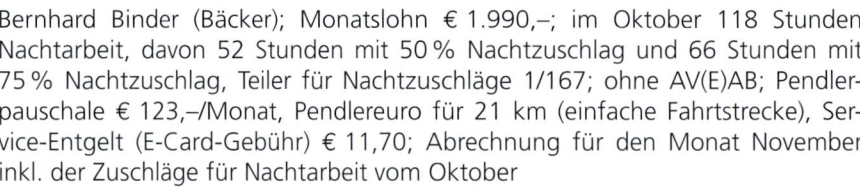
Rechnen Sie die nachstehenden Dienstnehmer mit SFN-Zuschlägen ab. `C`

Ü 2.17:

Jonathan Soriano (Maschinenarbeiter); Monatslohn € 2.040,–, Feiertagsarbeit 7 Stunden (Normalarbeitszeit an diesem Tag 8 Stunden), Zuschlag für Nachtarbeit € 130,–; ohne AV(E)AB; Freibetrag € 46,60/Monat; Akontozahlung € 850,–; Abrechnung Mai; Kollektivvertrag: Feiertagsarbeitsentgelt = 1/167 des Monatslohnes je Stunde

Ü 2.18:

Die Normalarbeitszeit des Arbeitnehmers fällt überwiegend in die Nachtzeit (19:00–7:00 Uhr). Es steht ihm daher der erhöhte Freibetrag von € 540,– zu.

Bernhard Binder (Bäcker); Monatslohn € 1.990,–; im Oktober 118 Stunden Nachtarbeit, davon 52 Stunden mit 50 % Nachtzuschlag und 66 Stunden mit 75 % Nachtzuschlag, Teiler für Nachtzuschläge 1/167; ohne AV(E)AB; Pendlerpauschale € 123,–/Monat, Pendlereuro für 21 km (einfache Fahrtstrecke), Service-Entgelt (E-Card-Gebühr) € 11,70; Abrechnung für den Monat November inkl. der Zuschläge für Nachtarbeit vom Oktober

Rechnen Sie die nachstehenden Dienstnehmer mit SEG-Zulagen ab. `C`

Ü 2.19:

Roland Hutzinger (Kraftfahrzeugmechaniker); Monatslohn € 2.621,90 (€ 15,70 · 167); 38,5 Stunden mit 15 % Schmutzzulage vom Stundenlohn (SV- und LSt-frei) und 20 Stunden mit 10 % steuerfreier Erschwerniszulage vom Stundenlohn; mit AVAB, 1 Kind; Freibetrag € 34,60/Monat, Pendlerpauschale € 58,–/Monat, Pendlereuro für 24 km (einfache Fahrtstrecke); Gewerkschaftsbeitrag € 27,44

Ü 2.20:

Gudrun Skopek (Schweißerin); Monatslohn € 2.190,–, Schmutzzulage € 118,20 (SV- und LSt-frei), steuerfreie Erschwerniszulage € 49,40; ohne AV(E)AB; Freibetrag € 39,10/Monat; Akontozahlung € 500,–

◎ Sichern

SbX	ID: 2043
⇅ Ü ✓ 🎧	

Beispiele für Zulagen und Zuschläge

- Überstundenzuschläge
- Zuschläge für Sonntags-, Feiertags- und Nachtarbeit (SFN-Zuschläge)
- Schmutz-, Erschwernis- und Gefahrenzulagen (SEG-Zulagen)

Berechnung der Zulagen und Zuschläge

Zulagen und Zuschläge werden entweder in Form

- eines **Betrages** oder
- eines **Prozentsatzes vom Stundenlohn**

festgelegt.

Überstundenarbeit

Überstundenarbeit (eine Überstunde) liegt vor, wenn

- entweder die **Grenzen der zulässigen wöchentlichen Normalarbeitszeit** (40 Stunden)
- oder die **tägliche Normalarbeitszeit,** die sich aufgrund der betrieblichen Verteilung der wöchentlichen Normalarbeitszeit ergibt,

überschritten wird.

Abgabenrechtliche Behandlung

- Das gesamte Überstundenentgelt, Grundlohn und Zuschlag, ist **sozialversicherungspflichtig.**
- Der **Grundlohn** ist lohnsteuerpflichtig.
- Für **Überstundenzuschläge** gilt:
  - Schmutz-, Erschwernis- und Gefahrenzulagen sowie Zuschläge für Sonntags-, Feiertags- und Nachtarbeit und mit diesen Arbeiten zusammenhängende Überstundenzuschläge sind insgesamt **bis € 360,– monatlich** unter bestimmten Voraussetzungen **steuerfrei.**

○ Zusätzlich sind **Zuschläge für die ersten zehn Überstunden im Monat** an Werktagen und Samstagen außerhalb der Nachtzeit im Ausmaß von **höchstens 50 % des Grundlohnes, insgesamt höchstens jedoch € 86,– monatlich, steuerfrei.**

SFN-Zuschläge

Das **Entgelt für Sonntags-, Feiertags- und Nachtarbeit** sowie **Zuschläge für Sonntags-, Feiertags- und Nachtarbeit** sind **sozialversicherungs- und lohnsteuerpflichtig;** unter bestimmten Voraussetzungen sind die **Zuschläge** jedoch **lohnsteuerfrei.**

SEG-Zulagen

Erschwernis- und Gefahrenzulagen sind **sozialversicherungspflichtig; sozialversicherungsfrei** sind nur die **Schmutzzulagen, soweit sie lohnsteuerfrei** sind.

SEG-Zulagen sind unter **bestimmten Voraussetzungen lohnsteuerfrei.**

Im SbX finden Sie diese Zusammenfassung als Audio-Wiederholung sowie eine Bildschirmpräsentation.

SbX
ID: 2043

Wissen

SbX

Aufgaben mit automatischer Aufgabenkontrolle
ID: 2044

W 2.10: Wie viel Prozent beträgt der Überstundenzuschlag für Überstunden untertags, an Werktagen? A

W 2.11: Angestellter; Gehalt € 2.598,–; 19 Überstunden mit 50 % ÜZ, Überstundenteiler 1/158. Errechnen Sie das Gesamtbruttogehalt. C

W 2.12: Geben Sie an, ob der angeführte Entgeltteil SV-pflichtig oder SV-frei ist. B

	SV-pflichtig	SV-frei
Überstundengrundlohn		
Feiertagszuschlag		
lohnsteuerfreie Schmutzzulage		
50%iger Überstundenzuschlag für zehn Überstunden		

W 2.13: Errechnen Sie die SV-Beitragsgrundlage und die LSt-Bemessungsgrundlage. Gehalt € 2.478,–; Überstundengrundlohn für 4 Überstunden € 62,72, Überstundenzuschlag € 31,36; SV-DNA € 466,06 C

SV-Beitragsgrundlage

LSt-Bemessungsgrundlage

Weitere Möglichkeiten zur Kompetenzüberprüfung im SbX

SbX
ID: 2044

| **Wiederholungsfragen** | Weitere Aufgaben mit automatischer Aufgabenkontrolle | |

Kompetenz-Check

	☺	☺	☹
Ich kann erklären, wann Zulagen und Zuschläge bezahlt und wie diese festgelegt werden.			
Ich kann erklären, wann eine Überstunde vorliegt.			
Ich kann den Überstundengrundlohn und die entsprechenden Überstundenzuschläge ermitteln.			
Ich kann das Überstundenentgelt, das für Sonntags-, Feiertags- und Nachtarbeit bezahlte Entgelt einschließlich der Zuschläge sowie Schmutz-, Erschwernis- und Gefahrenzulagen abgabenrechtlich behandeln.			
Ich kann einfache Lohn- und Gehaltsabrechnungen mit Überstunden, Zuschlägen für Sonntags-, Feiertags- und Nachtarbeit sowie Schmutz-, Erschwernis- und Gefahrenzulagen durchführen.			

Lerneinheit 5
Besonderheiten in der Abrechnung laufender Bezüge

Ein Dienstnehmer beginnt sein Dienstverhältnis am 17. August 2018. Im Dienstvertrag wird u. a. vereinbart, dass der Dienstnehmer ein firmeneigenes Kraftfahrzeug auch für Privatfahrten kostenlos benützen darf. Außerdem besteht für den Dienstnehmer die Möglichkeit, das Kraftfahrzeug auf einem Abstellplatz des Dienstgebers zu parken.

Aus diesen Sachverhalten ergeben sich arbeits- und abgabenrechtliche Besonderheiten, die in der vorliegenden Lerneinheit behandelt werden.

 **Lernen**

1 Abrechnung von laufenden Bezügen für eine gebrochene Abrechnungsperiode

Markieren Sie im nachfolgenden Text die Antworten auf folgende Fragen:
- **Was versteht man unter einer gebrochenen Abrechnungsperiode?**
- **Wie erfolgt die Aliqoutierung des Lohnes bzw. Gehaltes?**
- **Welche Besonderheiten sind bei der abgabenrechtlichen Behandlung für Bezüge einer gebrochenen Abrechnungsperiode zu beachten?**

Gebrochene Abrechnungsperiode

Eine gebrochene Abrechnungsperiode liegt vor, wenn das **Dienstverhältnis während eines** Abrechnungszeitraumes beginnt oder endet bzw. beginnt und endet.

Ermittlung des Grundbezuges

Aliquotierung = anteilsmäßige Berechnung

Die **Aliquotierung des Lohnes oder Gehaltes** wird u. a. wie folgt durchgeführt:

Berechnung des aliquoten Lohnes bzw. Gehaltes

- Für Dienstnehmer, deren Grundbezug auf Basis eines **Monatslohnes (-gehaltes)** festgelegt wurde:
  Monatsgrundbezug : 30 · Anzahl der zu bezahlenden Kalendertage
- Für Dienstnehmer, deren Grundbezug auf Basis eines **Stundenlohnes** festgelegt wurde:
  Stundenlohn · Anzahl der zu bezahlenden Arbeitsstunden

Sieht der **Kollektivvertrag** eine bestimmte Berechnungsart vor, so ist diese anzuwenden. Für die Praxis ist es zweckmäßig, eine Berechnungsart in Form einer innerbetrieblichen Vereinbarung festzulegen.

Abgabenrechtliche Behandlung

Sozialversicherung

Liegt kein voller Beitragszeitraum vor, ist **nach Kalendertagen abzurechnen**, wobei die **tägliche Höchstbeitragsgrundlage von € 171,–** zu beachten ist. Diese ist **mit den abzurechnenden Tagen zu multiplizieren** und ergibt die **Höchstbeitragsgrundlage** für den **abzurechnenden Zeitraum.**

2 Abrechnung – laufende Bezüge

Lohnsteuer

Bei Ein- und/oder Austritt eines Arbeitnehmers während eines Lohnzahlungszeitraumes ist die Lohnsteuer für den **Zeitraum** zu ermitteln und einzubehalten, für den der **Bezug tatsächlich bezahlt wird.**

Lehrbeispiel

L 2.08: Gehaltsabrechnung für eine gebrochene Abrechnungsperiode

Daniel Herndler (Prokurist); Monatsgehalt € 5.270,–;
ohne AVAB; Freibetrag € 49,10/Monat;
Dienstantritt: 19. Juli 2018

Aufgabe: Stellen Sie die Abrechnung für Juli auf. C

Lösung:

Gehalt: 5.270,00 : 30 · 13			2.283,67
SV lfd.: 171,00 · 13 = 2.223,00; 2.223,00 · 18,12 %			– 402,81
LSt lfd.: Brutto	2.283,67		
– SV lfd.	402,81		
– Freibetrag	21,28	1.859,58	– 521,04
Auszahlung/Überweisung			**1.359,82**

Berechnung der zu bezahlenden Kalendertage: 19. Juli bis 31. Juli = **13 Tage**

Der **Freibetrag** ist ebenfalls auf die entsprechenden Kalendertage umzurechnen:
49,10 : 30 · 13 = **€ 21,28**

Berechnung der Lohnsteuer mithilfe der **Effektiv-Tarif-Tabelle 2018 – Tageslohnsteuertabelle für Arbeitnehmer**

AVAB = Alleinverdienerabsetzbetrag

AEAB = Alleinerzieherabsetzbetrag

Bei **mehr als 5 Kindern** erhöht sich der **Abzugsbetrag** für jedes weitere Kind um **€ 0,611.**

Effektiv-Tarif-Tabelle 2018 für Arbeitnehmer									
Tageslohn		Grenz-steuersatz	Abzug ohne AVAB/AEAB	Abzug mit AVAB/AEAB					
von	bis			1 Kind	2 Kinder	3 Kinder	4 Kinder	5 Kinder
SV-Rückerstattung oder Steuer			35,54	41,03	42,97	45,42	47,86	50,30
35,54	50,53	25 %	8,883	10,256	10,742	11,353	11,964	12,575
50,54	86,64	35 %	13,937	15,309	15,795	16,406	17,017	17,628
86,65	167,20	42 %	20,002	21,374	21,860	22,472	23,083	23,694
167,21	250,53	48 %	30,034	31,406	31,892	32,503	33,114	33,726
250,54	2.778,31	50 %	35,044	36,417	36,903	37,514	38,125	38,736
	darüber	55 %	173,960	175,332	175,818	176,429	177,041	177,652

Tägliche Bemessungsgrundlage: 1.859,58 : 13 = € 143,04 Tageseinkommen

Das Einkommen ist der entsprechenden Zeile zuzuordnen (im Lehrbeispiel ist das die Zeile von 86,65 bis 167,20); aus dieser Zeile sind der **Grenzsteuersatz** und der **Abzugsbetrag** abzulesen.

143,04 · 42 %	60,077 (auf 3 Dez.)
Abzugsbetrag (ohne AVAB)	– 20,002
tägliche Lohnsteuer	40,075
gerundet (auf 2 Dez.)	40,08
Lohnsteuer für 13 Tage: 40,08 · 13	**521,04** (auf 2 Dez. gerundet)

2 Sachbezüge

Markieren Sie im nachfolgenden Text die Antworten auf folgende Fragen:

- **Was versteht man unter Sachbezügen?**
- **Welche Sachbezüge sind in der Praxis von Bedeutung?**
- **Wie werden Sachbezüge abgabenrechtlich behandelt?**

Sachbezüge

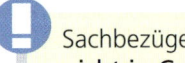

Sachbezüge (Deputate oder Naturallöhne) sind **Vorteile aus einem Dienstverhältnis, die nicht in Geld** bestehen.

Sachbezüge können in den verschiedensten Formen gewährt werden, z. B. als

- **Privatnutzung eines arbeitgebereigenen Kraftfahrzeuges** (abhängig vom jeweiligen CO_2-Emissionswert; z. B. CO_2-Emissionswert > 124 g/km ➜ 2 % der Anschaffungskosten des Kraftfahrzeuges, max. € 960,– monatlich; bei monatlicher Fahrtstrecke bis 500 km 1 % der Anschaffungskosten, max. € 480,– monatlich; für Elektroautos ist kein Sachbezugswert anzusetzen),
- **Privatnutzung eines arbeitgebereigenen Kfz-Abstell- oder Garagenplatzes** in Bereichen mit Parkraumbewirtschaftung für ein mehrspuriges Kfz (€ 14,53 monatlich),
- **Wert des Wohnraumes,** den der Arbeitgeber seinen Arbeitnehmern kostenlos oder verbilligt zur Verfügung stellt (für z. B. eine im Eigentum des Arbeitgebers befindliche Dienstwohnung zu 100 m² in Wien sind € 5,58/m², somit € 558,– monatlich, anzusetzen),
- **volle freie Station** (für wirtschaftlich in die Hausgemeinschaft des Arbeitgebers aufgenommene Arbeitnehmer; monatlich mit € 196,20 anzusetzen),
- **Mitarbeiterrabatte** auf Waren und Dienstleistungen (über 20 %, Freibetrag € 1.000,–/Jahr).

Als **Endpreis** am Abgabeort versteht man den Preis, den Letztverbraucher im normalen Geschäftsverkehr zu zahlen haben.

Die Bewertung hat mit den üblichen **Endpreisen des Abgabeortes** zu erfolgen. Für die meisten Sachbezüge setzt der Bundesminister für Finanzen durch Verordnung die entsprechenden Werte fest.

Sozialversicherung, Lohnsteuer

Der **Wert der Sachbezüge** ist den Beitrags- bzw. Bemessungsgrundlagen aller Abgaben (z. B. Sozialversicherung, Lohnsteuer) **zuzurechnen.**

Nicht alle Sachbezüge sind **abgabenpflichtig** zu behandeln (z. B. Arbeitskleidung, Beförderung von Arbeitnehmern zwischen Wohnung und Arbeitsstätte im Werkverkehr).

Lehrbeispiel

L 2.09: Abrechnung eines Arbeiters mit Sachbezug

Richard Brunnauer (Medizingerätetechniker); Monatslohn € 3.040,–, Sachbezugswert für die private Nutzung des arbeitgebereigenen Pkw € 480,–/Monat; mit AVAB, 1 Kind; Freibetrag € 44,80/Monat

Aufgabe: Stellen Sie die Abrechnung auf. **C**

Lösung:

Lohn				3.040,00
SV lfd.:	Brutto	3.040,00		
	+ Sachbezugswert Pkw	480,00	3.520,00 · 18,12 % –	637,82
LSt lfd.:	Brutto	3.040,00		
	+ Sachbezugswert Pkw	480,00		
	– SV lfd.	637,82		
	– Freibetrag	44,80	2.837,38	– 550,48
Auszahlung/Überweisung				**1.851,70**

Der **Wert der Sachbezüge** erhöht die SV-Beitragsgrundlage und die LSt-Bemessungsgrundlage.

2.837,38 · 42 % –
– 641,22 = 550,48

Üben

Rechnen Sie die nachstehenden laufenden Bezüge für eine gebrochene Abrechnungsperiode ab. C

Ü 2.21:

Peter Clark (Mechatroniker); Monatslohn € 2.760,–; mit AVAB, 1 Kind; Dienstantritt 9. März 2018; Abrechnung März

Ü 2.22:

Wolfgang Krof (EDV-Analytiker); Monatsgehalt € 5.280,–; mit AVAB, 2 Kinder; Dienstantritt: 6. Juli 2018; Abrechnung Juli

2 Abrechnung – laufende Bezüge

Entfall des AV-Beitrages

Ü 2.23:

Andrea Wind (Kommunikationselektronikerin); Monatslohn € 3.090,–; ohne AV(E)AB; Freibetrag € 41,20/Monat; Dienstantritt: 21. September 2018; Abrechnung September

Rechnen Sie die nachstehenden Dienstnehmer mit Sachbezügen ab. C

Ü 2.24:

Andreas Rohrmoser (Fachleiter Rechenzentrum); Monatsgehalt € 3.670,–, Sachbezugswert für die Dienstwohnung € 447,–/Monat; ohne AV(E)AB; Freibetrag € 32,40/Monat; Gewerkschaftsbeitrag € 32,10; Akontozahlung € 650,–

Ü 2.25:

Julia Kurz (Konditorin); Monatslohn € 1.870,–, volle freie Station € 196,20/Monat; mit AVAB, 1 Kind; Abrechnung für den Monat Juni

Ü 2.26:

Harald Ramsauer (Produktmanager); Monatsgehalt € 4.720,–, Sachbezugswert für die private Nutzung des arbeitgebereigenen Pkw € 576,80/Monat und für den Kfz-Garagenplatz monatlich € 14,53; mit AVAB, 3 Kinder; Freibetrag € 36,50/Monat; Akontozahlung € 800,–

 # Sichern

SbX ID: 2053

Gebrochene Abrechnungsperiode

Eine gebrochene Abrechnungsperiode liegt vor, wenn das **Dienstverhältnis während eines Abrechnungszeitraumes beginnt oder endet bzw. beginnt und endet.**

Sachbezüge

Sachbezüge sind **Vorteile aus einem Dienstverhältnis,** die **nicht in Geld** bestehen.

Beispiele für Sachbezüge:
- Privatnutzung eines arbeitgebereigenen Kraftfahrzeuges
- Privatnutzung eines arbeitgebereigenen Kfz-Abstell- oder Garagenplatzes
- Wert des Wohnraumes, der vom Arbeitgeber kostenlos oder verbilligt zur Verfügung gestellt wird
- volle freie Station
- Mitarbeiterrabatte

SbX
ID: 2053

Im SbX finden Sie diese Zusammenfassung als Audio-Wiederholung sowie eine Bildschirmpräsentation.

 # Wissen

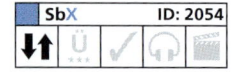

SbX ID: 2054

SbX
ID: 2054

Weitere Möglichkeiten zur Kompetenzüberprüfung im SbX

Wiederholungsfragen

Weitere Aufgaben mit automatischer Aufgabenkontrolle

HÓ
MUSTERUNTERNEHMEN

Kompetenz-Check

	☺	☺	☹
Ich kann erklären, was man unter einer gebrochenen Abrechnungsperiode versteht.			
Ich kann die Aliquotierung des Lohnes bzw. Gehaltes durchführen.			
Ich kann die Sozialversicherung und die Lohnsteuer für Bezüge einer gebrochenen Abrechnungsperiode berechnen.			
Ich kann die Abrechnung laufender Bezüge für eine gebrochene Abrechnungsperiode durchführen.			
Ich kann erklären, was man unter Sachbezügen versteht.			
Ich kann Sachbezüge abgabenrechtlich behandeln.			
Ich kann einfache Lohn- und Gehaltsabrechnungen mit Sachbezügen durchführen.			

2 Abrechnung – laufende Bezüge

Lerneinheit 6
Verrechnung von Aufwandsentschädigungen

Wenn ein Arbeitnehmer im Auftrag des Arbeitgebers eine Dienstreise macht, so entstehen ihm in der Regel zusätzliche Kosten (z.B. für Verpflegung, Fahrt und Nächtigung). Die Kollektivverträge und Arbeitsverträge enthalten Bestimmungen darüber, welche Aufwandsentschädigungen den Arbeitnehmern zustehen.

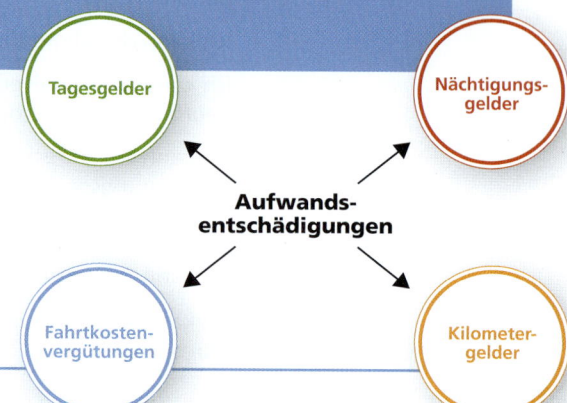

Tagesgelder — Nächtigungsgelder — **Aufwandsentschädigungen** — Fahrtkostenvergütungen — Kilometergelder

Lernen

Markieren Sie im nachfolgenden Text die Antworten auf folgende Fragen:

● **Was versteht man unter Aufwandsentschädigungen?**
● **Wie werden Aufwandsentschädigungen unterteilt?**
● **Wofür werden Fahrtkostenvergütungen bzw. Kilometergelder bezahlt?**
● **Wie sind Fahrtkostenvergütungen bzw. Kilometergelder abgabenrechtlich zu behandeln?**
● **Was sind Fahrtkostenersätze?**
● **Wofür werden Tages- und Nächtigungsgelder bezahlt?**
● **Wie erfolgt die Berechnung des Tagesgeldes?**
● **Welche Bestimmungen sind bei der abgabenrechtlichen Behandlung von Tages- und Nächtigungsgeldern für Inlandsdienstreisen zu beachten?**

1 Allgemeines

Aufwandsentschädigungen

Aufwandsentschädigungen sind **Vergütungen für Aufwendungen,** die dem **Arbeitnehmer** in **Ausübung seines Dienstes erwachsen.** Unter bestimmten Voraussetzungen unterliegen die Aufwandsentschädigungen weder der Sozialversicherung noch der Lohnsteuer.

Arten

Aufwandsentschädigungen werden in

● Reisevergütungen (Fahrtkostenvergütungen bzw. Kilometergelder) und
● Tages- und Nächtigungsgelder

unterteilt.

2 Reisevergütungen

Die Reisevergütungen erfolgen in Form von

● Fahrtkostenvergütungen und
● Kilometergeldern.

Fahrtkostenvergütungen

Werden **Fahrtkosten des Arbeitnehmers für eine Dienstreise** (z.B. Bahn-, Flug-, Taxikosten) **vom Arbeitgeber vergütet,** so unterliegen diese Beträge **weder** der **Sozialversicherung noch** der **Lohnsteuer.** Die Fahrtkosten sind durch **Vorlage der Originalfahrscheine** nachzuweisen.

Trägt der **Arbeitnehmer** diese Kosten selbst, so kann er sie als **Werbungskosten** geltend machen.

Kilometergelder

Verwendet der Arbeitnehmer für Dienstfahrten sein eigenes Kraftfahrzeug, dann kann ihm der **Arbeitgeber die Fahrtkosten** in Form des **Kilometergeldes** ersetzen.

Amtliches Kilometergeld

30.000 km · € 0,42 =
= € 12.600,–

Das **Kilometergeld** ist sozialversicherungsfrei und nicht lohnsteuerpflichtig, wenn die **den Bundesbediensteten** zustehenden Sätze nicht überschritten werden und **ein Fahrtenbuch ordnungsgemäß geführt wird**. Das amtliche Kilometergeld kann für maximal 30.000 km (€ 12.600,–) pro Kalenderjahr steuerfrei ausgezahlt werden.

Eine nähere Behandlung der Werbungskosten erfolgt in der Steuerlehre.

Zahlt der Arbeitgeber ein **höheres Kilometergeld** als die den Bundesbediensteten zustehenden Sätze, so unterliegen die darüber **hinausgehenden Beträge der Sozialversicherung** und **der Lohnsteuer**. Bei einem **niedrigeren Kilometergeld** kann der **Arbeitnehmer** Kilometergeld **über die Grenze von 30.000 km hinaus bis höchstens € 12.600,–** erhalten oder den Differenzbetrag als **Werbungskosten** geltend machen.

Das **Kilometergeld der Bundesbediensteten** (amtliches Kilometergeld) beträgt je Kilometer

- für Personen- und Kombinationskraftwagen   € 0,42,
- für Motorfahrräder und Motorräder   € 0,24.

Für jeden dienstlich Mitreisenden in einem Personen- oder Kombinationskraftwagen gebührt ein Zuschlag von € 0,05 je Kilometer.

Fahrtkostenersätze

Von den Fahrtkostenvergütungen im Zusammenhang mit einer Dienstreise sind die **Fahrtkostenersätze** zu unterscheiden. Solche liegen vor, wenn dem Arbeitnehmer die Fahrtauslagen für **Fahrten zwischen Wohnung und Arbeitsstätte** ersetzt werden. Fahrtkostenersätze sind bis zur Höhe der tatsächlichen Aufwendungen **sozialversicherungsfrei**, jedoch **lohnsteuerpflichtig** als laufender Bezug.

3 Tages- und Nächtigungsgelder

Tages- und Nächtigungsgelder

Tagesgelder bezeichnet man in der Praxis u.a. auch als Außerhauszulagen, Entfernungszulagen oder Trennungsgelder.

Tages- und Nächtigungsgelder (Diäten) sind **Aufwandsentschädigungen, die anlässlich einer Dienstreise gezahlt werden.**

Die **Berechnung der Tagesgelder** erfolgt grundsätzlich **für 24 Stunden (24-Stunden-Regelung)**. Arbeitsrechtliche Vorschriften (z.B. Kollektivverträge) können jedoch auch eine **Abrechnung pro Kalendertag** vorsehen (**Kalendertagsregelung**).

Tages- und Nächtigungsgelder für Inlandsdienstreisen

Sozialversicherung

Tages- und Nächtigungsgelder für Inlandsdienstreisen sind **SV-beitragsfrei**, soweit sie nicht der Lohnsteuerpflicht unterliegen.

Lohnsteuer

Das **steuerfreie Tagesgeld** für Inlandsdienstreisen darf **bis zu € 26,40 pro 24 Stunden** bzw. **pro Kalendertag** betragen. **Bis** zu einer Reisedauer von **drei Stunden** steht **kein steuerfreies Tagesgeld** zu. Dauert eine Dienstreise **länger als drei Stunden**, so kann für **jede angefan-gene Stunde** jeweils ein Zwölftel von € 26,40 steuerfrei abgerechnet werden (angefangene Stunden daher immer auf volle Stunden aufrunden!).

Zahlt der Arbeitgeber **höhere Tagesgelder** oder ersetzt er die **tatsächlichen höheren Aufwendungen** laut Belegen, so ist die **Differenz auf € 26,40 pro 24 Stunden** bzw. **pro Kalendertag** als laufender Bezug **lohnsteuerpflichtig**. Wird dem Arbeitnehmer ein **niedrigeres Tagesgeld** ausgezahlt, so kann der übersteigende Betrag als **Werbungskosten** geltend gemacht werden.

Bezahlt der Arbeitgeber ein Arbeitsessen, das überwiegend der Werbung dient, so sind die **Tagesgelder pro Mittagessen bzw. Abendessen um jeweils € 13,20 zu kürzen**.

Als **Nächtigungsgeld einschließlich der Kosten des Frühstücks** können **ohne Nachweis der Kosten € 15,–** (Nachweis der tatsächlichen Nächtigung jedoch erforderlich) oder der volle **Betrag der nachgewiesenen höheren Kosten** abgabenfrei ausgezahlt werden.

Tages- und Nächtigungsgelder für Auslandsdienstreisen

Sozialversicherung

Tages- und Nächtigungsgelder für Auslandsdienstreisen sind **SV-beitragsfrei,** soweit sie nicht der Lohnsteuerpflicht unterliegen.

Lohnsteuer

Tagesgelder für Auslandsdienstreisen sind **steuerfrei,** sofern sie den **Höchstsatz der Auslandsreisesätze der Bundesbediensteten pro 24 Stunden** bzw. **pro Kalendertag** nicht überschreiten. **Bis** zu einer Reisedauer von **drei Stunden** steht **kein steuerfreies Tagesgeld** zu. Dauert eine Dienstreise im Ausland **länger als drei Stunden,** so kann für **jede angefangene Stunde** jeweils ein Zwölftel des jeweiligen Auslandsreisesatzes steuerfrei abgerechnet werden.

Als **Nächtigungsgeld einschließlich der Kosten des Frühstücks** kann **ohne Nachweis der Kosten** das den **Bundesbediensteten zustehende Nächtigungsgeld** der Höchststufe steuerfrei gezahlt werden oder es können die **nachgewiesenen höheren Kosten** zeitlich unbegrenzt steuerlich vergütet werden.

Lehrbeispiele

Bei allen Beispielen dieses Fachbuches zur Verrechnung von Aufwandsentschädigungen handelt es sich um die erstmalige Dienstreise eines Angestellten zu einem Einsatzort.

L 2.10: Verrechnung von Aufwandsentschädigungen

Dienstreise des Angestellten Sebastian Vettel (Controller); Beginn Montag 12:00 Uhr, Ende Dienstag 16:00 Uhr. Tagesgeld lt. Kollektivvertrag € 28,80, nachgewiesene tatsächliche Nächtigungskosten € 52,50

> **Auszug aus dem Kollektivvertrag:** Das volle Tagesgeld von € 28,80 gebührt
> 1. für 24 Stunden,
> 2. je Kalendertag.
> Es gebührt bei einer Reisedauer
> bis zu 3 Stunden – kein Tagesgeld,
> von mehr als 3 bis 6 Stunden – 1/3 des Tagesgeldes,
> von mehr als 6 bis 8 Stunden – 2/3 des Tagesgeldes und
> von mehr als 8 Stunden – das volle Tagesgeld.

Aufgabe: a) Berechnen Sie das Tagesgeld. Wieviel davon ist abgabenfrei bzw. abgabenpflichtig zu behandeln? **C**

b) Stellen Sie fest, ob die Nächtigungskosten der Sozialversicherungs- sowie der Lohnsteuerpflicht unterliegen. **B**

Lösung:

a)

	Tagesgeld lt. KV	abgabenfrei	abgabenpflichtig
1. 24-Stunden-Regelung			
Mo (12:00 Uhr) bis Di (12:00 Uhr)	28,80	26,40	2,40
Di (12:00 Uhr bis 16:00 Uhr)	9,60*	8,80**	0,80
	38,40	35,20	3,20
2. Kalendertagsregelung			
Mo (12:00 Uhr bis 24:00 Uhr)	28,80	26,40	2,40
Di (00:00 Uhr bis 16:00 Uhr)	28,80	26,40	2,40
	57,60	52,80	4,80

* 28,80 : 3 = 9,60
** 26,40 : 12 · 4 = 8,80

b)
Nein, die nachgewiesenen **Nächtigungskosten** sind SV- und LSt-frei.

L 2.11: Abrechnung eines Angestellten mit Aufwandsentschädigungen

Fortsetzung zu L 2.10

Sebastian Vettel (Controller); Gehalt € 3.160,–; monatliche Abrechnung für Mai 2018; ohne AV(E)AB; das Tagesgeld (im Sinne der 24-Stunden-Regelung) sowie die nachgewiesenen tatsächlichen Nächtigungskosten sind dem vorstehenden Lehrbeispiel zu entnehmen; vereinbartes Kilometergeld € 352,80 (840 km à € 0,42)

Aufgabe: Stellen Sie die Abrechnung auf. **C**

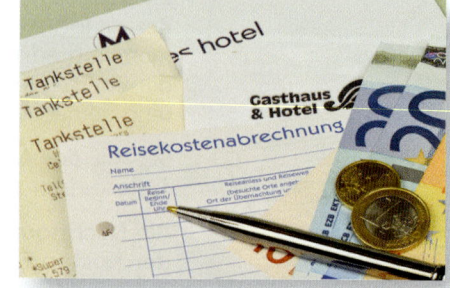

Lösung:

Gehalt			3.160,00
Aufwandsentschädigungen abgabenfrei:			
Tagesgeld	35,20		
Nächtigungsgeld	52,50		
Kilometergeld	352,80	+	440,50
Aufwandsentschädigungen abgabenpflichtig:			
Tagesgeld		+	3,20
Gesamtbruttogehalt			3.603,70

SV lfd.:   Brutto   3.603,70
          – Aufwandsentsch.
            abgabenfrei   440,50   3.163,20 · 18,12 %   –   573,17

LSt lfd.: Brutto   3.603,70
          – Aufwandsentsch.
            abgabenfrei   440,50
          – SV lfd.   573,17   2.590,03   –   488,41

Auszahlung/Überweisung   **2.542,12**

2.590,03 · 35 % –
– 418,10 = 488,41

Üben

Verrechnung von Aufwandsentschädigungen

Ü 2.27:

Dienstreise des Angestellten Helmut Marko (Internetentwickler); Beginn Dienstag 14:00 Uhr, Ende Donnerstag 18:30 Uhr. Tagesgeld lt. Kollektivvertrag € 32,40, nachgewiesene tatsächliche Nächtigungskosten € 148,–

Auszug aus dem Kollektivvertrag:	Das volle Tagesgeld von € 32,40 gebührt
	1. für 24 Stunden,
	2. je Kalendertag.
	Es gebührt bei einer Reisedauer
	bis zu 4 Stunden kein Tagesgeld,
	von über 4 Stunden bis 8 Stunden das halbe Tagesgeld,
	von über 8 Stunden das volle Tagesgeld.

Aufgabe: a) Berechnen Sie das abgabenfreie und abgabenpflichtige Tagesgeld für diese Dienstreise. **C**

b) Stellen Sie fest, ob die Nächtigungskosten abgabenfrei sind. **B**

Ü 2.28:

Dienstreise der Angestellten Petra Fekter (Programmiererin); Beginn Mittwoch 14:10 Uhr, Ende Donnerstag 18:20 Uhr. Tagesgeld lt. Kollektivvertrag € 28,80, nachgewiesene tatsächliche Nächtigungskosten € 69,50

Auszug aus dem Kollektivvertrag:	Das volle Tagesgeld von € 28,80 gebührt
	1. für 24 Stunden,
	2. je Kalendertag.
	Es gebührt bei einer Reisedauer
	bis zu 3 Stunden – kein Tagesgeld,
	von mehr als 3 bis 6 Stunden – $\frac{1}{3}$ des Tagesgeldes,
	von mehr als 6 bis 8 Stunden – $\frac{2}{3}$ des Tagesgeldes und
	von mehr als 8 Stunden – das volle Tagesgeld.

Aufgabe: a) Berechnen Sie das abgabenfreie und abgabenpflichtige Tagesgeld für diese Dienstreise. **C**

b) Stellen Sie fest, ob die Nächtigungskosten abgabenfrei sind. **B**

Abrechnung eines Arbeitnehmers mit Aufwandsentschädigungen

Ü 2.29:

Fortsetzung zu Ü 2.27

Helmut Marko (Internetentwickler); Gehalt € 3.410,–; monatliche Abrechnung für August 2018; mit AVAB, 1 Kind; das Tagesgeld (im Sinne der 24-Stunden-Regelung) sowie die nachgewiesenen tatsächlichen Nächtigungskosten sind dem Ü 2.27 zu entnehmen; vereinbartes Kilometergeld € 382,20 (910 km à € 0,42)

Aufgabe: Stellen Sie die Abrechnung auf. C

 # Sichern

SbX	ID: 2063

| Aufwandsentschädigungen | Aufwandsentschädigungen sind **Vergütungen für Aufwendungen,** die dem **Arbeitnehmer** in **Ausübung seines Dienstes erwachsen.** Unter bestimmten Voraussetzungen unterliegen die Aufwandsentschädigungen weder der Sozialversicherung noch der Lohnsteuer. |

Arten

Aufwandsentschädigungen werden in

- **Reisevergütungen** (Fahrtkostenvergütungen bzw. Kilometergelder) und
- **Tages- und Nächtigungsgelder**

unterteilt.

Fahrtkostenvergütungen

Werden **Fahrtkosten des Arbeitnehmers für eine Dienstreise** vom Arbeitgeber vergütet, so unterliegen diese Beträge **weder der Sozialversicherung noch** der **Lohnsteuer;** Vorlage der Originalfahrscheine erforderlich!

Kilometergelder

Verwendet der Arbeitnehmer für Dienstfahrten sein eigenes Kraftfahrzeug, dann kann ihm der **Arbeitgeber die Fahrtkosten** in Form des **Kilometergeldes** ersetzen.

Das **Kilometergeld ist sozialversicherungsfrei und nicht lohnsteuerpflichtig, wenn** die **den Bundesbediensteten** zustehenden Sätze nicht überschritten werden und **ein Fahrtenbuch ordnungsgemäß geführt wird.** Das amtliche Kilometergeld kann für maximal 30.000 km pro Kalenderjahr steuerfrei ausgezahlt werden.

Fahrtkostenersätze

Der Ersatz der Kosten für **Fahrten des Arbeitnehmers zwischen Wohnung und Arbeitsstätte** ist bis zur Höhe der tatsächlichen Aufwendungen **sozialversicherungsfrei,** jedoch **lohnsteuerpflichtig** als laufender Bezug.

Tages- und Nächtigungsgelder für Inlandsdienstreisen

Tages- und Nächtigungsgelder (Diäten) sind **Aufwandsentschädigungen, die anlässlich einer Dienstreise gezahlt werden.**

Die **Berechnung der Tagesgelder** erfolgt grundsätzlich **für 24 Stunden (24-Stunden-Regelung).** Arbeitsrechtliche Vorschriften (z. B. Kollektivverträge) können jedoch auch eine **Abrechnung pro Kalendertag** vorsehen **(Kalendertagsregelung).**

Tages- und Nächtigungsgelder sind **sozialversicherungsfrei,** soweit sie nicht der Lohnsteuerpflicht unterliegen.

Das **steuerfreie Tagesgeld** für Inlandsdienstreisen darf **bis zu € 26,40 pro 24 Stunden** bzw. **pro Kalendertag** betragen.

Dauert eine Dienstreise **länger als drei Stunden,** so kann für **jede angefangene Stunde jeweils ein Zwölftel von € 26,40 steuerfrei abgerechnet** werden.

Bezahlt der Arbeitgeber ein Arbeitsessen, das überwiegend der Werbung dient, so sind die **Tagesgelder pro Mittagessen bzw. Abendessen um jeweils € 13,20 zu kürzen.**

Als **Nächtigungsgeld einschließlich der Kosten des Frühstücks** können **ohne Nachweis der Kosten € 15,–** (Nachweis der tatsächlichen Nächtigung jedoch erforderlich) oder der volle **Betrag der nachgewiesenen höheren Kosten** abgabenfrei ausgezahlt werden.

ID: 2063

Im SbX finden Sie diese Zusammenfassung als Audio-Wiederholung sowie eine Bildschirmpräsentation.

Wissen

SbX ID: 2064

2 Abrechnung – laufende Bezüge

SbX
ID: 2064

Weitere Möglichkeiten zur Kompetenzüberprüfung im SbX

Wiederholungsfragen	Weitere Aufgaben mit automatischer Aufgabenkontrolle	HÖ MUSTERUNTERNEHMEN

Ein kurzer Kompetenz-Check, bevor's weitergeht!

Kompetenz-Check

	☺	😐	☹
Ich kann erklären, was man unter Aufwandsentschädigungen versteht.			
Ich kann die Arten der Aufwandsentschädigungen nennen.			
Ich kann beschreiben, unter welchen Voraussetzungen ein Arbeitnehmer Aufwandsentschädigungen erhält.			
Ich kann Aufwandsentschädigungen abgabenrechtlich behandeln.			
Ich kann einfache Lohn- und Gehaltsabrechnungen mit Aufwandsentschädigungen durchführen.			

3 ABRECHNUNG VON SONDERZAHLUNGEN (SONSTIGEN BEZÜGEN)

SbX

Alle SbX-Inhalte zu diesem Kapitel finden Sie unter der ID: 3000.

Worum geht's in diesem Kapitel?

Sonderzahlungen sind Bezüge, die dem Dienstnehmer in größeren Zeitabständen als den normalen Abrechnungszeiträumen oder auch nur einmalig gezahlt werden.

Anspruch, Zeitraum, Höhe und Fälligkeit sind im Kollektivvertrag oder im Einzeldienstvertrag geregelt. Kommt kein Kollektivvertrag zur Anwendung und wurde auch im Dienstvertrag nichts vereinbart, so besteht kein Anspruch auf Sonderzahlungen.

Wegen der unterschiedlichen arbeits- und abgabenrechtlichen Bestimmungen werden in diesem Kapitel nur die Weihnachtsremuneration und die Urlaubsbeihilfe behandelt.

⊕ A B C D E

In diesem Kapitel finden Sie Übungsbeispiele und Aufgaben zum Kompetenzerwerb und zur Kompetenzüberprüfung auf den Handlungsebenen A **Wiedergeben,** B **Verstehen** und C **Anwenden.**

Dieses Kapitel umfasst folgende Inhalte:

1 Allgemeines

2 Arbeitsrechtliche Bestimmungen

3 Abgabenrechtliche Behandlung

4 Sechstelbestimmung

 **Lernen**

Markieren Sie im nachfolgenden Text die Antworten auf folgende Fragen:
- **Was versteht man unter Sonderzahlungen bzw. sonstigen Bezügen?**
- **In welcher Höhe fallen die Weihnachtsremuneration und die Urlaubsbeihilfe in der Regel an?**
- **Wann werden die Weihnachtsremuneration und die Urlaubsbeihilfe in der Regel ausbezahlt?**
- **Was versteht man unter der Aliquotierung von Sonderzahlungen?**
- **Wie erfolgt die Berechnung der SV-Beiträge von Sonderzahlungen?**
- **Wie wird die Lohnsteuer von sonstigen Bezügen ermittelt?**
- **Wann kommt die Jahressechstelberechnung zur Anwendung?**
- **Welche Bezüge sind für die Berechnung des Jahressechstels zu berücksichtigen?**

1 Allgemeines

Sonderzahlungen bzw. sonstige Bezüge

Gewinnanteile und Bilanzgelder werden oft als **Erfolgsprämie** bei guten Geschäftsergebnissen ausbezahlt.

Sonderzahlungen sind gemäß ASVG Bezüge, die in **größeren Zeiträumen** als den Beitragszeiträumen, jedoch mit einer **gewissen Regelmäßigkeit** gewährt werden. Nach den Bestimmungen des EStG werden Sonderzahlungen als **sonstige Bezüge** bezeichnet.

Zu den Sonderzahlungen bzw. sonstigen Bezügen gehören insbesondere die **Weihnachtsremuneration** (13. Bezug), die **Urlaubsbeihilfe** (14. Bezug) sowie Gewinnanteile und Bilanzgelder.

2 Arbeitsrechtliche Bestimmungen

Anspruch

Anspruch, Zeitraum, Höhe und **Fälligkeit** der Sonderzahlungen beruhen im Allgemeinen nicht auf gesetzlichen Vorschriften, sondern auf den **Kollektivverträgen**.

Zeitraum

Der **Zeitraum**, für den Sonderzahlungen zustehen, ist meist das **Kalenderjahr**. In einigen Kollektivverträgen wird auf das **Arbeitsjahr** abgestellt. Das Arbeitsjahr (oft abweichend vom Kalenderjahr) beginnt mit dem Eintrittstag des Arbeitnehmers (z. B. dem 1. Oktober 2018).

Höhe

Die **Weihnachtsremuneration** und die **Urlaubsbeihilfe** betragen in der Regel jeweils einen **Monatslohn (4,33 Wochenlöhne)** bzw. ein **Monatsgehalt pro Kalenderjahr**.

Nahezu alle Kollektivverträge bestimmen, dass sich die Höhe der Sonderzahlungen nach der **Entgelthöhe** zum **Zeitpunkt der Fälligkeit** der Sonderzahlungen bemisst.

Fälligkeit

Die **Weihnachtsremuneration** wird in der Regel bis **Anfang Dezember** ausbezahlt. Die **Urlaubsbeihilfe** ist **bei Urlaubsantritt** oder **zu einem bestimmten Zeitpunkt** (z. B. spätestens am 30. Juni) auszuzahlen.

Aliquotierung von Sonderzahlungen

Üblicherweise gebühren Dienstnehmern,

- die **kein ganzes Kalenderjahr** bei einem Dienstgeber beschäftigt waren, sowie
- im **Fall des Vorliegens entgeltloser Zeiten** (z. B. Schutzfrist, Karenz, Bildungskarenz, Familienhospizkarenz, unbezahlter Urlaub, Krankenstand)

die **Sonderzahlungen nicht in voller Höhe**, sondern nur die **aliquoten** (anteilsmäßigen) Teile.

Angestellte haben bei Beendigung des Dienstverhältnisses lt. Angestelltengesetz immer einen Anspruch auf aliquote Sonderzahlungen.

Beendet ein Dienstnehmer während eines Kalenderjahres sein **Dienstverhältnis**, richtet sich ein (aliquoter) Sonderzahlungsanspruch in der Regel nach den **Bestimmungen des anzuwendenden Kollektivvertrages**.

3 Abgabenrechtliche Behandlung

Beitrag zur gesetzlichen Sozialversicherung

Beitragssätze für den Dienstnehmeranteil
* Zur Senkung bzw. zum Entfall des Dienstnehmeranteiles zur Arbeitslosenversicherung siehe Kapitel 2, Lerneinheit 2

Jahresbetrag	Arbeiter und Angestellte
bis € 10.260,00	17,12 %*
über € 10.260,00	—

Auf die Höchstbeitragsgrundlage (= 60-fache Tages-Höchstbeitragsgrundlage) werden alle während des Kalenderjahres gewährten oder fälligen Sonderzahlungen angerechnet. Die KU und der WF werden von den Sonderzahlungen nicht eingehoben. Die von den Sonderzahlungen errechneten Beiträge werden als **Sonderbeiträge** bezeichnet.

Beispiel

Die über die Höchstbeitragsgrundlage hinausgehende UB von € 180,– ist SV-frei. Durch das Bilanzgeld und die UB wurde die Höchstbeitragsgrundlage bereits voll ausgeschöpft. Die WR ist daher SV-frei.

Veronika Spatzenegger (Leiterin Controlling) erhält im März € 5.320,– Bilanzgeld, im Juni € 5.120,– Urlaubsbeihilfe (UB) und im Dezember € 5.120,– Weihnachtsremuneration (WR).

Aufgabe: Berechnen Sie die SV-Beiträge der Sonderzahlungen. C

Lösung:

SV Bilanzgeld: 5.320,00 · 17,12 % =		910,78

SV UB: Höchstbeitragsgrundlage   10.260,00
              – Bilanzgeld   – 5.320,00

UB 5.120,00 $\begin{cases} 4.940,00 \cdot 17,12\,\% = & 845,73 \\ 180,00 \text{ frei} \end{cases}$

SV WR: frei	0,00

Zum Lohnzettel und Beitragsgrundlagennachweis siehe Kapitel 5 und 10

Auch bei einem **Wechsel des Dienstverhältnisses** ist die Höchstbeitragsgrundlage (€ 10.260,–) maßgebend. Der erste Dienstgeber hat auf dem **Lohnzettel und Beitragsgrundlagennachweis,** der bei Beendigung des Dienstverhältnisses dem Arbeitnehmer auszustellen ist, zu vermerken, **wie viel an Sonderzahlungen** bereits ausbezahlt wurde.

Bei **mehreren Beschäftigungen nebeneinander** ist **jeder Dienstgeber** verpflichtet, **Beiträge bis zur Höchstbeitragsgrundlage** (€ 10.260,–) abzuziehen bzw. zu entrichten.

Lohnsteuer

Für die Besteuerung der sonstigen Bezüge gelten folgende gesetzliche Bestimmungen:

§ 67/1 EStG

Jahressechstel = durchschnittlicher Monatsbezug · 2

- Erhält der Arbeitnehmer **neben dem laufenden Arbeitslohn sonstige Bezüge** (z. B. Urlaubsbeihilfe, Weihnachtsremuneration), **beträgt die Lohnsteuer für sonstige Bezüge innerhalb des Jahressechstels**
  - für die ersten € 620,– (= Freibetrag)   0 %,
  - für die nächsten € 24.380,–   6 %,
  - für die nächsten € 25.000,–   27 %,
  - für die nächsten € 33.333,–   35,75 %.

Ermittlung der LSt-Bemessungsgrundlage und Berechnung der **Lohnsteuer**

- Bei Bezügen, die mit den festen Steuersätzen zu versteuern sind, sind die SV-Beiträge vor Anwendung der festen Steuersätze in Abzug zu bringen. Der errechnete **Lohnsteuerbetrag** ist auf **zwei Dezimalstellen zu runden.**

§ 67/2 EStG

- **Sonstige Bezüge, die mehr als**
  - **das Jahressechstel** oder
  - **€ 83.333,–** (nach Abzug des Dienstnehmeranteiles zur Sozialversicherung)
  - betragen, werden als **laufender Bezug** versteuert.

Darstellung: Freibetrag und Sechstelgrenze

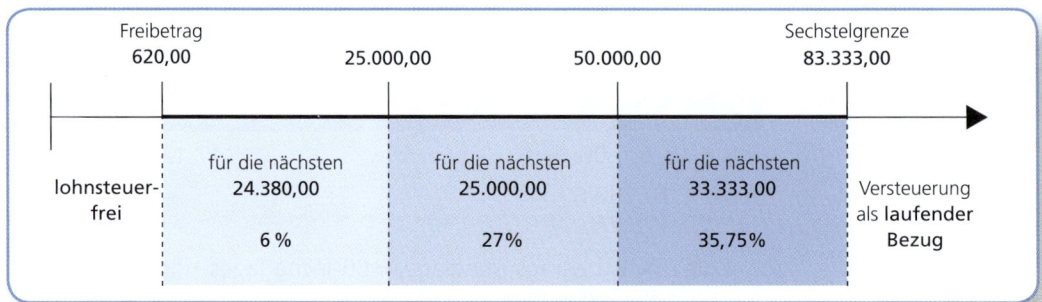

Die **Besteuerung** der **sonstigen Bezüge unterbleibt,** wenn das **Jahressechstel** (= durchschnittlicher Monatsbezug · 2) **höchstens € 2.100,–** (= **Freigrenze**) beträgt.

Zum **Lohnzettel und Beitragsgrundlagennachweis** siehe Kapitel 5 und 10

Bei einem **Wechsel des Dienstverhältnisses** hat der neue Arbeitgeber anhand des **Lohnzettels und Beitragsgrundlagennachweises** bei der Abrechnung der sonstigen Bezüge zu prüfen, ob der **Freibetrag bereits ausgeschöpft** und die **Freigrenze überschritten wurde.**

Zur **Arbeitnehmerveranlagung** siehe Kapitel 9

Bei **mehreren Dienstverhältnissen nebeneinander** sind der **Freibetrag von € 620,–** und die **Freigrenze von € 2.100,–** vorerst **bei jedem Dienstverhältnis** zu berücksichtigen. Bei der Veranlagung zur Einkommensteuer wird die Steuer für die sonstigen Bezüge neu berechnet und der Freibetrag und die Freigrenze werden nur einmal berücksichtigt.

Beispiel

Sebastian Schiffler (Masseur); Gehalt € 2.280,–; Urlaubsbeihilfe (UB) im Juni € 2.280,– und Weihnachtsremuneration (WR) im Dezember € 2.280,–

Aufgabe: Berechnen Sie die Lohnsteuer der Urlaubsbeihilfe und der Weihnachtsremuneration. `C`

Lösung:

Der von der Sonderzahlung ermittelte SV-Beitrag mindert die LSt-Bemessungsgrundlage der Sonderzahlung.

```
LSt UB:                              2.280,00
       SV UB: 2.280,00 · 17,12 %    –  390,34
       Freibetrag                   –  620,00   1.269,66 · 6 %    76,18
LSt WR:                              2.280,00
       SV WR: 2.280,00 · 17,12 %    –  390,34   1.889,66 · 6 %   113,38
```

Darstellung: SV-Beitrag und LSt bei sonstigen Bezügen

Angestellter; Gehalt € 4.000,–, Bilanzgeld € 3.000,–, UB € 4.000,–, WR € 4.000,–

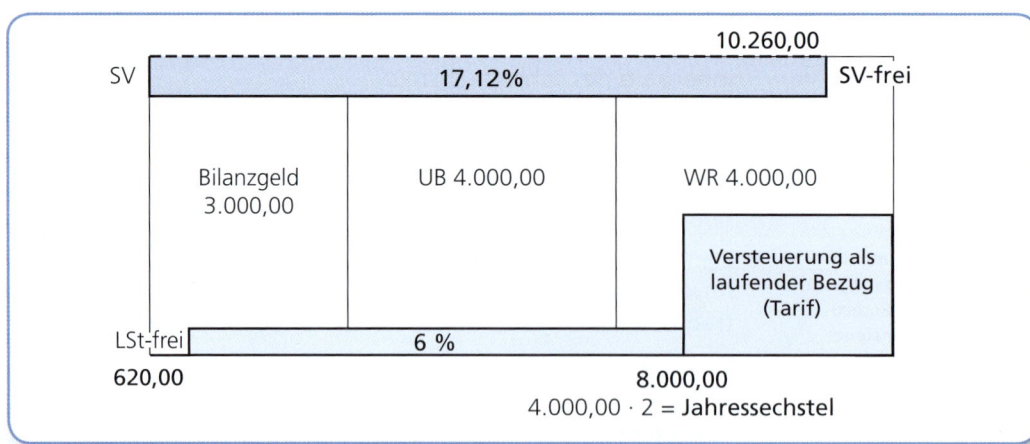

Lehrbeispiel

Der **laufende Bezug** und die **Sonderzahlung** können auch **getrennt abgerechnet** werden, wobei zuerst die Sonderzahlung abzurechnen ist (z. B. erforderlich, wenn die Auszahlung zu verschiedenen Zeitpunkten erfolgt).

L 3.01: Abrechnung einer Angestellten inklusive Sonderzahlungen (ohne Sechstelbestimmung)

Michaela Dorfmeister (Chefkonstrukteurin)
Juni: Gehalt € 5.210,– + UB € 5.210,–; November: Gehalt € 5.210,– + WR € 5.210,–; mit AVAB, 2 Kinder; Freibetrag € 61,40/Monat, Service-Entgelt (E-Card-Gebühr) € 11,70; Gewerkschaftsbeitrag € 32,10

Aufgabe: Stellen Sie die Abrechnung für Juni und November auf. `C`

Lösung:

Juni

Gehalt		5.210,00
UB		+ 5.210,00
Gesamtbruttogehalt		10.420,00
SV lfd.: 5.130,00 · 18,12 %		− 929,56
SV UB: 5.210,00 · 17,12 %		− 891,95

LSt lfd.:

Brutto	5.210,00		
− SV lfd.	929,56		
− Freibetrag	61,40		
− Gewerkschaftsbeitrag	32,10	4.186,94	− 1.102,71

LSt UB:

Brutto	5.210,00		
− SV UB	891,95		
− Freibetrag	620,00	3.698,05 · 6 %	− 221,88
Gewerkschaftsbeitrag			− 32,10
Auszahlung/Überweisung			**7.241,80**

November

Gehalt		5.210,00
WR		+ 5.210,00
Gesamtbruttogehalt		10.420,00
SV lfd.: 5.130,00 · 18,12 %		− 929,56
SV WR: 10.260,00 − 5.210,00 = 5.050,00 · 17,12 %		− 864,56

LSt lfd.:

Brutto	5.210,00		
− SV lfd.	929,56		
− Freibetrag	61,40		
− Service-Entgelt	11,70		
− Gewerkschaftsbeitrag	32,10	4.175,24	− 1.097,80

LSt WR:

Brutto	5.210,00		
− SV WR	864,56	4.345,44 · 6 %	− 260,73
Service-Entgelt			− 11,70
Gewerkschaftsbeitrag			− 32,10
Auszahlung/Überweisung			**7.223,55**

Die Höchstbeitragsgrundlage beträgt für laufende Bezüge € 5.130,–, für Sonderzahlungen € 10.260,–.

4.186,94 · 42 % – – 655,80 = 1.102,71

4.175,24 · 42 % – – 655,80 = 1.097,80

3 Abrechnung von Sonderzahlungen

4 Sechstelbestimmung

Sonstige Bezüge, die das Jahressechstel bzw. den Betrag von € 83.333,– (nach Abzug des Dienstnehmeranteiles zur SV) überschreiten, sind wie ein laufender Bezug im Zeitpunkt des Zufließens nach dem Lohnsteuertarif des jeweiligen Kalendermonats der Besteuerung zu unterziehen.

Der **Freibetrag von € 620,–** sowie die **Besteuerung mit den festen Steuersätzen** bilden eine besondere **steuerliche Begünstigung**, da diese Einkünfte nicht dem laufenden Bezug zugerechnet und somit nicht der steuerlichen Progression unterworfen werden. Die **Grenze** für die Anwendung dieser Bestimmung **bilden das Jahressechstel bzw. sonstige Bezüge von mehr als € 83.333,–** (abzüglich des Dienstnehmeranteiles zur SV).

Die **Jahressechstelberechnung** kommt dann zur **Anwendung**, wenn **sonstige Bezüge von mehr als zwei durchschnittlichen Monatsbezügen** ausbezahlt werden.

Für die **Berechnung des Jahressechstels** sind **alle bisher zugeflossenen laufenden Bezüge** zu berücksichtigen. **Dazu zählen** u. a. auch die steuerfreien und steuerpflichtigen Zulagen und Zuschläge, laufend gewährte steuerpflichtige Sachbezüge sowie die steuerpflichtigen Reisekostenentschädigungen. **Nicht zu berücksichtigen** sind u. a. die steuerfreien Reisekostenentschädigungen sowie sonstige Bezüge, unabhängig von der Art der Besteuerung.

*Zum **Lohnzettel und Beitragsgrundlagennachweis** siehe Kapitel 5 und 10*

Bei einem **Wechsel des Dienstverhältnisses** hat der neue Dienstgeber mit der Berechnung fortzusetzen, d. h., die Sechstelbestimmung ist so anzuwenden, als ob **alle Bezüge** des laufenden Kalenderjahres nur **von einem Dienstgeber** ausbezahlt worden wären. (Voraussetzung ist die Vorlage des vom vorhergehenden Dienstgeber ausgefüllten Formulars Lohnzettel und Beitragsgrundlagennachweis.)

Bei **gleichzeitigem Bestand** von **mehreren Dienstverhältnissen** hat **jeder Dienstgeber** gesondert die **Bestimmungen des Jahressechstels** zu beachten.

Beispiel

Sechstelbestimmung

Franz Schrank (Finanzbuchhalter); Gehalt Jänner bis Juni € 2.800,–, ab Juli € 3.000,–, sonst keine laufenden Bezüge; ohne AV(E)AB. Am 31. März 2018 erhält der Angestellte ein Bilanzgeld von € 2.300,–, am 30. Juni 2018 eine UB von € 2.800,– und am 30. November 2018 eine WR von € 3.000,–.

Aufgabe: Berechnen Sie die Lohnsteuer der sonstigen Bezüge. `C`

Lösung:

Bilanzgeld

LSt Bilanzgeld:

Brutto	2.300,00		
– SV: 2.300,00 · 17,12 %	393,76		
– Freibetrag	620,00	1.286,24 · 6 %	**77,17**

UB

LSt UB:

Brutto	2.800,00		
– SV: 2.800,00 · 17,12 %	479,36	2.320,64 · 6 %	**139,24**

WR

LSt WR:

Rest auf Jahressechstel	681,82		
– SV: 681,82 · 17,12 %	116,73	565,09 · 6 %	**33,91**

Berechnung des Jahressechstels:

1. Laufende Bezüge 1–11 (2.800,00 · 6 + 3.000,00 · 5)	31.800,00
2. Durchschnittl. Monatsbezug = 31.800,00 : 11 =	2.890,91
3. Jahressechstel (JS): 2.890,91 · 2	5.781,82
4. Bisher nach § 67/1 EStG versteuerte sonstige Bezüge ohne SV-Abzug (Bilanzgeld 2.300,00 + UB 2.800,00)	– 5.100,00
5. Rest auf JS (Pkt. 3. abzüglich Pkt. 4.)	681,82
6. WR	3.000,00
7. Jahressechstelüberhang (Pkt. 6. abzüglich Pkt. 5.)	2.318,18 (3.000,00 – 681,82)
SV: 2.318,18* · 17,12 %	– 396,87
zum laufenden Bezug	**1.921,31**

(Zu 1.) Inklusive lfd. Bezug, der gemeinsam mit dem sonstigen Bezug ausgezahlt wird

(Zu 3.) JS = durchschnittlicher Monatsbezug · 2

(Zu 4.) Das sind die **mit den festen Steuersätzen** versteuerten **sonstigen Bezüge.**

* 10.260,00 – 2.300,00 – 2.800,00 = 5.160,00 – 681,82 = 4.478,18 (restliche SV-Beitragsgrundlage); der SV-Beitrag ist vom gesamten Jahressechstelüberhang zu berechnen, da die restliche SV-Beitragsgrundlage größer ist als der Jahressechstelüberhang.

Lehrbeispiel

L 3.02: Abrechnung eines Angestellten inklusive Sonderzahlungen (mit Sechstelbestimmung)

Elias Felten (Kostenrechner)
Bilanzgeld im April € 3.800,–; UB Anfang Juni € 3.200,–, laufende Bezüge Jänner bis Mai € 16.000,–; Junigehalt € 3.200,–; Ende November: Gehalt € 3.400,– + WR € 3.400,–, laufende Bezüge Jänner bis November € 38.340,–; mit AVAB, 2 Kinder; Service-Entgelt (E-Card-Gebühr) € 11,70

Aufgabe: a) Stellen Sie die Abrechnung der UB und des Junigehaltes (getrennt) auf. `C`

b) Stellen Sie die Abrechnung des Novembergehaltes und der WR (gemeinsam) auf. `C`

Lösung:

a)

Juni

UB			3.200,00
SV UB:	3.200,00 · 17,12 %		− 547,84
LSt UB:	Rest auf Jahressechstel	2.600,00	
	− SV: 2.600,00 · 17,12 %	445,12	2.154,88 · 6 % − 129,29
Auszahlung/Überweisung			**2.522,87**

restliche SV-Höchstbeitragsgrundlage: 10.260,00 – Bilanzgeld 3.800,00 = 6.460,00

Gehalt			3.200,00
SV lfd.:	3.200,00 · 18,12 %		− 579,84
LSt lfd.:	Brutto	3.200,00	
	− SV lfd.	579,84	
	+ von UB	497,28	3.117,44 − 653,52
Auszahlung/Überweisung			**1.966,64**

3.117,44 · 42 % − − 655,80 = 653,52

Berechnung des Jahressechstels:

Jahressechstel = 16.000,00 : 5 · 2	6.400,00
Bisher nach § 67/1 EStG versteuert (Bilanzgeld)	− 3.800,00
Rest auf Jahressechstel	2.600,00
UB	3.200,00
Jahressechstelüberhang	600,00 (3.200,00 − 2.600,00)
SV: 600,00 · 17,12 %	− 102,72
zum laufenden Bezug	497,28

Die UB wird Anfang Juni abgerechnet. In die Ermittlung des Jahressechstels sind daher nur die laufenden Bezüge von Jänner bis Mai einzubeziehen.

*Wenn **sonstige Bezüge** nach dem Tarif zu versteuern sind (z. B. bei Jahressechstelüberhang), muss vor der Hinzurechnung zum lfd. Bezug, der **auf diesen Teil des sonstigen Bezuges entfallende Dienstnehmeranteil zur SV abgezogen** werden.*

b)

November

Gehalt			3.400,00
WR			+ 3.400,00
Gesamtbruttogehalt			6.800,00
SV lfd.:	3.400,00 · 18,12 %		− 616,08
SV WR:	10.260,00 − 7.000,00 = 3.260,00 · 17,12 %		− 558,11
LSt lfd.:	Brutto	3.400,00	
	− SV lfd.	616,08	
	− Service-Entgelt	11,70	
	+ von WR	2.368,72	5.140,94 − 1.510,89
LSt WR:	Rest auf Jahressechstel	570,91	
	− SV: 570,91 · 17,12 %	97,74	473,17 · 6 % − 28,39
Service-Entgelt			− 11,70
Auszahlung/Überweisung			**4.074,83**

restliche SV-Höchstbeitragsgrundlage: 10.260,00 – Bilanzgeld 3.800,00 – UB 3.200,00 = = 3.260,00

5.140,94 · 48 % − − 956,76 = 1.510,89

*Sofern für sonstige Bezüge nur **teilweise SV-Beiträge anfallen,** weil die Höchstbeitragsgrundlage überschritten wird, sind die Beiträge vorrangig **bei jenen Bezugsbestandteilen abzuziehen, die innerhalb des Jahressechstels mit den festen Steuersätzen versteuert werden.** Die restlichen SV-Beiträge sind bei jenen Bezugsbestandteilen zu berücksichtigen, die z.B. infolge eines Sechstelüberhanges nach Tarif zu versteuern sind.*

Berechnung des Jahressechstels:

Jahressechstel = 38.340,00 : 11 · 2	6.970,91
Bisher nach § 67/1 EStG versteuert (Bilanzgeld 3.800,00 und UB 2.600,00)	− 6.400,00
Rest auf Jahressechstel	570,91
WR	3.400,00
Jahressechstelüberhang	2.829,09 (3.400,00 − 570,91)
SV: 2.689,09* · 17,12 %	− 460,37
zum lfd. Bezug	2.368,72

* 10.260,00 − 7.000,00 = 3.260,00 − 570,91 = 2.689,09 (Kontrolle: 2.689,09 + 570,91 = 3.260,00); der Rest des Jahressechstelüberhanges in Höhe von € 140,00 (= 2.829,09 − 2.689,09) ist SV-frei.

 Üben

Rechnen Sie die nachstehenden Dienstnehmer inklusive Sonderzahlungen ab (ohne Sechstelbestimmung). C

Ü 3.01:

Rudolf Eidenhammer (Leiter eines Personalbüros)
Mai: Gehalt € 5.260,– + UB € 5.260,–; November: Gehalt € 5.260,– + WR € 5.260,–; mit AVAB, 1 Kind; Freibetrag € 59,–/Monat, Service-Entgelt (E-Card-Gebühr) € 11,70; Gewerkschaftsbeitrag € 32,10; Abrechnung für Mai und November (jeweils laufender Bezug und Sonderzahlung gemeinsam)

Ü 3.02:

Christoph Fuchsbauer (Fitnessbetreuer)
Juni: Monatslohn € 2.430,– + UB in gleicher Höhe; November: Monatslohn € 2.430,– + WR in gleicher Höhe; ohne AV(E)AB; Freibetrag € 22,–/Monat, Pendlerpauschale € 58,–/Monat, Pendlereuro für 24 km (einfache Fahrtstrecke), Service-Entgelt (E-Card-Gebühr) € 11,70; Gewerkschaftsbeitrag ab August € 24,30; Abrechnung für Juni und November (jeweils laufender Bezug und Sonderzahlung gemeinsam)

Ü 3.03:

Christa Kocher (Fondsmanagerin)
Juni: Gehalt € 5.170,– + UB in gleicher Höhe; November: Gehalt € 5.170,– + WR in gleicher Höhe; mit AVAB, 1 Kind; Freibetrag € 49,–/Monat, Pendlerpauschale € 58,–/Monat, Pendlereuro für 27 km (einfache Fahrtstrecke), Service-Entgelt (E-Card-Gebühr) € 11,70; Gewerkschaftsbeitrag ab August € 32,10; Abrechnung für Juni und November (jeweils laufender Bezug und Sonderzahlung gemeinsam)

Ü 3.04:

Sandra Nadal (Medizingerätetechnikerin)
November: Monatslohn € 2.690,– + 11 Überstunden mit 50 % ÜZ (Überstundenteiler 1/143) + + WR € 2.690,–; im Juni wurden € 2.690,– UB bezahlt; ohne AV(E)AB; Freibetrag € 23,–/Monat, Pendlerpauschale € 113,–/Monat, Pendlereuro für 42 km (einfache Fahrtstrecke), Service-Entgelt (E-Card-Gebühr) € 11,70; Abrechnung für November (laufender Bezug und Sonderzahlung gemeinsam)

Rechnen Sie die nachstehenden Dienstnehmer inklusive Sonderzahlungen ab (mit Sechstelbestimmung). C

Ü 3.05:

Petra Beranek (Sachbearbeiterin – Verkaufsförderung)
Sonderzahlung (Gewinnbeteiligung) im März € 3.750,–; UB Anfang Mai € 3.230,–, laufende Bezüge Jänner bis April € 12.920,–; Maigehalt 3.230,–; Ende November: Gehalt € 3.390,– + + WR € 3.390,–, laufende Bezüge Jänner bis November € 38.910,–; ohne AV(E)AB; Freibetrag € 57,–/Monat, Service-Entgelt (E-Card-Gebühr) € 11,70; Abrechnung für Mai (laufender Bezug und Sonderzahlung getrennt) und November (laufender Bezug und Sonderzahlung gemeinsam)

Ü 3.06:

Klaus Eichinger (Revisor)
Bilanzgeld im April € 2.900,–; UB Anfang Juni € 2.960,–, laufende Bezüge Jänner bis Mai € 14.800,–; Junigehalt € 2.960,–; Ende November: Gehalt € 3.240,– + WR € 3.240,–, laufende Bezüge Jänner bis November € 36.090,–; mit AVAB, 1 Kind; Pendlerpauschale € 31,–/Monat, Pendlereuro für 15 km (einfache Fahrtstrecke), Service-Entgelt (E-Card-Gebühr) € 11,70; Gewerkschaftsbeitrag ab August € 32,10; Abrechnung für Juni (laufender Bezug und Sonderzahlung getrennt) und November (laufender Bezug und Sonderzahlung gemeinsam)

Das Aufgabengebiet eines Revisors ist die Prüfung und Überwachung unternehmensinterner Geschäftsprozesse.

Ü 3.07:

Barbara Kogler (Fitnessbetreuerin)
Ende Juni: Junilohn € 2.210,– + UB € 2.210,–; Ende November: Novemberlohn € 2.300,– + + WR € 2.300,–, laufende Bezüge Jänner bis November € 24.400,–; ohne AV(E)AB; Pendlerpauschale € 58,–/Monat, Pendlereuro für 30 km (einfache Fahrtstrecke), Service-Entgelt (E-Card-Gebühr) € 11,70; Abrechnung für Juni und November (jeweils laufender Bezug und Sonderzahlung gemeinsam)

Ü 3.08:

Werner Breitfuß (Patissier)

Verringerung des AV-Beitrages

Juni: Lohn € 1.608,– + UB € 1.608,–; Freibetrag € 29,–/Monat; Gewerkschaftsbeitrag € 16,08; November: Lohn € 1.990,– + WR € 1.990,–, laufende Bezüge Jänner bis November € 18.452,–; mit AVAB, 1 Kind; Freibetrag € 29,–/Monat, Service-Entgelt (E-Card-Gebühr) € 11,70; Gewerkschaftsbeitrag € 19,90; Abrechnung für Juni und November (jeweils laufender Bezug und Sonderzahlung gemeinsam)

Ü 3.09:

Ursula Winter (Grafikerin)

Zur Berechnung des Jahressechstels ist das Novembergehalt samt Überstundenentlohnung mitzurechnen.

Novembergehalt € 2.540,– + 4 Überstunden mit 50 % ÜZ (Überstundenteiler 1/167) + WR € 2.540,–, laufende Bezüge Jänner bis Oktober € 24.600,–; ohne AV(E)AB; Service-Entgelt (E-Card-Gebühr) € 11,70; bisherige sonstige Bezüge € 2.460,– (UB); Abrechnung für November (laufender Bezug und Sonderzahlung gemeinsam)

 **Sichern**

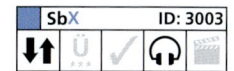

Sonderzahlungen

Sonderzahlungen sind gemäß ASVG Bezüge, die in **größeren Zeiträumen** als den Beitragszeiträumen, jedoch mit einer **gewissen Regelmäßigkeit** gewährt werden.

Sonstige Bezüge

Nach den Bestimmungen des EStG werden Sonderzahlungen als **sonstige Bezüge** bezeichnet.

Anspruch, Zeitraum, Höhe und Fälligkeit

Anspruch, Zeitraum, Höhe und Fälligkeit der Sonderzahlungen (der sonstigen Bezüge) **sind** im Allgemeinen **in den Kollektivverträgen geregelt.**

Sozialversicherung, Lohnsteuer

Sonderzahlungen sind bis zur 60-fachen Tageshöchstbeitragsgrundlage im Kalenderjahr **beitragspflichtig** (im Kalenderjahr 2018 € 10.260,–).

Sonstige Bezüge sind **bis € 620,–** im Kalenderjahr **lohnsteuerfrei.** Darüber hinaus sind sie **bis zur Erreichung der Sechstelgrenze** bzw. **bis € 83.333,–** mit den **festen Steuersätzen** zu versteuern. Die **Besteuerung** der **sonstigen Bezüge unterbleibt,** wenn das **Jahressechstel** (= durchschnittlicher Monatsbezug · 2) **höchstens € 2.100,–** (= Freigrenze) beträgt. Gehen sonstige Bezüge **über die Sechstelgrenze** bzw. **über € 83.333,–** (nach Abzug des Dienstnehmeranteiles zur SV) hinaus, sind sie mit dem **laufenden Bezug zu versteuern.**

SbX
ID: 3003

Im SbX finden Sie diese Zusammenfassung als Audio-Wiederholung sowie eine Bildschirmpräsentation.

3 Abrechnung von Sonderzahlungen

 # Wissen

SbX   ID: 3004

SbX

**Aufgaben
mit automatischer
Aufgabenkontrolle
ID: 3004**

W 3.01: Eine Arbeiterin bezieht Ende Juni eine UB von € 3.040,–.

Wie viel Euro beträgt der SV-Abzug bei der UB? C

W 3.02: Eine Angestellte mit einem Gehalt von € 5.190,– bezieht Ende November eine WR von € 5.190,–; bisherige Sonderzahlungen € 5.190,–.

Wie viel Euro beträgt der SV-Abzug bei der WR? C

Wie viel LSt ist bei der WR abzuziehen? C

W 3.03: Ein Arbeiter hat seit Jänner dieses Jahres einen Lohn von € 3.180,–. Ab welchem Betrag werden die sonstigen Bezüge dem laufenden Bezug zugerechnet? C

W 3.04: Eine Angestellte bezieht Ende November eine WR von € 2.910,–. Laufende Bezüge Jänner bis November € 32.010,–, bisherige sonstige Bezüge € 3.860,–. Wie viel von der WR ist, unter Berücksichtigung des Dienstnehmeranteiles zur SV, mit dem festen Steuersatz von 6 % zu versteuern und wie viel ist dem laufenden Bezug zuzurechnen? C

Versteuerung mit dem festen Steuersatz von 6 %

zum laufenden Bezug

W 3.05: Eine teilzeitbeschäftigte Arbeiterin bezieht einen Lohn von € 1.040,–. Im Juni erhält sie eine UB von € 1.040,–, im November eine WR von € 1.040,–. Wie hoch ist die jeweilige Lohnsteuer? C

LSt der Urlaubsbeihilfe

LSt der Weihnachtsremuneration

W 3.06: Ein Angestellter mit einem Gehalt von € 3.600,– erhält folgende sonstige Bezüge: Bilanzgeld € 3.630,–, UB € 3.600,–, WR € 3.600,–. Wie viel LSt ergibt sich bei den einzelnen sonstigen Bezügen? C

Bilanzgeld

Urlaubsbeihilfe

Weihnachtsremuneration

W 3.07: Eine Bankangestellte erhält € 3.500,–/Monat, 15-mal, somit insgesamt € 52.500,–. Eine Angestellte in der Industrie erhält € 3.750,–/Monat, 14-mal, somit insgesamt € 52.500,–.
Wer zahlt weniger Lohnsteuer, wenn beide keinen AV(E)AB haben? B

a) Bankangestellte

b) Angestellte/Industrie

c) Beide zirka gleich viel

SbX

ID: 3004

Weitere Möglichkeiten zur Kompetenzüberprüfung im SbX

Wiederholungsfragen	Weitere Aufgaben mit automatischer Aufgabenkontrolle	

Ein kurzer
Kompetenz-Check,
bevor's weitergeht!

Kompetenz-Check

	☺	☺	☹
Ich kann die Begriffe Sonderzahlungen bzw. sonstige Bezüge erklären.			
Ich kann beschreiben, wonach sich Anspruch, Zeitraum, Höhe und Fälligkeit der Sonderzahlungen richten.			
Ich kann die Sozialversicherung und die Lohnsteuer für Sonderzahlungen bzw. sonstige Bezüge berechnen.			
Ich kann einfache Lohn- bzw. Gehaltsabrechnungen inklusive Sonderzahlungen (ohne bzw. mit Sechstelbestimmung) durchführen.			

3 Abrechnung von Sonderzahlungen

4 BESONDERE FÄLLE DER PERSONALVERRECHNUNG

Worum geht's in diesem Kapitel?

Dieses Kapitel vermittelt das Grundwissen zur arbeits- und abgabenrechtlichen Behandlung des Krankenstandes und des Urlaubes.

Außerdem erfolgt eine einführende Darstellung zu jenen Personengruppen, für welche der Gesetzgeber besondere abgabenrechtliche Bestimmungen vorsieht.

In diesem Kapitel finden Sie Übungsbeispiele und Aufgaben zum Kompetenzerwerb und zur Kompetenzüberprüfung auf den Handlungsebenen **A Wiedergeben, B Verstehen** und **C Anwenden.**

Dieses Kapitel umfasst folgende Lerneinheiten:

1 Krankenstand

2 Urlaub

3 Personen mit besonderer abgabenrechtlicher Behandlung

Lerneinheit 1
Krankenstand

SbX

Alle SbX-Inhalte zu dieser Lerneinheit finden Sie unter der ID: 4010.

Lange Zeit folgte der Krankenstand der Konjunktur. In guten Zeiten meldeten sich die Arbeitnehmer öfter arbeitsunfähig, in schlechten Zeiten seltener. Erst seit ca. 15 Jahren hat sich der Krankenstand von der Konjunktur abgekoppelt. Gründe für das Sinken der Krankenstände sind u. a. die steigenden Ängste der Beschäftigten vor dem Verlust des Arbeitsplatzes, der Strukturwandel, das niedrigere Durchschnittsalter der Belegschaften und eine bessere Gesundheitsvorsorge in den Betrieben.

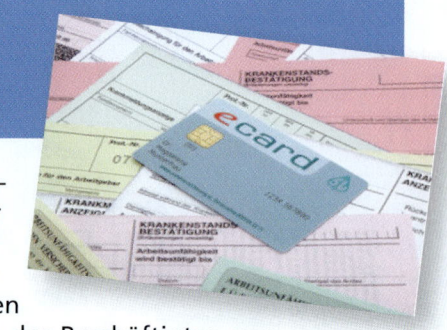

 # Lernen

Markieren Sie im nachfolgenden Text die Antworten auf folgende Fragen:

- **Wann besteht ein Anspruch auf Fortzahlung des Entgeltes?**
- **Welche Zahlungen kann ein Dienstnehmer während des Krankenstandes erhalten?**
- **Wann besteht Anspruch auf Krankenentgelt?**
- **Wie erfolgt die Berechnung des Krankenentgeltes?**
- **Wie ist das Krankenentgelt abgabenrechtlich zu behandeln?**
- **In welchem Ausmaß wird das Krankenentgelt rückerstattet?**
- **Wann und in welcher Höhe erhält ein Arbeitnehmer Krankengeld?**
- **Welche Voraussetzungen sind für die Auszahlung des Krankengeldes erforderlich?**
- **Wie wird das Krankengeld abgabenrechtlich behandelt?**
- **Welche Aufzeichnungen sind im Zusammenhang mit den Erkrankungen der Dienstnehmer zu führen?**
- **Wie hoch ist das Service-Entgelt bzw. in welchem Beitragszeitraum ist es vom Dienstgeber einzubehalten?**

1 Allgemeines

Anspruch auf Entgeltfortzahlung

Der Dienstnehmer (Angestellter bzw. Arbeiter) behält den Anspruch auf Fortzahlung seines Entgeltes bei

Dienstgeber können die **Krankenstands-daten** der **gemeldeten Dienstnehmer** (Lehrlinge) online mit **ELDA** abfragen.

- einer **Krankheit** oder einem **Freizeitunfall**,
- einem **Betriebs- bzw. Arbeitsunfall** und
- einer **Berufskrankheit**.

Liegen solche Dienstverhinderungsgründe vor, erhält der Dienstnehmer für eine bestimmte Zeit

- vom Dienstgeber das **Krankenentgelt** und/oder
- von der zuständigen Gebietskrankenkasse das **Krankengeld**.

Die **Höhe** des **Krankenentgeltes** und die **Dauer der Bezahlung** des **Krankenentgeltes** regelt für **Angestellte** das Angestelltengesetz (AngG), für **Arbeiter** das Entgeltfortzahlungsgesetz (EFZG) und für **Lehrlinge** das Berufsausbildungsgesetz (BAG).

Das **Krankengeld** wird durch das Allgemeine Sozialversicherungsgesetz (ASVG) geregelt.

Mit 1. Juli 2018 tritt eine **weitgehende Angleichung der Rechtsstellung** von Angestellten und Arbeitern in Kraft.

2 Krankenentgelt

Der Dienstnehmer erhält für eine **bestimmte Anspruchsdauer** jene Bezahlung, die ihm gebührt hätte, wenn er nicht krank geworden (verunfallt) wäre – **Ausfallprinzip.**

Der **Anspruch** auf Krankenentgelt **besteht nur** dann, wenn der Dienstnehmer

- die Dienstverhinderung **nicht vorsätzlich** oder durch **grobe Fahrlässigkeit** herbeigeführt hat und
- dem Dienstgeber die **Dienstverhinderung ohne Verzug bekanntgegeben** hat und auf dessen Verlangen eine **ärztliche Bestätigung** über Beginn, voraussichtliche Dauer und Ursache (z. B. Krankheit, Arbeitsunfall oder Berufskrankheit, nicht jedoch die Diagnose) vorlegt.

Berechnung des Krankenentgeltes

Grundlage für die Berechnung des **Krankenentgeltes** ist das **regelmäßige Entgelt vor dem Krankenstand,** wobei auch das Entgelt für regelmäßig geleistete Überstunden zu berücksichtigen ist. Durch Freizeit abgegoltene Überstunden werden nicht eingerechnet. Bei leistungsbezogenen Entgelten (z. B. Akkordlöhnen) ist die Höhe des Krankenentgeltes nach dem Durchschnitt der **letzten dreizehn voll gearbeiteten Wochen** zu berechnen.

Sozialversicherung

Krankenentgeltzahlungen sind

- für den **ersten bis dritten Tag** des Krankenstandes **beitragspflichtig,**
- **vom vierten Tag** des Krankenstandes an,

sofern diese Zahlungen **50 % oder mehr** der vollen Geld- und Sachbezüge betragen,	sofern diese Zahlungen **weniger als 50 %** der vollen Geld- und Sachbezüge betragen,
beitragspflichtig	**beitragsfrei**

zu behandeln.

Lohnsteuer

Krankenentgeltzahlungen sind **steuerpflichtiger Arbeitslohn.** Beinhaltet das Krankenentgelt SEG-Zulagen, SFN-Zuschläge und Überstundenzuschläge, sind die dafür vorgesehenen Freibeträge zu berücksichtigen.

Anspruch auf Entgeltfortzahlung

Der Anspruch auf Entgeltfortzahlung richtet sind nach dem **Arbeitsjahr.** Dazu ist der **Wochenanspruch** auf **Kalendertage** (eine Woche = sieben Kalendertage) **oder Arbeitstage** (eine Woche = im Allgemeinen fünf Arbeitstage) umzurechnen.

Feiertage, ausgenommen der Feiertag ist ein Sonntag, zählen im Allgemeinen nicht als Krankenstandstage und werden daher auf den Entgeltfortzahlungsanspruch nicht angerechnet.

Bei **wiederholter Arbeitsverhinderung** durch **Krankheit** (Unglücksfall) **innerhalb eines Arbeitsjahres** besteht der Anspruch auf Krankenentgelt nur insoweit, als die **Anspruchsdauer noch nicht ausgeschöpft** ist (Jahreskontingent). Ein **neuer Anspruch** in vollem Ausmaß entsteht somit erst wieder mit **Beginn eines neuen Arbeitsjahres.** Dies gilt auch dann, wenn eine Arbeitsverhinderung von einem Arbeitsjahr in das nächste reicht.

Im Falle eines **Arbeitsunfalles** oder einer **Berufskrankheit** steht dem Dienstnehmer die **Fortzahlung des Entgeltes pro Unfall bzw. Krankheit** (d. h. ohne Rücksicht auf andere Zeiten der Dienstverhinderung) für die Dauer von **acht Wochen bzw. zehn Wochen** (ab dem 16. Arbeitsjahr) zu.

Anspruch auf Entgeltfortzahlung – Arbeiter und Angestellte

AJ = Arbeitsjahr

Dauer des Arbeitsverhältnisses	Anspruch bei Krankheit oder Unglücksfall pro Arbeitsjahr auf		Anspruch pro Arbeitsunfall oder Berufskrankheit auf volles Entgelt
	volles Entgelt	halbes Entgelt	
im 1. AJ	6 Wochen	4 Wochen	8 Wochen
ab dem 2. AJ	8 Wochen	4 Wochen	8 Wochen
ab dem 16. AJ	10 Wochen	4 Wochen	10 Wochen
ab dem 26. AJ	12 Wochen	4 Wochen	10 Wochen

Bei **Lehrlingen** richtet sich der Anspruch nach dem **Lehrjahr.**

Lehrlinge erhalten bei **Arbeitsverhinderung** durch **Krankheit** (Unglücksfall) Krankenentgelt für **acht Wochen** in Höhe der **vollen Lehrlingsentschädigung** und für weitere **vier Wochen**

Vergütung der Entgeltfortzahlung

in Höhe des **Unterschiedsbetrages** zwischen der **vollen Lehrlingsentschädigung** und dem aus der gesetzlichen Krankenversicherung gebührenden Krankengeld.

Dienstgeber erhalten bei **Arbeitsverhinderung** eines Dienstnehmers durch **Krankheit oder Unfall** einen Teil des **fortgezahlten Entgeltes**, einschließlich eines Zuschlages für Sonderzahlungen, als Zuschuss rückerstattet.

Zahl der Dienstnehmer	Höhe des Zuschusses zum Krankenentgelt
bis zu 10 Dienstnehmer	75 %
von 11 bis höchstens 50 Dienstnehmer	50 %

Der Antrag auf Zuschuss ist an die Allgemeine Unfallversicherungsanstalt zu stellen.

Beispiel

Krankenstandsberechnung, Arbeits- und Entgeltbestätigung

Der Angestellte Paul Müller ist seit vier Jahren bei der Karl Hofer e.U. beschäftigt und war im Juli 2018 vier Wochen, das sind 28 Kalendertage (KT), krank. Nach etwas mehr als zwei Monaten erkrankt Herr Paul Müller am 16. Oktober 2018, für insgesamt neun Wochen (63 KT), nochmals.

Aufgabe: a) Ermitteln Sie den Anspruch auf Entgeltfortzahlung. C

b) Stellen Sie die Arbeits– und Entgeltbestätigung am 15. November 2018 aus. C

Lösung:

a) Grundanspruch: 8 Wochen (56 KT) volles und 4 Wochen (28 KT) halbes Entgelt

1. Krankenstand: 4 Wochen (28 KT) volles Entgelt

2. Krankenstand: 4 Wochen (28 KT) volles Entgelt (Rest vom 1. Krankenstand)

                        4 Wochen (28 KT) halbes Entgelt (Rest vom 1. Krankenstand)

                        1 Woche (7 KT) kein Entgelt

Ausgedruckte Bildschirmmaske (verkleinert)
Die Arbeits- und Entgeltbestätigung wurde mit der ELDA-Software erstellt.

b)

Arbeits- und Entgeltbestätigung für Krankengeld

Dienstgeber	zuständiger Versicherungsträger	Ordnungsbegriff
Karl Hofer e.U., Baustoffgroßhandel	W GKK (19612176)	

Familienname: Müller
Vorname(n): Paul
Akademischer Grad:
Land / Plz / Ort: A | 1010 | Wien
Strasse: Kärntner Straße 10
Versicherungsnummer: 2199041190   Geburtsdatum: 04.11.1990
Beschäftigt ab: 01.07.2015   als Buchhalter
Art der Beschäftigung: Angestellte(r)
Beschäftigungstg./Woche: 5   Tagesturnus: 5
Letzter Arbeitstag: 15.10.2018
Grund d. Arbeitseinstellung: Krankheit
Kennzeichen: ⦿ Krankheit / Unglücksfall   ○ Arbeitsunfall / Berufskrankheit
Arbeitsfreie(r) Tage(e): ☐ Mo ☐ Di ☐ Mi ☐ Do ☐ Fr ☑ Sa ☑ So
andere Regelung:
⦿ Das Beschäftigungsverhältnis wurde nicht gelöst
○ Das Beschäftigungsverhältnis wurde (wird) mit __.__.____ gelöst
    Abmeldegrund:
Versicherten IBAN-Nr.: AT632011113811131600   Versicherten BIC: GIBAATWW

Geldbezüge (brutto)

ab	bis	Betrag	
01.10.2018	31.10.2018	2.830,00	
__.__.____	__.__.____	0,00	
__.__.____	__.__.____	0,00	
__.__.____	__.__.____	0,00	= Betragssumme 2.830,00

☑ Anspruch auf Sonderzahlung
☐ Sachbezug ist im Geldbezug beinhaltet   Sachbezüge:

Kündigungsentschädigung ab: __.__.____ bis __.__.____
Urlaubsersatzleistung ab: __.__.____ bis __.__.____

Volles Entgelt wird weiterbezahlt bis: 14.11.2018
Anspruch auf Entgeltfortzahlung: 8 Wochen
Berechnung der Ansprüche nach: ⦿ Arbeitsjahr ○ Kalenderjahr
Berechnet nach: ○ Arbeitstagen ⦿ Kalendertagen
Teilentgelt-Prozentanteil des Gesamtentgeltes:
50 % ab 15.11.2018 bis 13.12.2018   0 % ab __.__.____ bis __.__.____

Folgende Vorerkrankungen wurden angerechnet:

ab	bis	ab	bis	ab	bis
05.07.2018	01.08.2018	|_____|	|_____|	|_____|	|_____|
|_____|	|_____|	|_____|	|_____|	|_____|	|_____|

Vordienstzeit ab: |_____| bis |_____|

Freiwilliges Entgelt wird bezahlt ab: |_____| bis |_____|

Einarbeitungstage: |_____| |_____| |_____| |_____| |_____| |_____|

3 Krankengeld

Anspruch

Anspruch auf Krankengeld besteht laut ASVG **ab dem vierten Tag der Dienstverhinderung** für ein und denselben Versicherungsfall für die Dauer von **26 bzw. 52 Wochen** (im Falle einer Vorversicherungszeit) oder einer eventuell laut Satzung der Gebietskrankenkassen längeren Dauer (78 Wochen).

Das Krankengeld kann über die Website der OÖ GKK, **www.ooegkk.at,** Rubrik **Leistungen,** unter **Krankengeld** mit dem **Krankengeldrechner,** ermittelt werden.

Das **Krankengeld ruht,** solange der Dienstnehmer Anspruch auf Fortzahlung von **mehr als 50 %** seines vorherigen Bruttoentgeltes hat. Bei einem **Entgeltanspruch von 50 %** ruht das Krankengeld **zur Hälfte, darunter** kommt es **voll zur Auszahlung.**

Das **tägliche Krankengeld** beträgt **50 % bis 60 %** der **Beitragsgrundlage zur Krankenversicherung für den Kalendertag.** Das Krankengeld wird von der Gebietskrankenkasse direkt an den Dienstnehmer ausbezahlt.

Voraussetzung für die Auszahlung

Voraussetzung für die Auszahlung des Krankengeldes ist neben der **Krankmeldung durch den Arzt** die **Vorlage einer Arbeits- und Entgeltbestätigung.**

Sozialversicherung

Das **Krankengeld** ist **beitragsfrei.**

Lohnsteuer

Das Krankengeld ist bis zum Freibetrag von **€ 30,– pro Tag (€ 900,– pro Monat) steuerfrei.** Vom übersteigenden Betrag wird die **Lohnsteuer pauschal mit 25 %** berechnet. Die endgültige Versteuerung erfolgt im Rahmen einer Pflichtveranlagung.

Zur **Arbeitnehmerveranlagung** siehe Kapitel 9

4 Aufzeichnungen über die Krankenstände, E-Card

Aufzeichnungen über die Krankenstände

Im Hinblick auf die Ansprüche der Dienstnehmer während des Krankenstandes muss der Dienstgeber **Aufzeichnungen,** z. B. mit dem eingesetzten Softwarepaket, **über die Krankheitstage führen.** Diese werden meist mit den Aufzeichnungen über die Urlaubstage und die sonstigen Fehltage kombiniert.

E-Card

Die E-Card ist der **Zugang** zu Leistungen der österreichischen Sozialversicherung und des Gesundheitswesens. Sie **ersetzt** den **Auslandskrankenschein** in EWR-(EU-)Staaten und der Schweiz. Das für die E-Card festgelegte **Service-Entgelt** (E-Card-Gebühr) beträgt **pro Person für das Kalenderjahr 2019 € 11,70** und ist vom Dienstgeber von den **am 15. November 2018 zur Krankenversicherung** nach dem **ASVG gemeldeten Dienstnehmern** (auch Lehrlingen), nicht jedoch von deren mitversicherten Ehegatten bzw. Lebensgefährten und Kindern für das Folgejahr einzuheben, der zuständigen Gebietskrankenkasse zu melden und gemeinsam mit den übrigen Sozialversicherungsbeiträgen für November bis spätestens 15. Dezember 2018 zu entrichten.

Zur **Abrechnung mit der Gebietskrankenkasse** siehe Kapitel 7

 **Üben**

Rechnen Sie die nachstehenden Dienstnehmer mit Krankenentgelt ab. C

Ü 4.01:

Thomas Gnigler (Fitnessbetreuer); monatliche Abrechnung für Oktober 2018; Lohn (= Arbeitsentgelt) € 1.776,–, Krankenentgelt € 518,–; mit AEAB, 1 Kind; Freibetrag € 34,50

Ü 4.02:

Lorenz Huber (Datenerfasser); monatliche Abrechnung für Juli 2018; Gehalt (= Arbeitsentgelt) € 2.256,–, Krankenentgelt € 658,–; ohne AV(E)AB; Pendlerpauschale € 31,–/Monat, Pendlereuro für 9 km (einfache Fahrtstrecke)

 **Sichern**

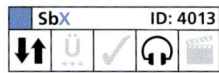

Anspruch auf Entgeltfortzahlung

Der Dienstnehmer behält den **Anspruch auf Fortzahlung seines Entgeltes** bei

- einer **Krankheit** oder einem **Freizeitunfall**,
- einem **Betriebs- bzw. Arbeitsunfall** und
- einer **Berufskrankheit**.

Liegen solche Dienstverhinderungsgründe vor, erhält der Dienstnehmer für eine bestimmte Zeit

- vom Dienstgeber das **Krankenentgelt** und/oder
- von der zuständigen Gebietskrankenkasse das **Krankengeld**.

Anspruch auf Krankenentgelt

Der **Anspruch** auf Krankenentgelt **besteht nur** dann, wenn der Dienstnehmer

- die Dienstverhinderung **nicht vorsätzlich** oder durch **grobe Fahrlässigkeit** herbeigeführt hat und
- dem Dienstgeber die **Dienstverhinderung ohne Verzug bekanntgegeben** hat und auf dessen Verlangen eine **ärztliche Bestätigung** über Beginn, voraussichtliche Dauer und Ursache vorlegt.

Anspruch auf Krankengeld

Anspruch auf **Krankengeld** besteht laut ASVG **ab dem vierten Tag der Dienstverhinderung** für ein und denselben Versicherungsfall im Allgemeinen für die Dauer von **26 bzw. 52 Wochen**.

Das **Krankengeld ruht,** solange der Dienstnehmer Anspruch auf Fortzahlung von **mehr als 50 % seines vorherigen Bruttoentgeltes** hat. Das **Krankengeld/Tag** beträgt **50 % bis 60 %** der **Beitragsgrundlage** zur Krankenversicherung für den Kalendertag.

Voraussetzung für die Auszahlung des Krankengeldes ist neben der **Krankmeldung durch den Arzt** die **Vorlage einer Arbeits- und Entgeltbestätigung**.

Aufzeichnungen des Dienstgebers

Der Dienstgeber muss **Aufzeichnungen,** z. B. mit dem eingesetzten Softwarepaket, **über die Krankheitstage** führen.

E-Card

Die E-Card ist der **Zugang** zu Leistungen der österreichischen Sozialversicherung und **ersetzt den Auslandskrankenschein** in EWR-(EU-)Staaten und der Schweiz. Das Service-Entgelt beträgt **pro Person für das Kalenderjahr 2019 € 11,70.**

ID: 4013

Im SbX finden Sie diese Zusammenfassung als Audio-Wiederholung sowie eine Bildschirmpräsentation.

 **Wissen**

ID: 4014

Weitere Möglichkeiten zur Kompetenzüberprüfung im SbX

Ein kurzer
Kompetenz-Check,
bevor's weitergeht!

Kompetenz-Check

	☺	😐	☹
Ich kann erklären, wann ein Anspruch auf Entgeltfortzahlung besteht.			
Ich kann die Zahlungen, die ein Dienstnehmer während des Krankenstandes erhält, nennen.			
Ich kann beschreiben, wie die Krankenstands- und Krankenentgeltberechnung der Angestellten und Arbeiter erfolgt.			
Ich kann erläutern, unter welchen Voraussetzungen Anspruch auf Krankengeld besteht.			
Ich kann einfache Lohn- und Gehaltsabrechnungen mit Krankenentgelt durchführen.			

4 Besondere Fälle

Lerneinheit 2
Urlaub

Der Urlaubsanspruch wird heute oft als Selbstverständlichkeit empfunden. Dabei wird oft vergessen, dass die rechtliche Absicherung und die Durchsetzung dieser Ansprüche erst seit wenigen Jahrzehnten gegeben ist.

Der Anspruch auf Urlaub ist das Ergebnis einer effektiven und solidarischen Interessenvertretung. Durch Bundesgesetz wurde der dreiwöchige Mindesturlaub erst im Jahre 1971 verankert. Im Jahre 1976 wurde ein einheitliches Urlaubsrecht für alle Arbeitnehmer geschaffen und gleichzeitig der Mindesturlaub auf vier Wochen erhöht. Ab dem Urlaubsjahr, das 1986 beginnt, beträgt das Urlaubsausmaß 30 Werktage, nach 25 Dienstjahren 36 Werktage.

Lernen

Markieren Sie im nachfolgenden Text die Antworten auf folgende Fragen:
- **Welche Regelungen enthält das Urlaubsgesetz?**
- **Wie viele Werktage (Arbeitstage) beträgt das Urlaubsausmaß?**
- **Wann entsteht der Anspruch auf Urlaub?**
- **Welche Arten von Urlaubsgeldern gibt es?**
- **Wie erfolgt die abgabenrechtliche Behandlung der Urlaubsgelder?**

Rechtsgrundlage

Rechtsgrundlage ist das **Urlaubsgesetz** (UrlG). Dieses enthält Regelungen über den

- **Urlaub** (Gebührenurlaub) und die
- **Pflegefreistellung.**

Die Bestimmungen des UrlG gelten für Arbeiter, Angestellte und Lehrlinge.

Urlaubsausmaß

Auf die maßgeblichen Dienstjahre ist die gesamte zurückgelegte Dienstzeit anzurechnen.

Dem **Arbeitnehmer** gebührt **für jedes Arbeitsjahr** ein **ununterbrochener bezahlter Urlaub.** Das Urlaubsausmaß beträgt

- bis zum 25. Dienstjahr – **30 Werktage** (= 25 Arbeitstage),
- ab dem 26. Dienstjahr – **36 Werktage** (= 30 Arbeitstage).

Die **Umrechnung** von **Werktagen in Arbeitstage** ist nur insoweit erlaubt, als dadurch der Arbeitnehmer nicht schlechter gestellt wird.

Der **Anspruch auf Urlaub** entsteht

Urlaubsanspruch
*Das Urlaubsjahr beginnt grundsätzlich mit dem **jeweiligen Eintrittstag** (Arbeitsjahr = Urlaubsjahr). Eine Umstellung auf das Kalenderjahr ist z. B. durch Kollektivvertrag möglich.*

- in den **ersten sechs Monaten des ersten Arbeitsjahres** (Urlaubsjahres) im **Verhältnis** zu der **im Arbeitsjahr zurückgelegten Dienstzeit** (= aliquoter Anspruch),
- nach sechs Monaten in **voller Höhe,**
- ab dem **zweiten Arbeitsjahr** in **voller Höhe** mit Beginn des Arbeitsjahres.

Verbrauch und Verjährung des Urlaubes, Aufzeichnungen

Der Urlaub darf nur **einmal geteilt werden**. Ein Teil muss **mindestens sechs Werktage** umfassen. Ein **tageweiser Urlaubsverbrauch** wird akzeptiert (Günstigkeitsprinzip).

Urlaubsantritt und Urlaubsdauer

Der **Zeitpunkt des Urlaubsantrittes** und die **Dauer des Urlaubes** müssen **zwischen dem Arbeitgeber und dem Arbeitnehmer vereinbart** werden. Der Urlaub sollte möglichst bis zum Ende des Urlaubsjahres, in dem er entstanden ist, verbraucht werden.

Aufzeichnungen über den Urlaub

Der Arbeitgeber hat über den Urlaubsverbrauch genaue **Aufzeichnungen**, z. B. mit dem eingesetzten Softwarepaket, zu führen.

Verjährung des Urlaubes

Der **Urlaubsanspruch verjährt** grundsätzlich **nach Ablauf von zwei Jahren** ab dem Ende des Urlaubsjahres, in dem er entstanden ist.

Erkrankung während des Urlaubes

Erkrankt (verunglückt) ein Arbeitnehmer während des Urlaubes, so werden die **Tage der Erkrankung** dann **auf das Urlaubsausmaß nicht angerechnet,** wenn die **Erkrankung länger als drei Kalendertage** gedauert hat.

Urlaubsgelder

Die Urlaubsbeihilfe wird im Kapitel 3 näher behandelt.

- **Urlaubsentgelt** (= für die Zeit des Urlaubes fortgezahlter laufender Bezug)
- **Urlaubsbeihilfe** (= im Zusammenhang mit dem Urlaub gewährte Sonderzahlung)
- **Urlaubsablöse** (= verbotene Urlaubsabgeltung bei aufrechtem Bestand des Arbeitsverhältnisses)
- **Ersatzleistung für Urlaubsentgelt** bzw. **Erstattung von Urlaubsentgelt** (= Urlaubsabgeltung bzw. Rückerstattung im Zusammenhang mit der Beendigung des Arbeitverhältnisses)

Urlaubsentgelt

Anspruch auf Bezahlung

Der Arbeitnehmer hat für die **Dauer des Urlaubes** jene **Bezahlung** zu erhalten, die ihm gebührt hätte, wenn der **Urlaub nicht angetreten worden wäre – Ausfallprinzip.**

Berechnung des Urlaubsentgeltes

Grundlage für die Berechnung des **Urlaubsentgeltes** ist das **regelmäßige Entgelt vor dem Urlaub,** wobei auch das Entgelt für regelmäßig geleistete Überstunden zu berücksichtigen ist. Durch Freizeit abgegoltene Überstunden werden nicht eingerechnet.

Bei leistungsbezogenen Entgelten (z. B. Akkordlöhnen) ist die Höhe des Urlaubsentgeltes nach dem Durchschnitt der **letzten dreizehn voll gearbeiteten Wochen** zu berechnen.

Das **Urlaubsentgelt** ist bei Antritt des Urlaubes für die ganze Urlaubsdauer **im Voraus zu bezahlen.**

Sozialversicherung, Lohnsteuer

Als laufender Bezug unterliegt das Urlaubsentgelt der **Sozialversicherungs-** und **Lohnsteuerpflicht.**

Urlaubsablöse

Eine Urlaubsablöse ist eine Vereinbarung zwischen Arbeitgeber und Arbeitnehmer, die für den **Nichtverbrauch des Urlaubes Geld** oder **sonstige vermögenswerte Leistungen** des Arbeitgebers vorsieht. Eine solche Vereinbarung ist **rechtsunwirksam.**

Sozialversicherung, Lohnsteuer

Die **Urlaubsablöse** ist, sofern sie dennoch bezahlt wird, dem laufenden Bezug hinzuzurechnen und bis zur Höchstbeitragsgrundlage **sozialversicherungspflichtig** sowie als sonstiger Bezug **lohnsteuerpflichtig** zu behandeln.

Ersatzleistung für Urlaubsentgelt

Berechnungsgrundlage der Ersatzleistung ist das dem Arbeitnehmer zum Zeitpunkt der Beendigung des Arbeitsverhältnisses **fiktiv gebührende Urlaubsentgelt.**

Dem Arbeitnehmer gebührt im **Jahr der Beendigung des Arbeitsverhältnisses** eine Abgeltung für den **nicht verbrauchten aliquoten Urlaub,** die sich aufgrund der in diesem Jahr zurückgelegten Dienstzeit im Verhältnis zum gesamten Urlaubsjahr ergibt.

Die Abgeltung erfolgt in Form einer **Ersatzleistung,** die sich in der Regel aus dem **aliquoten Teil des Urlaubsentgeltes** (laufender Bezug) und den auf die Zeit des nicht verbrauchten aliquoten Urlaubes entfallenden **Anteilen an Sonderzahlungen** (sonstigen Bezügen) zusammensetzt.

4 Besondere Fälle

Lehrbeispiel

L 4.01: Berechnung einer Ersatzleistung für Urlaubsentgelt

Jürgen Wirth (Leiter einer Verkaufsabteilung), Monatsgehalt € 3.300,–, Dienstantritt 9. Jänner 2014, scheidet am 31. Juli 2018 durch Dienstnehmerkündigung aus. UB € 3.300,– (Urlaub noch nicht verbraucht, Arbeitsjahr = Urlaubsjahr), WR € 3.300,–, Urlaubsanspruch 30 Werktage

Aufgabe: Ermitteln Sie den aliquoten Urlaubsanspruch und die Ersatzleistung für Urlaubsentgelt. C

Lösung:

Berechnung des aliquoten Urlaubsanspruches:

Aliquoter Urlaubsanspruch =

$$= \frac{\text{voller Urlaubsanspruch pro Jahr} \cdot \text{Anzahl der im Urlaubsjahr angefallenen Kalendertage}}{365 \ (366 \text{ bei einem Schaltjahr}) \text{ Kalendertage}} =$$

$$= \frac{30 \cdot 204}{365} = \textbf{16,77 Werktage}$$

Berechnung der Ersatzleistung für Urlaubsentgelt:

Urlaubsentgelt für 1 Monat	€ 3.300,00
Aliquote UB für 1 Monat (3.300,00 : 12) +	€ 275,00
Aliquote WR für 1 Monat (3.300,00 : 12) +	€ 275,00
Ersatzleistung für 1 Monat	**€ 3.850,00**

Die Ersatzleistung für 16,77 Werktage beträgt: 3.850,00 : 26 · 16,77 = **€ 2.483,25**
(davon lfd. Bezug € 2.128,50, davon Sonderzahlung € 354,75)

Anzahl der im Urlaubsjahr angefallenen Kalendertage: 23 (Jänner) + 28 (Februar) + 31 + 30 + 31 + + 30 + 31 (von März bis Juli) = 204

Als **Urlaubswerktage** gelten die **Tage von Montag bis Samstag,** d. s. 26 Werktage pro Monat (6 Werktage pro Woche · 4,33 Wochen [durchschnittliche Abrechnungsperiode = 52 Normalarbeitswochen : 12 Kalendermonate]).

Wurden z. B. bereits 4 Urlaubstage verbraucht, so steht die Ersatzleistung nur für 12,77 Werktage zu.

Eine **Ersatzleistung** für Urlaubsentgelt **gebührt nicht,** wenn der **Arbeitnehmer unbegründet vorzeitig austritt.** Dies gilt nur für den nicht verbrauchten Urlaub des laufenden Urlaubsjahres.

Sozialversicherung, Lohnsteuer

Die **Ersatzleistung für Urlaubsentgelt** unterliegt, geteilt in einen **laufenden Teil** und einen **Sonderzahlungsteil,** der **Sozialversicherungs-** und der **Lohnsteuerpflicht.**

Erstattung von Urlaubsentgelt

Urlaubsentgelt für einen **über das aliquote Ausmaß hinaus verbrauchten Urlaub** ist nicht rückzuerstatten, **außer** bei Beendigung des Arbeitsverhältnisses durch

- **unbegründeten vorzeitigen Austritt** oder
- **begründete Entlassung.**

Üben

Ein Fakturist ist mit der Erstellung und Prüfung von Rechnungen (Fakturen) betraut.

Ü 4.03: Berechnung einer Ersatzleistung für Urlaubsentgelt

Oskar Müller (Fakturist), Monatsgehalt € 2.400,–, Dienstantritt 5. Mai 2015, scheidet am 31. Oktober 2018 durch Dienstnehmerkündigung aus. UB € 2.400,– (verbrauchter Urlaub: 8 Werktage des laufenden Urlaubsjahres, Arbeitsjahr = Urlaubsjahr), WR € 2.400,–, Urlaubsanspruch 30 Werktage

Aufgabe: a) Ermitteln Sie den aliquoten Urlaubsanspruch. C
b) Berechnen Sie die Ersatzleistung für Urlaubsentgelt. C

Ü 4.04: Berechnung einer Ersatzleistung für Urlaubsentgelt

Andrea Racic (Audio- und Videoelektronikerin), Monatslohn € 2.300,–, Überstundenpauschale € 490,–/Monat, Dienstantritt 4. April 2017, scheidet am 31. August 2018 durch Arbeitgeberkündigung aus. UB € 2.300,– (verbrauchter Urlaub: 4 Werktage des laufenden Urlaubsjahres, Arbeitsjahr = Urlaubsjahr), WR € 2.300,–, Urlaubsanspruch 30 Werktage

Aufgabe: a) Ermitteln Sie den aliquoten Urlaubsanspruch. C
b) Berechnen Sie die Ersatzleistung für Urlaubsentgelt. C

Monatslohn	€ 2.300,00
Überstundenpauschale +	€ 490,00
Urlaubsentgelt/Monat	€ 2.790,00

 # Sichern

SbX ID: 4023

Urlaubsausmaß

Dem **Arbeitnehmer** gebührt **für jedes Arbeitsjahr** ein **ununterbrochener bezahlter Urlaub.** Das Urlaubsausmaß beträgt

● bis zum 25. Dienstjahr – **30 Werktage** (= 25 Arbeitstage),
● ab dem 26. Dienstjahr – **36 Werktage** (= 30 Arbeitstage).

Urlaubsanspruch

Der **Anspruch auf Urlaub** entsteht

● in den **ersten sechs Monaten des ersten Arbeitsjahres** (Urlaubsjahres) im **Verhältnis** zu der **im Arbeitsjahr zurückgelegten Dienstzeit** (= aliquoter Anspruch),
● **nach sechs Monaten** in **voller Höhe,**
● ab dem **zweiten Arbeitsjahr** in **voller Höhe mit Beginn des Arbeitsjahres.**

Urlaubsantritt und Dauer

Der **Zeitpunkt des Urlaubsantrittes** und die **Dauer des Urlaubes** müssen **zwischen dem Arbeitgeber und dem Arbeitnehmer vereinbart** werden.

Aufzeichnungen

Der Arbeitgeber hat über den Urlaubsverbrauch genaue **Aufzeichnungen** zu führen.

Erkrankung während des Urlaubes

Erkrankt (verunglückt) ein Arbeitnehmer während des Urlaubes, so werden die **Tage der Erkrankung** dann auf das **Urlaubsausmaß nicht angerechnet,** wenn die **Erkrankung länger als drei Kalendertage** gedauert hat.

Arten der Urlaubsgelder

● **Urlaubsentgelt** (= für die Zeit des Urlaubes fortgezahlter laufender Bezug)
● **Urlaubsbeihilfe** (= im Zusammenhang mit dem Urlaub gewährte Sonderzahlung)
● **Urlaubsablöse** (= verbotene Urlaubsabgeltung bei aufrechtem Bestand des Arbeitsverhältnisses)
● **Ersatzleistung für Urlaubsentgelt** bzw. **Erstattung von Urlaubsentgelt** (= Urlaubsabgeltung bzw. Rückerstattung im Zusammenhang mit der Beendigung des Arbeitverhältnisses)

SbX ID: 4023

Im SbX finden Sie diese Zusammenfassung als Audio-Wiederholung sowie eine Bildschirmpräsentation.

 # Wissen

SbX ID: 4024

SbX
Aufgaben mit automatischer Aufgabenkontrolle
ID: 4024

W 4.01: Wo sind die Regelungen über den Gebührenurlaub und die Pflegefreistellung enthalten? **A**

W 4.02: Wie viele Werktage beträgt das Urlaubsausmaß

　　　a) bis zum 25. Dienstjahr?

　　　b) ab dem 26. Dienstjahr? **A**

W 4.03: Ein Arbeiter geht für drei Wochen auf Urlaub. Welche Zahlungen erhält er für diese Zeit vom Arbeitgeber? **B**

Urlaubsentgelt　　　　　　　　　　　　Urlaubsablöse

Ersatzleistung für Urlaubsentgelt　　　　　Urlaubsbeihilfe

ID: 4024

Weitere Möglichkeiten zur Kompetenzüberprüfung im SbX

| Wiederholungsfragen | Weitere Aufgaben mit automatischer Aufgabenkontrolle |  |

Ein kurzer Kompetenz-Check, bevor's weitergeht!

Kompetenz-Check

	☺	☻	☹
Ich kann das Urlaubsausmaß der Arbeitnehmer nennen.			
Ich kann erklären, wann der Anspruch auf Urlaub entsteht.			
Ich kann die Urlaubsgelder aufzählen und deren Bedeutung erläutern.			
Ich kann beschreiben, wie die Urlaubsgelder abgabenrechtlich zu behandeln sind.			
Ich kann den aliquoten Urlaubsanspruch ermitteln und die Ersatzleistung für Urlaubsentgelt berechnen.			

Lerneinheit 3
Personen mit besonderer abgabenrechtlicher Behandlung

Geringfügig Beschäftigte

Fallweise Beschäftigte

Freie Dienstnehmer

Ferialpraktikanten

Der Gesetzgeber sieht für einige Personengruppen besondere abgabenrechtliche Bestimmungen vor. Für das ASVG sind es die geringfügig Beschäftigten, die fallweise Beschäftigten und die freien Dienstnehmer. Darüber hinaus werden in dieser Lerneinheit die Ferialpraktikanten behandelt.

SbX

Alle SbX-Inhalte zu dieser Lerneinheit finden Sie unter der ID: 4030.

Lernen

Markieren Sie im nachfolgenden Text die Antworten auf folgende Fragen:

● **Wann liegt eine geringfügige Beschäftigung vor und wie sind diese Dienstnehmer abgabenrechtlich zu behandeln?**
● **Was versteht man unter fallweise Beschäftigten?**
● **Wodurch unterscheidet sich der freie Dienstnehmer vom echten Dienstnehmer?**
● **Wie ist das Entgelt eines freien Dienstnehmers abgabenrechtlich zu behandeln?**
● **Worin unterscheidet sich der weisungsfreie (echte) Ferialpraktikant vom weisungsgebundenen (unechten) Ferialpraktikanten?**
● **Wie sind die Ferialpraktikanten abgabenrechtlich zu behandeln?**

1 Geringfügig Beschäftigte

Geringfügig Beschäftigte

Geringfügig beschäftigte Dienstnehmer sind (obwohl nur unfallversichert) bei der Gebietskrankenkasse an- bzw. abzumelden.

Eine geringfügige Beschäftigung liegt vor, wenn für das Beschäftigungsverhältnis im Kalendermonat kein höheres Entgelt als € 438,05 gebührt.

Keine geringfügige Beschäftigung liegt z. B. vor bei
● Lehrlingen sowie
● Ein- und/oder Austritt während eines Kalendermonats (gebrochene Abrechnungsperiode).

Bei der Feststellung der Geringfügigkeit sind Sonderzahlungen nicht miteinzubeziehen.

Geringfügig Beschäftigte unterliegen nur der Unfallversicherung. Der vom Dienstgeber zu leistende Beitrag zur Unfallversicherung beträgt 1,3 % der Beitragsgrundlage (inkl. Sonderzahlungen).

Haben geringfügig beschäftigte Dienstnehmer das 60. Lebensjahr vollendet, entfällt ab Beginn des folgenden Kalendermonats für den Dienstgeber die Entrichtung des Beitrages zur Unfallversicherung.

Der Dienstgeber hat neben dem Beitrag zur Unfallversicherung für alle bei ihm geringfügig beschäftigten Dienstnehmer eine Dienstgeberabgabe in Höhe von 16,4 % zu leisten, sofern die Summe ihrer monatlichen Entgelte (ohne Sonderzahlungen) das Eineinhalbfache der Geringfügigkeitsgrenze (€ 438,05 · 1,5 = € 657,08) übersteigt.

Beitragsgrundlage ist die Summe der monatlichen Entgelte (inkl. Sonderzahlungen) der geringfügig Beschäftigten.

Beitragszeitraum ist das Kalenderjahr, sodass die Beiträge erst mit Ablauf des Kalenderjahres fällig sind und bis zum 15. Jänner des folgenden Kalenderjahres bei der Gebietskrankenkasse eingelangt sein müssen.

4 Besondere Fälle

Beispiel

Eine Bedienerin arbeitet in einem privaten Haushalt regelmäßig pro Woche acht Stunden und erhält € 11,90/Stunde.

Aufgabe: Überprüfen Sie, ob eine geringfügige Beschäftigung vorliegt. **C**

Lösung:

€ 11,90 · 8 · 4,33 Wochen = € 412,22/Monat; unter € 438,05.

Es liegt eine geringfügige Beschäftigung vor.

Weiters muss noch geprüft werden, ob Lohnsteuer abzuführen ist. Dies ist im vorliegenden Beispiel nicht der Fall.

Eine Abrechnungsperiode umfasst im Durchschnitt 4,33 Wochen (52 Normalarbeitswochen : 12 Kalendermonate).

Für geringfügig beschäftigte Dienstnehmer ist vom Dienstgeber kein Service-Entgelt einzuheben, weil kein Krankenversicherungsschutz besteht.

Für geringfügig beschäftigte Dienstnehmer besteht die Möglichkeit einer **freiwilligen Selbstversicherung** in der Kranken- und Pensionsversicherung (Beitrag monatlich € 61,83).

Übersteigt bei einem Dienstnehmer die Summe der Entgelte aus unselbständiger Erwerbstätigkeit (z. B. bei mehreren geringfügigen Beschäftigungen) die **Geringfügigkeitsgrenze** in einem Kalendermonat, so besteht **Vollversicherungspflicht.** Die Dienstnehmerbeiträge zur Krankenversicherung und Pensionsversicherung (nicht jedoch Arbeitslosenversicherung!) werden dem Dienstnehmer einmal jährlich im folgenden Kalenderjahr von der Gebietskrankenkasse vorgeschrieben.

2 Fallweise Beschäftigte

Fallweise Beschäftigte

Fallweise beschäftigte Personen sind Dienstnehmer,

- die in **unregelmäßiger Folge tageweise** beim selben Dienstgeber beschäftigt werden,
- wenn die Beschäftigung für eine **kürzere Zeit als eine Woche** vereinbart wurde (z. B. Gelegenheitsarbeiter bei einem Spediteur).

Für fallweise beschäftigte Personen gelten besondere Meldevorschriften.

Abhängig von der Höhe des Entgeltes, gliedern sich die fallweise Beschäftigten in

- **geringfügig fallweise beschäftigte Dienstnehmer** (siehe Punkt 1) und
- **voll versicherte fallweise beschäftigte Dienstnehmer** (Abrechnung erfolgt wie bei Arbeitern und Angestellten).

3 Freie Dienstnehmer

Freie Dienstnehmer

Freie Dienstnehmer sind Personen, die sich aufgrund **freier Dienstverträge, auf bestimmte oder unbestimmte Zeit,** zur Erbringung von Dienstleistungen für einen Dienstgeber verpflichten, wenn sie

- aus dieser Tätigkeit ein **Entgelt beziehen,**
- die **Dienstleistungen im Wesentlichen persönlich erbringen** und
- über **keine wesentlichen eigenen Betriebsmittel** verfügen,

sofern sie aufgrund dieser Tätigkeit **nicht** bereits **anderweitig versichert** sind. Freie Dienstnehmer unterliegen grundsätzlich **nicht dem Arbeitsrecht.**

Personen, die sich aufgrund freier Dienstverträge zu Dienstleistungen verpflichten sind u. a. Programmierer, freie Handelsvertreter und Reiseleiter.

Freie Dienstnehmer sind vor Beginn ihrer Tätigkeit bei der Gebietskrankenkasse anzumelden bzw. innerhalb von sieben Tagen nach dem Ende der Pflichtversicherung abzumelden. Die Pflichtversicherung erlischt mit dem Ende der Beschäftigung oder mit dem Ende des Entgeltanspruches.

Im Gegensatz zum echten Dienstnehmer, der seine Beschäftigung in einem Verhältnis persönlicher und wirtschaftlicher Abhängigkeit gegen Entgelt ausübt und lohnsteuerpflichtig ist, begründet ein freies Dienstverhältnis **keine persönliche Abhängigkeit** und **keine Weisungsgebundenheit** im Arbeitsablauf.

Der freie Dienstnehmer kann die **Arbeitszeit und den Arbeitsort selbst bestimmen** und sich auch **vertreten lassen.** Er schuldet nicht **eine einzelne Leistung (ein Werk),** sondern **bestimmte Dienste (ein Wirken)** für eine befristete oder unbestimmte Dauer.

Sozialversicherung

Für die **Höhe des Sozialversicherungsbeitrages** sind die Geringfügigkeitsgrenzen wie bei den echten Dienstnehmern maßgebend. Wird die monatliche **Geringfügigkeitsgrenze nicht überschritten,** so wird eine **geringfügige Beschäftigung als freier Dienstnehmer** begründet und es entsteht nur eine **Teilversicherung in der Unfallversicherung.**

Für die Beurteilung, ob durch den Dienstgeber neben dem Beitrag zur Unfallversicherung auch die Dienstgeberabgabe für geringfügig Beschäftigte zu entrichten ist, sind auch die geringfügig beschäftigten freien Dienstnehmer einzubeziehen.

Wird der **Betrag von € 438,05 pro Kalendermonat überschritten,** dann ist **Vollversicherungspflicht** bis zur Höchstbeitragsgrundlage gegeben. Der **Dienstnehmeranteil** beträgt **17,62 %,** der **Dienstgeberanteil 22,51 %** inkl. BV-Beitrag (zusammen **40,13 %**) der Beitragsgrundlage. Der **Dienstgeber** hat den **Dienstnehmeranteil** einzubehalten und den **Gesamtbeitrag** an die **Gebietskrankenkasse** abzuführen.

Einkommensteuer

Die **Einkünfte** unterliegen beim **freien Dienstnehmer** im Allgemeinen der **Einkommensteuer** (und gegebenenfalls der **Umsatzsteuer**).

Dienstgeberabgaben

Die den freien Dienstnehmern (im Sinne des ASVG) gezahlten Entgelte unterliegen dem **DB,** dem **DZ,** der **Kommunalsteuer** und der **Betrieblichen Vorsorge** (nicht jedoch der Wiener Dienstgeberabgabe). Gegebenenfalls ist bei Beendigung eines freien Dienstverhältnisses eine **Auflösungsabgabe** (siehe Kapitel 7) zu entrichten.

Beispiel

Ein freier Dienstnehmer erhält im März ein Honorar von € 2.420,–.

Aufgabe: Stellen Sie die Abrechnung auf. **C**

Lösung:

Honorar	€ 2.420,00
SV: 2.420,00 · 17,62 %	– € 426,40
Auszahlung/Überweisung	€ 1.993,60

Der DG-Anteil dafür beträgt 22,51 % von € 2.420,00, das sind € 544,74.

4 Ferialpraktikanten

Weisungsfreie (echte) Ferialpraktikanten

Ferialpraktikanten sind **Schüler oder Studenten** (z. B. berufsbildender Schulen oder Fachhochschulen), die entsprechend einer im Lehrplan bzw. in der Studienordnung **vorgeschriebenen Praxis vorübergehend beschäftigt werden.**

Das **Ferialpraktikum mit Taschengeld** unterliegt der Lohnsteuerpflicht und ist auch sozialversicherungspflichtig.

Unentgeltliche Ferialpraktikanten sind **weder bei der Gebietskrankenkasse zu melden** noch sind für sie **Beiträge zu entrichten.** Sie sind im Rahmen der **Schülerunfallversicherung** aber unfallversichert.

Ferialpraktikanten in der Hotellerie und Gastronomie hingegen sind stets Dienstnehmer und unterliegen der **Vollversicherung** (Sonderregelung!).

Weisungsgebundene (unechte) Ferialpraktikanten

Unter **Ferialangestellten/Ferialarbeitern** (= weisungsgebundenen Ferialpraktikanten) versteht man **Schüler und Studenten,** die **ohne vorgeschriebene Praxis in den Ferien arbeiten.**

Es liegt ein **Dienstverhältnis mit voller Beitragspflicht** vor. Sie werden entsprechend ihrer Tätigkeit als Angestellte oder Arbeiter geführt.

Lohnsteuer

Lohnsteuerrechtlich sind Ferialpraktikanten wie normale Arbeitnehmer zu behandeln.

Dienstgeberabgaben

Für Ferialpraktikanten und Ferialangestellte/Ferialarbeiter ist der **DB,** der **DZ** und die **Kommunalsteuer** zu entrichten. Als echte Dienstnehmer unterliegen Ferialarbeitnehmer der **betrieblichen Vorsorge** und der **Wiener Dienstgeberabgabe.**

4 Besondere Fälle

 Sichern

Geringfügig Beschäftigte

Eine **geringfügige Beschäftigung** liegt vor, wenn für das **Beschäftigungsverhältnis im Kalendermonat kein höheres Entgelt als € 438,05** ausbezahlt wird.

Fallweise Beschäftigte

Fallweise beschäftigte Personen sind Dienstnehmer,
- die in **unregelmäßiger Folge tageweise** beim selben Dienstgeber beschäftigt werden,
- wenn die Beschäftigung für eine **kürzere Zeit als eine Woche** vereinbart wurde.

Freie Dienstnehmer

Freie Dienstnehmer sind Personen, die sich aufgrund **freier Dienstverträge,** auf **bestimmte oder unbestimmte Zeit,** zur **Erbringung von Dienstleistungen** für einen Dienstgeber verpflichten, wenn sie
- aus dieser Tätigkeit ein **Entgelt beziehen,**
- die **Dienstleistungen im Wesentlichen persönlich erbringen** und
- über **keine wesentlichen eigenen Betriebsmittel** verfügen,

sofern sie aufgrund dieser Tätigkeit **nicht** bereits **anderweitig versichert** sind. Freie Dienstnehmer unterliegen grundsätzlich **nicht dem Arbeitsrecht.**

Weisungsfreie (echte) Ferialpraktikanten

Ferialpraktikanten sind **Schüler oder Studenten** (z.B. berufsbildender Schulen oder Fachhochschulen), die entsprechend einer im Lehrplan bzw. in der Studienordnung **vorgeschriebenen Praxis vorübergehend beschäftigt werden.**

Weisungsgebundene (unechte) Ferialpraktikanten

Unter **Ferialangestellten/Ferialarbeitern** (= weisungsgebundenen Ferialpraktikanten) versteht man **Schüler und Studenten,** die **ohne vorgeschriebene Praxis in den Ferien arbeiten.**

SbX
ID: 4033

Im SbX finden Sie diese Zusammenfassung als Audio-Wiederholung sowie eine Bildschirmpräsentation.

 Wissen

SbX
Aufgaben mit automatischer Aufgabenkontrolle
ID: 4034

W 4.04: Ein Rechtsanwalt stellt eine Bedienerin ein, die als monatliches Entgelt € 420,– erhält. Wem ist der Beginn der Beschäftigung zu melden? **B**

a) Keine Meldung . . . .

b) Arbeitsamt . . . .

c) Gebietskrankenkasse. . .

d) Finanzamt . . . .

W 4.05: In einem Papiergeschäft wird eine Frau jeden Samstag als Aushilfskraft beschäftigt. Sie erhält jeweils € 150,–. Liegt eine geringfügige Beschäftigung vor? **B**

Ja   Nein

W 4.06: Ein Dienstnehmer erhält im Dezember ein laufendes Entgelt, das die Geringfügigkeitsgrenze nicht übersteigt. Zusätzlich hat er Anspruch auf eine Sonderzahlung (Weihnachtsremuneration). Tritt eine Vollversicherungspflicht ein, wenn – beide Zahlungen zusammengerechnet – die Geringfügigkeitsgrenze überschritten wird? **C**

<table>
<tr><td></td><td>Ja</td><td>Nein</td></tr>
</table>

Begründung:

W 4.07: Ein Schüler einer HTL absolviert als Ferialpraktikant (unentgeltlich) sein Pflichtpraktikum. **B**

a) Ist der Schüler bei der Gebietskrankenkasse zu melden?

Ja	Nein

b) Sind für diesen Ferialpraktikanten Beiträge zu entrichten?

Ja	Nein

SbX
ID: 4034

Weitere Möglichkeiten zur Kompetenzüberprüfung im SbX

Wiederholungsfragen	**Weitere Aufgaben mit automatischer Aufgabenkontrolle**	

Ein kurzer
Kompetenz-Check,
bevor's weitergeht!

Kompetenz-Check

	☺	😐	☹
Ich kann erklären, wann eine geringfügige Beschäftigung vorliegt.			
Ich kann die Abrechnung geringfügig Beschäftigter durchführen.			
Ich kann erläutern, was man unter fallweise Beschäftigten versteht.			
Ich kann freie Dienstnehmer von echten Dienstnehmern unterscheiden und das Entgelt der freien Dienstnehmer abgabenrechtlich behandeln.			
Ich kann weisungsfreie (echte) Ferialpraktikanten von weisungsgebundenen (unechten) Ferialpraktikanten unterscheiden und diese abgabenrechtlich behandeln.			

4 Besondere Fälle

5 BEENDIGUNG VON DIENSTVERHÄLTNISSEN

Worum geht's in diesem Kapitel?

Die Beendigung von Dienstverhältnissen ist eine der zentralen Fragen des Arbeitsrechtes. Oft münden Streitigkeiten über Entgeltzahlung usw. in zeit- und kostenintensiven Gerichtsverfahren, die bei genauerer Kenntnis der Rechtslage hätten vermieden werden können.

In diesem Kapitel finden Sie Übungsbeispiele und Aufgaben zum Kompetenzerwerb und zur Kompetenzüberprüfung auf den Handlungsebenen **A Wiedergeben, B Verstehen** und **C Anwenden.**

Lernen

Markieren Sie im nachfolgenden Text die Antworten auf folgende Fragen:

- **Wie kann die Beendigung eines Dienstverhältnisses erfolgen?**
- **Welche Bezugsansprüche hat der Dienstnehmer bei der Beendigung eines Dienstverhältnisses?**
- **Wonach richtet sich der Anspruch auf Sonderzahlungen?**
- **Was versteht man unter einer Abfertigung?**
- **Wann und in welcher Höhe ist die gesetzliche Abfertigung zu bezahlen?**
- **Wie sind gesetzliche und kollektivvertragliche Abfertigungen abgabenrechtlich zu behandeln?**
- **Welche weiteren Verpflichtungen hat der Dienstgeber am Ende eines Dienstverhältnisses?**
- **Wann endet die Pflichtversicherung?**
- **Innerhalb welcher Frist ist der Dienstnehmer bei der zuständigen Gebietskrankenkasse abzumelden?**
- **Wann ist ein Lohnzettel und Beitragsgrundlagennachweis auszustellen und an wen ist dieser zu übermitteln?**

Die **Beendigung eines Dienstverhältnisses** kann erfolgen durch

- Kündigung (seitens des Dienstnehmers oder Dienstgebers),
- einvernehmliche Lösung,
- Entlassung,
- vorzeitigen Austritt,
- Lösung während der Probezeit,
- Zeitablauf (bei einem befristeten Dienstverhältnis) und
- Tod des Dienstnehmers.

Die **Ansprüche des Dienstnehmers,** die teils auf gesetzlichen Bestimmungen, teils auf kollektivvertraglichen Regelungen beruhen, sind **je nach der Art der Auflösung des Dienstverhältnisses verschieden.** Es können z.B. folgende Bezugsansprüche bestehen:

- laufendes Entgelt bis zum Zeitpunkt der Auflösung des Dienstverhältnisses
- volle oder aliquote Sonderzahlungen
- Ersatzleistungen für nicht verbrauchten aliquoten Urlaub
- Abfertigung

Laufender Bezug

Es ist der **letzte Lohnzahlungszeitraum abzurechnen. Bei vorzeitigem Austritt bzw. Entlassung** wird es meist zur Abrechnung eines **Teiles einer Abrechnungsperiode** kommen.

Sonderzahlungen

Ein **voller oder aliquoter Sonderzahlungsanspruch** richtet sich in der Regel nach den Bestimmungen des anzuwendenden **Kollektivvertrages. Angestellte** haben (sofern z.B. laut Kollektivvertrag oder Dienstvertrag Sonderzahlungen zustehen), unabhängig von der Art der Beendigung des Dienstverhältnisses, lt. Angestelltengesetz **immer** einen **Anspruch auf Sonderzahlungen.**

Wenn Dienstnehmer **nach Erhalt** der für das laufende Kalenderjahr gebührenden Sonderzahlungen **noch vor Ende des Kalenderjahres ausscheiden,** ist der **verhältnismäßig zu viel bezahlte Teil der Sonderzahlungen** (der auf den restlichen Teil des Kalenderjahres entfällt) im Allgemeinen bei der Endabrechnung **in Abzug zu bringen bzw. zurückzuzahlen.**

Sidebar (left margin):

Arten der Beendigung von Dienstverhältnissen

Die Beendigung eines **Lehrverhältnisses** kann erfolgen
- durch Ablauf der Lehrzeit,
- bei Vorliegen bestimmter Endigungsgründe,
- durch einvernehmliche Lösung,
- durch Lösung während der Probezeit,
- durch vorzeitige Lösung und
- durch außerordentliche Auflösung.

Bezugsansprüche des Dienstnehmers bei Beendigung von Dienstverhältnissen (= arbeitsrechtliche Verpflichtung des Dienstgebers)

Zur Abrechnung einer **gebrochenen Abrechnungsperiode** siehe Kapitel 2, Lerneinheit 5

Zur abgabenrechtlichen Behandlung der **Sonderzahlungen** siehe Kapitel 3

Zur **Ersatzleistung für Urlaubsentgelt** siehe Kapitel 4

Abfertigung

Die Abfertigung ist eine **einmalige Entschädigung,** die einem Dienstnehmer bei Auflösung des Dienstverhältnisses, aufgrund **gesetzlicher Anordnung** (Angestelltengesetz, Arbeiterabfertigungsgesetz) oder **kollektivvertraglicher Regelung, vom Dienstgeber zu zahlen** ist oder **freiwillig bezahlt** wird.

Die **gesetzliche Abfertigung** beträgt bei einer ununterbrochenen Dauer des Dienstverhältnisses von

3 Jahren – 2 Monatsentgelte,	15 Jahren – 6 Monatsentgelte,
5 Jahren – 3 Monatsentgelte,	20 Jahren – 9 Monatsentgelte,
10 Jahren – 4 Monatsentgelte,	25 Jahren – 12 Monatsentgelte.

Das **monatliche Entgelt** setzt sich zusammen aus:

Berechnung Monatsentgelt
Durch Freizeit abgegoltene Überstunden sind in die Abfertigung nicht einzurechnen.

den **regelmäßig wiederkehrenden Bezügen** (Gehalt, Lohn, Überstunden, Sachbezüge; nicht jedoch z. B. Aufwandsentschädigungen)
+ $1/12$ **Urlaubsbeihilfe** und $1/12$ **Weihnachtsremuneration**
+ $1/12$ **anderer Sonderzahlungen** (Bilanzgeld, Gewinnbeteiligungen)

Kein Anspruch auf Abfertigung besteht normalerweise bei **Kündigung durch den Dienstnehmer,** bei **unbegründetem vorzeitigem Austritt** und bei einer **begründeten Entlassung** aus Verschulden des Dienstnehmers.

Die Abfertigung wird

Fälligkeit der gesetzlichen Abfertigung

- soweit sie das **Dreifache des monatlichen Entgeltes nicht übersteigt,** mit der **Auflösung des Dienstverhältnisses** fällig;
- bei einem **höheren Anspruch** kann **der Mehrbetrag vom vierten Monat an** in monatlichen im Voraus zahlbaren Teilbeträgen **jeweils in der Höhe des Monatsentgeltes** abgestattet werden.

Sozialversicherung

Alle Abfertigungen sind **SV-beitragsfrei** zu behandeln.

Lohnsteuer

Die **Lohnsteuer** für gesetzliche und kollektivvertragliche Abfertigungen ist entweder

Für freiwillig bezahlte Abfertigungen gelten besondere steuerliche Bestimmungen.

- mit dem **festen Steuersatz** von **6 %** (die Bestimmungen über das Jahressechstel, den Freibetrag von € 620,– und die Freigrenze von € 2.100,– sind nicht anzuwenden) oder nach der
- **Vervielfachermethode**

zu berechnen. Es ist die Methode anzuwenden, bei der sich die geringere Lohnsteuer ergibt. In der Regel ergibt die Besteuerung mit dem festen Steuersatz die niedrigere Lohnsteuer.

Lehrbeispiel

L 5.01: Endabrechnung eines Dienstnehmers (laufender Bezug, aliquote WR, gesetzliche Abfertigung)

Bei allen Lehr- und Übungsbeispielen ist die Versteuerung mit dem festen Steuersatz günstiger.

Dominik Ratz (Softwareentwickler); Bruttogehalt € 3.990,–; UB und WR je € 3.990,– pro Kalenderjahr; ohne AV(E)AB; Freibetrag € 60,10/Monat; Kündigung nach 19-jähriger Dienstzeit durch den Dienstgeber per 30. September; Urlaub bereits verbraucht, UB € 3.990,– erhalten, die aliquote UB ist nicht zurückzuzahlen.

Aufgabe: Stellen Sie die Abrechnung auf. **C**

Lösung:

Laufender Bezug und aliquote WR

Anspruch auf WR besteht für die Monate Jänner bis September.

Gehalt				3.990,00
aliquote WR: 3.990,00 : 12 · 9			+	2.992,50
Gesamtbruttogehalt				6.982,50
SV lfd.:	3.990,00 · 18,12 %		–	722,99
SV aliquote WR:	2.992,50 · 17,12 %		–	512,32
LSt lfd.:	Brutto	3.990,00		
	– SV lfd.	722,99		
	– Freibetrag	60,10	3.206,91	– 746,85

3.206,91 · 42 % –
– 600,05 = 746,85

Der Freibetrag von € 620,– wurde bereits bei Berechnung der Lohnsteuer der Urlaubsbeihilfe berücksichtigt.

LSt aliquote WR:	Brutto	2.992,50		
	– SV aliquote WR	512,32	2.480,18 · 6 %	– 148,81
Auszahlung/Überweisung				**4.851,53**

Abfertigung

Anspruch auf sechs Monatsentgelte aufgrund 19-jähriger Dienstzeit

Gehalt	3.990,00	
1/12 UB und 1/12 WR: 3.990,00 : 12 · 2 + 665,00		
	4.655,00 · 6	27.930,00
LSt: 27.930,00 · 6 %		− 1.675,80
Auszahlung/Überweisung		**26.254,20**

Lohnsteuerberechnung mit dem **festen Steuersatz**

Lohnsteuerberechnung nach der **Vervielfachermethode**

Berechnung der Lohnsteuer nach der Vervielfachermethode:
- Gesamtbetrag der Abfertigung : laufenden Bezug = Vervielfacher
  27.930,00 : 3.990,00 = 7,00
- Lohnsteuer des laufenden Bezuges · Vervielfacher = Lohnsteuer der Abfertigung
  746,85 · 7,00 = 5.227,95

Die Berechnung der Lohnsteuer mit dem festen Steuersatz ergibt einen geringeren Lohnsteuerbetrag (€ 1.675,80).

Weitere Verpflichtungen des Dienstgebers (neben der Abgeltung der Bezugsansprüche des Dienstnehmers) bei Beendigung des Dienstverhältnisses sind die

Arbeitsrechtliche Verpflichtungen

Der **betreibende Gläubiger** ist die Person oder die Stelle, welcher der Arbeitnehmer Geld schuldet und die die Einbringung gerichtlich betreibt.

- Ausstellung eines Dienstzeugnisses, die
- Ausstellung einer Arbeitsbescheinigung, die
- Abmeldung eines Lehrlings von der Berufsschule, die
- Abmeldung eines Lehrlings von der Lehrlingsstelle der Wirtschaftskammer, die
- Meldung an das Arbeitsmarktservice (AMS), wenn der Dienstnehmerstand um ein bestimmtes Ausmaß verringert wird (Frühwarnsystem), die
- Verständigung des betreibenden Gläubigers, die

Abgabenrechtliche Verpflichtungen

Zur Auflösungsabgabe siehe Kapitel 7

- Abmeldung von der Sozialversicherung, die
- Entrichtung einer Auflösungsabgabe, die
- Rückgabe der Mitteilung betreffend einen Freibetrag, der
- Abschluss des Lohnkontos und die
- Ausstellung eines Lohnzettels und Beitragsgrundlagennachweises.

Ausstellung eines Dienstzeugnisses

Der Dienstgeber ist verpflichtet, dem Dienstnehmer **bei Beendigung des Dienstverhältnisses auf Verlangen** ein **schriftliches Zeugnis** über die Dauer und Art der Dienstleistung auszustellen. Formulierungen im Dienstzeugnis, durch die dem Dienstnehmer die Erlangung einer neuen Stelle erschwert wird, sind unzulässig.

Das abgebildete **Dienstzeugnis** entspricht den **gesetzlichen Mindesterfordernissen**. Der Dienstnehmer hat auf dieses Dienstzeugnis einen klagbaren Anspruch.

DIENSTZEUGNIS

Herr   Elias Schranz   geboren am   8. August 1994

wohnhaft in   5020 Salzburg, Getreidegasse 18

war bei   Wilhelm Hofbauer e. U., Elektrohandel,
                5081 Anif, Anifer Straße 11

vom   1. Juli 2014   bis   31. Oktober 2018   beschäftigt.

Das Arbeitsgebiet umfasste die gesamte Personalverrechnung.

Anif, 31. Oktober 2018   *Wilhelm Hofbauer*
                                          Unterschrift des Dienstgebers

---

Ausstellung einer Arbeitsbescheinigung

Die Ausstellung ist nicht vorzunehmen, wenn der Dienstnehmer mittels elektronischer Datenfernübertragung (ELDA) abgemeldet wird.

Der Dienstgeber ist zur **Ausstellung der Arbeitsbescheinigung** verpflichtet. Diese ist für den **Bezug des Arbeitslosengeldes** erforderlich. Der **Anspruch auf Arbeitslosengeld** ist vom Arbeitslosen persönlich beim zuständigen Arbeitsmarktservice geltend zu machen.

Abmeldung von der Sozialversicherung

Ende der Pflicht-versicherung

Die Pflichtversicherung erlischt mit dem **Ende des Beschäftigungs-, Lehr- oder Ausbildungsverhältnisses.** Fällt jedoch das Ende des Entgeltanspruches zeitlich nicht mit dem Ende des Beschäftigungsverhältnisses zusammen (z. B. bei Kündigung während eines Krankenstandes, Bezug einer Ersatzleistung für Urlaubsentgelt), so erlischt die Pflichtversicherung mit dem **Ende des Entgeltanspruches.**

Abmeldung bei der Gebietskrankenkasse

Die Abmeldung hat **innerhalb von sieben Tagen** nach dem Ende der Pflichtversicherung bei der zuständigen Gebietskrankenkasse zu erfolgen.

Die Abmeldung erfolgt grundsätzlich mittels **elektronischer Datenfernübertragung.** Der **Dienstgeber** erhält ein **Protokoll** sowie eine **Bestätigung für den Dienstgeber und den Dienstnehmer.**

Beispiel

Abmeldung bei der Gebietskrankenkasse

Frau Anna Weirich scheidet mit 30. November 2018 aus der Ing. Walter Koller e. U. aus. Am 3. Dezember 2018 gibt Ing. Koller entsprechend der Bildschirmmaske die Daten ein und erhält nach durchgeführter Übertragung eine Bestätigung für den Dienstgeber, für die Dienstnehmerin und das Sendeprotokoll ausgedruckt.

Ausgedruckte Bildschirmmaske (verkleinert)
Die Abmeldung wurde mit der ELDA-Software erstellt.

Abmeldung

Dienstgeber	zuständiger Versicherungsträger	Ordnungsbegriff
Ing. Walter Koller e.U., Elektrohandel	W GKK (19612175)	

Familienname: Weirich

Familienname 2:

Vorname(n): Anna

Vorname 2:

Akademischer Grad:

Akademischer Grad 2:

Land / Plz / Ort: A | 1170 | Wien

Strasse: Madergasse 20/14

Versicherungsnummer: 4050300894   Geburtsdatum: 30.08.1994

Ende d. Entgeltanspruches: 30.11.2018

Ende Beschäftigungsverh.: 30.11.2018

Geringfügig beschäftigt: ○ Ja ◉ Nein

Abmeldegrund: Kündigung durch den Dienstnehmer   bei sonstigen Gründen:

☐ Malus   Beitragsgrundlage Malus € | 0,00

Tabakmonopolgesetz: ○ Ja ◉ Nein

◉ nicht mit dem Dienstgeber verheiratet oder verwandt
○ mit dem Dienstgeber verheiratet / in eingetragener Partnerschaft lebend
○ mit dem Dienstgeber verwandt (wenn ja, wie?)

Zuletzt bezogenes Entgelt: € | 2.610,00

Sachbezüge: ○ Ja ◉ Nein

◉ Monatslohn ○ Zeitlohn   Anzahl der Tage bei Zeitlohn: 0

Betrieblicher Vorsorgebeitrag Ende: 30.11.2018

Kündigungsentschädigung ab: __.__.____ bis __.__.____

Urlaubsersatzleistung ab: __.__.____ bis __.__.____

Auflösungsabgabe: ○ Ja ◉ Nein

Der Ausdruck der von der Gebietskrankenkasse übermittelten Bestätigung der Abmeldung für den Dienstgeber und den Dienstnehmer weicht von der abgebildeten Bildschirmmaske geringfügig ab.

Protokoll (verkleinert)
Das Protokoll wurde
mit der ELDA-Software
erstellt.

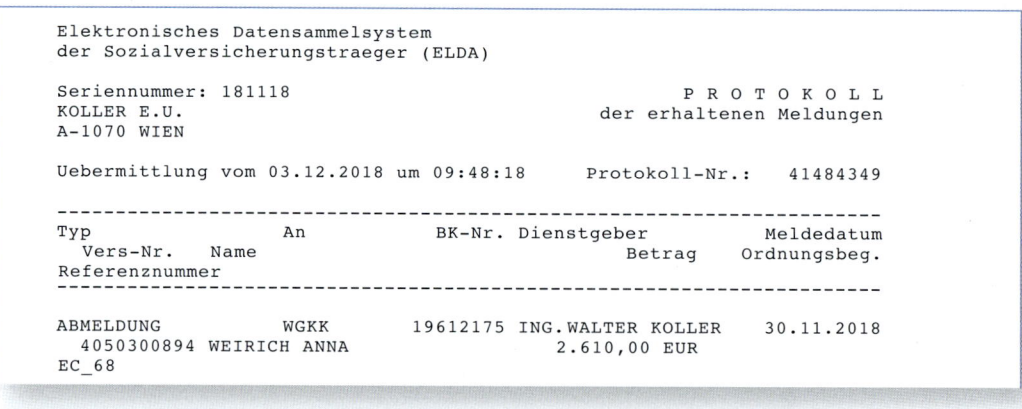

```
Elektronisches Datensammelsystem
der Sozialversicherungstraeger (ELDA)

Seriennummer: 181118                        P R O T O K O L L
KOLLER E.U.                             der erhaltenen Meldungen
A-1070 WIEN

Uebermittlung vom 03.12.2018 um 09:48:18    Protokoll-Nr.:  41484349

-----------------------------------------------------------------
Typ                  An        BK-Nr. Dienstgeber      Meldedatum
  Vers-Nr.  Name                        Betrag     Ordnungsbeg.
Referenznummer
-----------------------------------------------------------------

ABMELDUNG          WGKK      19612175 ING.WALTER KOLLER  30.11.2018
  4050300894 WEIRICH ANNA               2.610,00 EUR
EC_68
```

Rückgabe der Mitteilung betreffend einen Freibetrag

Der Arbeitgeber hat dem Arbeitnehmer nach der letzten Bezugsauszahlung die Mitteilung betreffend einen Freibetrag **für das laufende Kalenderjahr** auszuhändigen und die Summe der bisher berücksichtigten Freibeträge auf dem Lohnzettel und Beitragsgrundlagennachweis und auf dem Lohnkonto einzutragen.

Abschluss des Lohnkontos

Lohnkonto (verkleinert)
erstellt mit dem
**Lohnverrechnungs-
modul WINLine**
der Mesonic GmbH

Der Arbeitgeber hat nach der letzten Bezugsauszahlung **das Lohnkonto abzuschließen.**

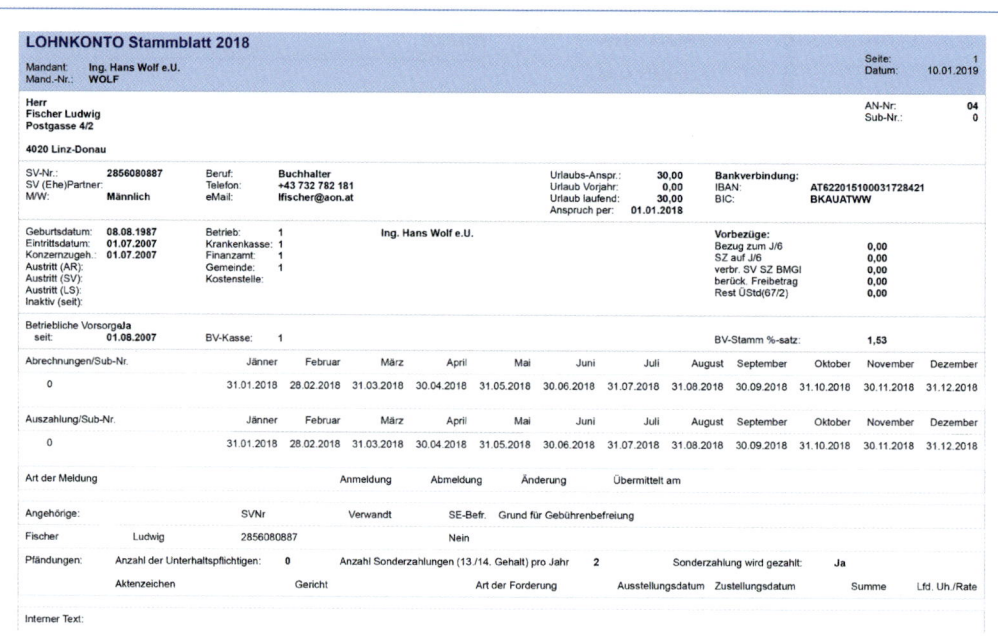

LOHNKONTO Stammblatt 2018

Seite: 2
Datum: 10.01.2019

Mandant: Ing. Hans Wolf e.U.
Mand.-Nr.: WOLF

Name: Fischer Ludwig   AN-Nummer: 04   Sub-Nr.: 0

Kategorie / Bezeichnung	Anzahl Abrechnungen / Anzahl Rollungen / Gesamt	(1)(0) Jänner	(1)(0) Februar	(1)(0) März	(1)(0) April	(1)(0) Mai	(1)(0) Juni	(1)(0) Juli	(1)(0) August	(1)(0) September	(1)(0) Oktober	(1)(0) November	(1)(0) Dezember
Be- und Abzüge													
Brutto (KZ 210)	41.905,83	2.880,00	2.880,00	2.880,00	2.880,00	2.880,00	5.760,00	3.317,47	3.262,79	3.098,73	3.426,84	5.760,00	2.880,00
Brutto (ges.)	41.905,83	2.880,00	2.880,00	2.880,00	2.880,00	2.880,00	5.760,00	3.317,47	3.262,79	3.098,73	3.426,84	5.760,00	2.880,00
SV Beitrag	7.535,76	521,86	521,86	521,86	521,86	521,86	1.014,92	601,13	591,21	561,48	620,94	1.014,92	521,86
LS Beitrag	5.255,02	388,87	388,87	388,87	388,87	388,87	494,89	484,14	468,48	426,04	520,25	528,00	388,87
Netto	29.103,35	1.969,27	1.969,27	1.969,27	1.969,27	1.969,27	4.250,19	2.232,20	2.203,10	2.111,21	2.285,65	4.205,38	1.969,27
Auszahlungsbetrag	29.103,35	1.969,27	1.969,27	1.969,27	1.969,27	1.969,27	4.250,19	2.232,20	2.203,10	2.111,21	2.285,65	4.205,38	1.969,27
Abzug Service Entgelt (für e...	11,70	0,00	0,00	0,00	0,00	0,00	0,00	0,00	0,00	0,00	0,00	11,70	0,00
Abr. Parameter													
LST-Tage		30,00	30,00	30,00	30,00	30,00	30,00	30,00	30,00	30,00	30,00	30,00	30,00
SV-Tage		30,00	30,00	30,00	30,00	30,00	30,00	30,00	30,00	30,00	30,00	30,00	30,00
BV-Tage		30,00	30,00	30,00	30,00	30,00	30,00	30,00	30,00	30,00	30,00	30,00	30,00
Aliquotiert		Nein	Nein	Nein	Nein	Nein	Nein	Nein	Nein	Nein	Nein	Nein	Nein
Betrieb		1	1	1	1	1	1	1	1	1	1	1	1
Finanzamt		1	1	1	1	1	1	1	1	1	1	1	1
Krankenkasse		1	1	1	1	1	1	1	1	1	1	1	1
Gemeinde		1	1	1	1	1	1	1	1	1	1	1	1
BV-Kasse		1	1	1	1	1	1	1	1	1	1	1	1
Lohnsteuer													
Lst Pflichtig	35.799,50	2.880,00	2.880,00	2.880,00	2.880,00	2.880,00	2.880,00	3.226,33	3.171,65	3.025,82	3.335,70	2.880,00	2.880,00
BMG Lst NZ	28.623,58	2.305,64	2.305,64	2.305,64	2.305,64	2.305,64	2.305,64	2.577,84	2.533,08	2.411,84	2.667,40	2.293,94	2.305,64
Lst NZ	5.005,78	388,87	388,87	388,87	388,87	388,87	388,87	484,14	468,48	426,04	520,25	384,78	388,87
Lst SZ Pflichtig	5.760,00	0,00	0,00	0,00	0,00	0,00	2.880,00	0,00	0,00	0,00	0,00	2.880,00	0,00
BMG Lst SZ	4.153,88	0,00	0,00	0,00	0,00	0,00	1.766,94	0,00	0,00	0,00	0,00	2.386,94	0,00
Lst SZ	249,24	0,00	0,00	0,00	0,00	0,00	106,02	0,00	0,00	0,00	0,00	143,22	0,00
Freibetrag	630,00	52,50	52,50	52,50	52,50	52,50	52,50	52,50	52,50	52,50	52,50	52,50	52,50
AVAB/AEAB		N	N	N	N	N	N	N	N	N	N	N	N
BMG DB	41.905,83	2.880,00	2.880,00	2.880,00	2.880,00	2.880,00	5.760,00	3.317,47	3.262,79	3.098,73	3.426,84	5.760,00	2.880,00
DB	1.634,33	112,32	112,32	112,32	112,32	112,32	224,64	129,38	127,25	120,85	133,65	224,64	112,32
BMG DZ	41.905,83	2.880,00	2.880,00	2.880,00	2.880,00	2.880,00	5.760,00	3.317,47	3.262,79	3.098,73	3.426,84	5.760,00	2.880,00
DZ	150,89	10,37	10,37	10,37	10,37	10,37	20,74	11,94	11,75	11,16	12,34	20,74	10,37
J/6-J/12													
Sonderzahlungen	5.760,00	0,00	0,00	0,00	0,00	0,00	2.880,00	0,00	0,00	0,00	0,00	2.880,00	0,00
zum J/6-J/12	36.145,83	2.880,00	2.880,00	2.880,00	2.880,00	2.880,00	2.880,00	3.317,47	3.262,79	3.098,73	3.426,84	2.880,00	2.880,00
auf J/6-J/12	5.760,00	0,00	0,00	0,00	0,00	0,00	2.880,00	0,00	0,00	0,00	0,00	2.880,00	0,00
L16 2a	620,00	0,00	0,00	0,00	0,00	0,00	620,00	0,00	0,00	0,00	0,00	0,00	0,00
Überstunden													
§ 68/2 Gesamt	346,33	0,00	0,00	0,00	0,00	0,00	0,00	91,14	91,14	72,91	91,14	0,00	0,00
§ 68/2 frei	330,91	0,00	0,00	0,00	0,00	0,00	0,00	86,00	86,00	72,91	86,00	0,00	0,00
§ 68/2 Überhang	15,42	0,00	0,00	0,00	0,00	0,00	0,00	5,14	5,14	0,00	5,14	0,00	0,00
Krankenkasse													
D1	36.145,83	2.880,00	2.880,00	2.880,00	2.880,00	2.880,00	2.880,00	3.317,47	3.262,79	3.098,73	3.426,84	2.880,00	2.880,00

LOHNKONTO Stammblatt 2018

Seite: 3
Datum: 10.01.2019

Mandant: Ing. Hans Wolf e.U.
Mand.-Nr.: WOLF

Name: Fischer Ludwig   AN-Nummer: 04   Sub-Nr.: 0

Kategorie / Bezeichnung	Anzahl Abrechnungen / Anzahl Rollungen / Gesamt	(1)(0) Jänner	(1)(0) Februar	(1)(0) März	(1)(0) April	(1)(0) Mai	(1)(0) Juni	(1)(0) Juli	(1)(0) August	(1)(0) September	(1)(0) Oktober	(1)(0) November	(1)(0) Dezember
KU	36.145,83	2.880,00	2.880,00	2.880,00	2.880,00	2.880,00	2.880,00	3.317,47	3.262,79	3.098,73	3.426,84	2.880,00	2.880,00
WF	36.145,83	2.880,00	2.880,00	2.880,00	2.880,00	2.880,00	2.880,00	3.317,47	3.262,79	3.098,73	3.426,84	2.880,00	2.880,00
IE	36.145,83	2.880,00	2.880,00	2.880,00	2.880,00	2.880,00	2.880,00	3.317,47	3.262,79	3.098,73	3.426,84	2.880,00	2.880,00
D1 SZ	5.760,00	0,00	0,00	0,00	0,00	0,00	2.880,00	0,00	0,00	0,00	0,00	2.880,00	0,00
IE SZ	5.760,00	0,00	0,00	0,00	0,00	0,00	2.880,00	0,00	0,00	0,00	0,00	2.880,00	0,00
SV Beitrag DN NZ	6.549,64	521,86	521,86	521,86	521,86	521,86	521,86	601,13	591,21	561,48	620,94	521,86	521,86
SV Beitrag DN SZ	986,12	0,00	0,00	0,00	0,00	0,00	493,06	0,00	0,00	0,00	0,00	493,06	0,00
SV-DG	8.972,53	618,62	618,62	618,62	618,62	618,62	1.222,84	712,58	700,85	665,62	736,08	1.222,84	618,62
SV-Gesamt	16.519,99	1.140,48	1.140,48	1.140,48	1.140,48	1.140,48	2.237,76	1.313,71	1.292,06	1.227,10	1.357,02	2.249,46	1.140,48
BV-Kasse													
BMG BV NZ	36.145,83	2.880,00	2.880,00	2.880,00	2.880,00	2.880,00	2.880,00	3.317,47	3.262,79	3.098,73	3.426,84	2.880,00	2.880,00
BMG BV SZ	5.760,00	0,00	0,00	0,00	0,00	0,00	2.880,00	0,00	0,00	0,00	0,00	2.880,00	0,00
BV-%satz		1,53	1,53	1,53	1,53	1,53	1,53	1,53	1,53	1,53	1,53	1,53	1,53
BV Beitrag	641,12	44,06	44,06	44,06	44,06	44,06	88,12	50,76	49,92	47,41	52,43	88,12	44,06
Gemeinde													
BMG Kommunalsteuer	41.905,83	2.880,00	2.880,00	2.880,00	2.880,00	2.880,00	5.760,00	3.317,47	3.262,79	3.098,73	3.426,84	5.760,00	2.880,00
Komm. Steuer	1.257,17	86,40	86,40	86,40	86,40	86,40	172,80	99,52	97,88	92,96	102,81	172,80	86,40
Durchschnitte (Werte)													
Durchschnitt1	1.057,22	0,00	0,00	0,00	0,00	0,00	0,00	291,65	255,19	145,82	364,56	0,00	0,00
Durchschnitte (Mengen)													
Durchschnitt1	58,00	0,00	0,00	0,00	0,00	0,00	0,00	16,00	14,00	8,00	20,00	0,00	0,00
Lohngruppen/Kontierungen													
Gehalt Angestellte	34.560,00	2.880,00	2.880,00	2.880,00	2.880,00	2.880,00	2.880,00	2.880,00	2.880,00	2.880,00	2.880,00	2.880,00	2.880,00
Überstunden Angeste	1.585,83	0,00	0,00	0,00	0,00	0,00	0,00	437,47	382,79	218,73	546,84	0,00	0,00
Sonderzahlung Angest	5.760,00	0,00	0,00	0,00	0,00	0,00	2.880,00	0,00	0,00	0,00	0,00	2.880,00	0,00
Abrechnungsschema													
SEG §68/2 (erste 10 Üst.)	346,33	0,00	0,00	0,00	0,00	0,00	0,00	91,14	91,14	72,91	91,14	0,00	0,00
Erfassungszeilen													
201 Gehalt	34.560,00	2.880,00	2.880,00	2.880,00	2.880,00	2.880,00	2.880,00	2.880,00	2.880,00	2.880,00	2.880,00	2.880,00	2.880,00
221 UB-SZ Ang	2.880,00	0,00	0,00	0,00	0,00	0,00	2.880,00	0,00	0,00	0,00	0,00	0,00	0,00
211 Überstd.Grundbezug	1.057,22	0,00	0,00	0,00	0,00	0,00	0,00	291,65	255,19	145,82	364,56	0,00	0,00
212 ÜZ 50 % LSt frei	340,33	0,00	0,00	0,00	0,00	0,00	0,00	91,14	91,14	72,91	91,14	0,00	0,00
213 ÜZ 50 % LSt pfl.	182,28	0,00	0,00	0,00	0,00	0,00	0,00	54,68	38,46	0,00	91,14	0,00	0,00
222 WR-SZ Ang	2.880,00	0,00	0,00	0,00	0,00	0,00	0,00	0,00	0,00	0,00	0,00	2.880,00	0,00

Ausstellung eines Lohnzettels und Beitragsgrundlagennachweises

Der **Arbeitgeber hat dem Arbeitnehmer bei Beendigung des Dienstverhältnisses** (oder auf Verlangen des Arbeitnehmers bei aufrechtem Bestand des Dienstverhältnisses) einen **Lohnzettel und Beitragsgrundlagennachweis** auszustellen.

Außerdem hat **der Arbeitgeber für alle im Kalenderjahr beschäftigten Arbeitnehmer** einen **Lohnzettel und Beitragsgrundlagennachweis** auszustellen und ohne besondere Aufforderung auf elektronischem Wege **bis Ende Februar des folgenden Kalenderjahres** an das **Finanzamt** oder an die **zuständige Gebietskrankenkasse zu übermitteln.**

Ist die **elektronische Übermittlung** mangels technischer Voraussetzungen (z. B. Fehlen eines Internetzuganges) **nicht möglich,** hat die Übermittlung des ausgefertigten **Vordruckes bis Ende Jänner des folgenden Kalenderjahres an das Finanzamt** zu erfolgen.

Bei **Beendigung eines Dienstverhältnisses während eines Kalenderjahres** ist ein Lohnzettel und Beitragsgrundlagennachweis **bis Ende des Folgemonats,** bei Eröffnung eines Insolvenzverfahrens über das Vermögen des Arbeitgebers bis Ende des zweitfolgenden Monats zu übermitteln.

Die **Übermittlung** erfolgt im Allgemeinen über das Datensammelsystem der Sozialversicherung mithilfe der **ELDA-Software.**

Lohnzettel und Beitragsgrundlagennachweis (verkleinert) erstellt mit dem **Lohnverrechnungsmodul WINLine** der Mesonic GmbH.

Die **Daten** des abgebildeten Lohnzettels wurden dem **Lohnkonto** von Seite 84 und 85 entnommen.

Lohnzettel und Beitragsgrundlagennachweis für den Zeitraum

vom **0101** bis **3112 2018**
T T M M   T T M M

Bezugs/pensionsauszahlende Stelle

Finanzamts-Nr. **54**   Steuer-Nr. **3456701**

Arbeitnehmerin/Arbeitnehmer:

Arbeitnehmerin/Arbeitnehmer:

Familienname
Fischer

Vorname   Titel
Ludwig

Adresse
Postgasse 4/2

PLZ   Ort
4020   **Linz-Donau**

Soziale Stellung **3**   Vers.-Nr. **2856080887**   Geburtsdatum

weiblich □ männlich **X**   Vollzeitbeschäftigung **X**   Teilzeitbeschäftigung □

(AVAB) wurde berücksichtigt (J/N) **N**   (AEAB) wurde berücksichtigt (J/N) **N**   erhöhter PAB wurde berücksichtigt (J/N) **N**

Wenn Kinderzuschläge berücksichtigt wurden (ab Zeitraum 2004): Anzahl der Kinder gemäß § 106 Abs. 1   **0**

Wenn AVAB: Vers.-Nr. des (Ehe)Partners   **0000000000**

Bruttobezüge gemäß § 25 (ohne § 26 und ohne Familienbeihilfe)	210		41.905,83
Steuerfreie Bezüge gemäß § 68	215 –		330,91
Bezüge gemäß § 67 Abs. 1 und 2 (innerhalb des Jahressechstels), vor Abzug der Sozialversicherungsbeiträge (SV-Beiträge)	220		5.760,00
Insgesamt einbehaltene SV-Beiträge, Kammerumlage, Wohnbauförderung		7.547,46	
Abzüglich einbehaltene SV-Beiträge: für Bezüge gemäß Kennzahl 220	225 –	986,12	230 = 6.561,34
für Bezüge gemäß § 67 Abs. 3 bis 8, soweit steuerfrei bzw. mit festem Steuersatz versteuert	226 –	0,00	
Landarbeiterfreibetrag gemäß § 104	240 –		0,00

Übrige Abzüge:

Auslandstätigkeit gemäß § 3 Abs. 1 Z 10	0,00
Entwicklungshelfer/innen gemäß § 3 Abs. 1 Z 11	0,00
Aushilfskräfte gemäß § 3 Abs. 1 Z 11 lit. a	0,00
Steuerfrei gemäß § 3 Abs. 1 Z 16c	0,00
Pendler-Pauschale gemäß § 16 Abs. 1 Z 6	0,00
Werbungskostenpauschbetrag gemäß § 17 Abs. 1 für Expatriates	0,00

Summe übrige Bezüge
243 – 0,00

Pendlereuro, Betrag in Euro (§ 33 Abs. 5 Z 4) (Nicht in Kennzahl 243 berücksichtigt)   0,00

Einbehaltene freiwillige Beiträge gemäß § 16 Abs. 1 Z 3b   0,00

Steuerfreie bzw. mit festen Sätzen versteuerte Bezüge gemäß § 67 Abs. 3 bis 8, vor Abzug der SV-Beiträge   0,00

Steuerpflichtige Bezüge
245 = 29.253,58

Sonstige steuerfreie Bezüge   0,00

Insgesamt einbehaltene Lohnsteuer   5.255,02

Abzüglich Lohnsteuer mit festen Sätzen gemäß § 67 Abs 3 bis 8 – 0,00   260 =

Anrechenbare Lohnsteuer
5.255,02

Nach dem Tarif versteuerte sonstige Bezüge (§ 67 Abs. 2,6,10)	0,00	Berücksichtigter Freibetrag laut Mitteilung gemäß § 63	630,00
Nicht steuerbare Bezüge (§ 26 Z4) u. steuerfreie Bezüge (§3 Abs. 1 Z16b)	0,00	Bei der Aufrollung berücksichtigte Kirchenbeiträge, ÖGB-Beiträge	0,00
Arbeitgeberbeiträge an ausländische Pensionskassen (§ 26 Z 7)	0,00	Eingezahlter Übertragungsbetrag an BV	0,00
Werkverkehr, Anzahl Kalendermonate (§ 26 Z 5)	0	Überlassung eines arbeitsbereig. Kfz für Fahrten Wohnung-Arbeitsstätte, Anzahl Kalendermonate (§ 16 Abs. 1 Z 6 lit. b)	0

Dieser Teil ist nur von pensionsauszahlenden Stellen oder Körperschaften öffentlichen Rechts auszufüllen

Nicht zu erfassende Bezüge gemäß § 25 Abs. 1Z 2a und 3a (75 %)	0,00	Berücksichtigter Freibetrag gemäß § 35	0,00
Pflegegeld von □ bis □	0,00	Berücksichtigter Freibetrag gemäß §105	0,00

Sozialversicherungsrechtliche Daten:

Arbeitnehmerin/Arbeitnehmer:

Familienname	Vers.-Nr.	Geburtsdatum
Fischer	2856	080887

Sozialversicherungsträger **14**

Beitragszeitraum (wenn abweichend): von **01** M M bis **12** M M

Dienstgeber-kontonummer **19390002**

Arbeiter(in) (J/N) ...... **N** Angestellte(r) (J/N) .... **J** SZ-Anspruch (J/N) .... **J** SZ ohne allgemeine Beitragsgrundlage (J/N)..... **N**

Allgemeine Beitragsgrundlage..... **36.145,83** freie(r) Dienstnehmer(in) (J/N) **N** geringfügig beschäftigt (J/N) **N.**

Beitragsgrundlage Sonderzahlung .... **5.760,00** Beitragsgrundlage Teilentgelt **0,00**

Betrieblichevorsorgekasse: BV-Beitragsgrundlage inkl. SZ .... **41.905,83** Anzahl Tage mit Teilentgelt **0**

Eingezahlter Betrag an BV .... **641,12** BV-Beitragszeiten: von **01** M M bis **12** M M

Sozialversicherungsrechtliche Daten: (Fortsetzung 1)

Sozialversicherungsträger ......

Beitragszeitraum: von **0** M M bis **0** M M

Dienstgeber-kontonummer ....

Arbeiter(in) (J/N) ...... Angestellte(r) (J/N) .... SZ-Anspruch (J/N) .... SZ ohne allgemeine Beitragsgrundlage (J/N).....

Allgemeine Beitragsgrundlage..... **0,00** freie(r) Dienstnehmer(in) (J/N) geringfügig beschäftigt (J/N) .

Beitragsgrundlage Sonderzahlung .... **0,00** Beitragsgrundlage Teilentgelt **0,00**

Betrieblichevorsorgekasse: BV-Beitragsgrundlage inkl. SZ **0,00** Anzahl Tage mit Teilentgelt **0**

Eingezahlter Betrag an BV .... **0,00** BV-Beitragszeiten: von **0** M M bis **0** M M

Adresse der Arbeitsstätte am 31.12. oder am letzten Beschäftigungstag gemäß § 34 Abs. 2 ASVG

[Dieser Teil ist nur auszufüllen, wenn die Adresse der Arbeitsstätte von der (Firmen-)Adresse der Arbeitgeberin/des Arbeitgebers abweicht]

Straße .... **Stadtplatz**

Hausnummer. .... **2** bis **2** Stiege Tür/Top

Postleitzahl................... **4600** Ortschaft **Wels**

Politische Gemeinde bzw. Staat, wenn Ausland .... **Wels**

Gemeindekennziffer (entfällt bei Ausland) **40301**

Ausstellungsdatum **15.01.2019**

Bezugs/pensionauszahlende Stelle

Ing. Hans Wolf e.U.
Stadtplatz 2
4600   Wels
+43 7242 221-0

Name und Anschrift, Telefonnummer und Klappe

Die Richtigkeit und Vollständigkeit wird bestätigt:

Hans Wolf

Unterschrift

Üben

Durch Vereinbarung kann die Kündigungsfrist, bei Kündigung durch den Dienstgeber, auch am 15. oder am Monatsletzten enden.

Führen Sie die Endabrechnung für nachstehende Dienstnehmer durch.

Ü 5.01:

Gisela Soukal (Bilanzbuchhalterin); Bruttogehalt € 3.810,–; UB und WR je € 3.810,– pro Kalenderjahr; mit AVAB, 1 Kind; Pendlerpauschale € 113,–/Monat, Pendlereuro für 45 km (einfache Fahrtstrecke); Kündigung nach 21-jähriger Dienstzeit durch den Dienstgeber per 31. August; Urlaub bereits verbraucht, UB € 3.810,– erhalten, die aliquote UB ist nicht zurückzuzahlen.

Aufgabe: a) Rechnen Sie das Gehalt für August und die aliquote WR ab. **C**

b) Rechnen Sie die Abfertigung ab. **C**

Ü 5.02:

Verringerung des AV-Beitrages für Sonderzahlungen

Michael Kremser (Leiter der Kfz-Werkstätte in einem Kfz-Unternehmen); Gehalt € 3.260,–; UB und WR je € 3.260,– pro Kalenderjahr; mit AVAB, 1 Kind; Freibetrag € 58,20/Monat; Kündigung durch den Dienstgeber per 30. Juni. Der Angestellte war 19 Jahre im Betrieb, Urlaub wurde bereits verbraucht, UB mit € 3.260,– bezahlt; keine Rückzahlung der aliquoten UB.

Aufgabe: a) Rechnen Sie das Gehalt für Juni und die aliquote WR ab. `C`

b) Rechnen Sie die Abfertigung ab. `C`

Ü 5.03:

Sabine Hubinger (Dolmetscherin); Gehalt € 4.080,–; UB und WR je € 4.080,– pro Kalenderjahr; ohne AV(E)AB; Pendlerpauschale € 58,–/Monat, Pendlereuro für 33 km (einfache Fahrtstrecke); Kündigung durch den Dienstgeber per 31. Oktober. Urlaub wurde bereits verbraucht, UB € 4.080,– erhalten, keine Rückzahlung der aliquoten UB. Die Angestellte war 22 Jahre im Unternehmen.

Aufgabe: a) Rechnen Sie das Oktobergehalt und die aliquote WR ab. `C`

b) Rechnen Sie die Abfertigung ab. `C`

Sichern

Arten der Beendigung von Dienstverhältnissen

● Kündigung (seitens des Dienstnehmers oder Dienstgebers)
● einvernehmliche Lösung
● Entlassung
● vorzeitiger Austritt
● Lösung während der Probezeit
● Zeitablauf (bei einem befristeten Dienstverhältnis)
● Tod des Dienstnehmers

Bezugsansprüche des Dienstnehmers bei Beendigung von Dienstverhältnissen

● laufendes Entgelt bis zum Zeitpunkt der Auflösung des Dienstverhältnisses
● volle oder aliquote Sonderzahlungen
● Ersatzleistungen für nicht verbrauchten aliquoten Urlaub
● Abfertigung

Abfertigung

Die Abfertigung ist eine **einmalige Entschädigung,** die einem Dienstnehmer bei Auflösung des Dienstverhältnisses, aufgrund **gesetzlicher Anordnung** (Angestelltengesetz, Arbeiterabfertigungsgesetz) oder **kollektivvertraglicher Regelung, vom Dienstgeber zu zahlen** ist oder **freiwillig bezahlt** wird.

Höhe der gesetzlichen Abfertigung

Die Höhe der gesetzlichen Abfertigung ist abhängig von der **Dauer des Dienstverhältnisses** und beträgt z. B. bei einer unterbrochenen Dauer des Dienstverhältnisses von 19 Jahren 6 Monatsentgelte.

Sozialversicherung

Alle Abfertigungen sind **SV-beitragsfrei** zu behandeln.

Lohnsteuer

Gesetzliche und kollektivvertragliche Abfertigungen sind entweder
● mit dem **festen Steuersatz** von **6 %** oder nach der
● **Vervielfachermethode**
zu versteuern. Es ist die Methode anzuwenden, bei der sich die geringere Lohnsteuer ergibt.

Verpflichtungen des Dienstgebers bei Beendigung des Dienstverhältnisses

Arbeitsrechtliche Verpflichtungen
- Abgeltung der Bezugsansprüche des Dienstnehmers
- Ausstellung eines Dienstzeugnisses
- Ausstellung einer Arbeitsbescheinigung
- Abmeldung eines Lehrlings von der Berufsschule
- Abmeldung eines Lehrlings von der Lehrlingsstelle der Wirtschaftskammer
- Meldung an das Arbeitsmarktservice, wenn der Dienstnehmerstand um ein bestimmtes Ausmaß verringert wird
- Verständigung des betreibenden Gläubigers

Abgabenrechtliche Verpflichtungen
- Abmeldung von der Sozialversicherung
  Die Pflichtversicherung erlischt mit dem Ende des Beschäftigungsverhältnisses bzw. mit dem Ende des Entgeltanspruches. Die **Abmeldung** hat innerhalb von sieben Tagen nach dem Ende der Pflichtversicherung bei der zuständigen Gebietskrankenkasse elektronisch zu erfolgen.
- Entrichtung einer Auflösungsabgabe
- Rückgabe der Mitteilung betreffend einen Freibetrag
- Abschluss des Lohnkontos
- Ausstellung eines Lohnzettels und Beitragsgrundlagennachweises

Lohnzettel und Beitragsgrundlagennachweis

Der **Arbeitgeber hat dem Arbeitnehmer bei Beendigung des Dienstverhältnisses** und auf **dessen Verlangen** einen **Lohnzettel und Beitragsgrundlagennachweis** auszustellen und diesen an das **Finanzamt** bzw. an die **zuständige Gebietskrankenkasse zu übermitteln.**

SbX
ID: 5003

Im SbX finden Sie diese Zusammenfassung als Audio-Wiederholung sowie eine Bildschirmpräsentation.

 **Wissen**

 SbX ID: 5004

SbX
Aufgaben mit automatischer Aufgabenkontrolle ID: 5004

W 5.01: Ordnen Sie zu: B

	Verpflichtungen des Dienstgebers bei Beendigung des Dienstverhältnisses	
	arbeits-rechtlich	abgaben-rechtlich
Abgeltung der Bezugsansprüche des Dienstnehmers		
Ausstellung eines Dienstzeugnisses		
Abmeldung von der Sozialversicherung		
Rückgabe der Mitteilung betreffend einen Freibetrag		
Meldung an das AMS im Rahmen des Frühwarnsystems		
Abschluss des Lohnkontos		
Ausstellung eines Lohnzettels und Beitragsgrundlagennachweises		
Ausstellung einer Arbeitsbescheinigung		

W 5.02: Geben Sie an, welcher Bezugsanspruch bei Kündigung durch den Dienstnehmer im Allgemeinen nicht gegeben ist. **B**

	Kündigung durch den Dienstnehmer
Laufender Bezug	
Sonderzahlungen	
Ersatzleistung für Urlaubsentgelt	
Gesetzliche Abfertigung	

W 5.03: Ein Angestellter erhält bei Beendigung des Dienstverhältnisses eine gesetzliche Abfertigung in Höhe von € 24.500,–.

Wie viel Euro beträgt der SV-Abzug? **C**

Wie viel LSt ist bei der Abfertigung abzuziehen? **C**

W 5.04: Wann endet die Pflichtversicherung im folgenden Fall? Der Angestellte Karl Maier scheidet am 31. Juli aus, erhält aber bis 31. August sein Entgelt weiter. **B**

ID: 5004

Weitere Möglichkeiten zur Kompetenzüberprüfung im SbX

Wiederholungsfragen	Weitere Aufgaben mit automatischer Aufgabenkontrolle	

Ein kurzer Kompetenz-Check, bevor's weitergeht!

Kompetenz-Check

	☺	😐	☹
Ich kann die Arten der Beendigung von Dienstverhältnissen aufzählen.			
Ich kann die Bezugsansprüche des Dienstnehmers bei der Beendigung von Dienstverhältnissen nennen.			
Ich kann den Begriff Abfertigung erklären.			
Ich kann die weiteren Verpflichtungen des Dienstgebers bei der Beendigung von Dienstverhältnissen aufzählen und erklären.			
Ich kann ein Dienstzeugnis, entsprechend den gesetzlichen Mindesterfordernissen, ausstellen.			
Ich kann erläutern, wann ein Lohnzettel und Beitragsgrundlagennachweis auszustellen bzw. an wen dieser zu übermitteln ist.			
Ich kann einfache Endabrechnungen von Dienstnehmern durchführen.			

6 BETRIEBLICHE VORSORGE (ABFERTIGUNG NEU)

Worum geht's in diesem Kapitel?

Angepasst an die zunehmende Mobilität und Flexibilität der Arbeitnehmer wurde ein neues und effizienteres Instrument der betrieblichen Vorsorge, die „Abfertigung NEU", geschaffen. Mitarbeiter, die nach dem 31. Dezember 2002 in ein neues Arbeitsverhältnis eingetreten sind, werden automatisch in das neue System eingegliedert.

Die Vorteile der „Abfertigung NEU" sind vor allem darin zu sehen, dass alle Arbeitnehmer eine Abfertigung bekommen und dass die Abfertigungsansprüche nicht verfallen (wie es im alten System z. B. bei Selbstkündigung der Fall war), sondern mitgenommen werden können („Rucksackprinzip").

In diesem Kapitel finden Sie Beispiele zum Kompetenzerwerb und zur Kompetenzüberprüfung auf den Handlungsebenen A **Wiedergeben,** B **Verstehen** und C **Anwenden.**

Dieses Kapitel umfasst folgende Inhalte:

1 Allgemeines

2 Beginn, Höhe und Ende der Beitragszahlung

3 Verfügungsmöglichkeiten, Abfertigungshöhe und Verfügungsanspruch

4 Übertragungsmöglichkeiten

5 Auswahl der BV-Kasse

Lernen

Markieren Sie im nachfolgenden Text die Antworten auf folgende Fragen:

● **Für welche Personen gilt das Betriebliche Mitarbeiter- und Selbständigenvorsorgegesetz (BMSVG)?**
● **Wie hoch ist der Betriebliche Vorsorgebeitrag und von welchem Betrag ist er zu berechnen?**
● **Welche Verfügungsmöglichkeiten gibt es für den Arbeitnehmer bei Beendigung des Arbeitsverhältnisses?**
● **Wie ergibt sich die Höhe der Abfertigung?**
● **Wann entsteht ein Verfügungsanspruch des Arbeitnehmers auf die Abfertigung NEU?**
● **Welche Gestaltungsmöglichkeiten gibt es für Arbeitnehmer, deren Arbeitsverhältnis schon vor dem 1. Jänner 2003 begonnen hat?**
● **Wie erfolgt die Auswahl der Betrieblichen Vorsorgekasse?**

1 Allgemeines

Betriebliche Vorsorge (Abfertigung NEU)

Derzeit bestehen **zehn BV-Kassen.** Im neuen Abfertigungssystem sind bereits mehr als drei Millionen Arbeitnehmer erfasst, ca. zwei Millionen Arbeitnehmer befinden sich im alten Abfertigungssystem.

Weitere Informationen sind im Internet unter **www.sozialversicherung.at** abrufbar.

Der Geltungsbereich des BMSVG umfasst auch die **Selbständigenvorsorge.**

Rechtsgrundlage ist das **Betriebliche Mitarbeiter- und Selbständigenvorsorgegesetz (BMSVG).**

Durch das BMSVG werden die bisherigen **Abfertigungsverpflichtungen des Arbeitgebers** auf **rechtlich selbständige Betriebliche Vorsorgekassen (BV-Kassen) ausgelagert.**

Der **Anspruch des Arbeitnehmers auf Abfertigung** richtet sich gegen die **BV-Kasse,** in die der Arbeitgeber laufend Beiträge im Wege der zuständigen Gebietskrankenkasse einzahlt. Die **Höhe der Abfertigung** ergibt sich aus den **Beitragszahlungen für den Arbeitnehmer** (abzüglich der Verwaltungskosten) und aus den **Veranlagungserträgen.**

Die **Betriebliche Mitarbeitervorsorge gem. BMVG** ist mit **1. Juli 2002 in Kraft getreten** und ist auf alle **Arbeitsverhältnisse anzuwenden,** deren **vertraglicher Beginn nach dem 31. Dezember 2002 liegt.**

Mit dem **BMSVG,** welches mit **1. Jänner 2008 in Kraft getreten** ist und das bis dahin geltende BMVG abgelöst hat, werden auch die **freien Dienstnehmer** (im Sinne des ASVG) in die Betriebliche Vorsorge einbezogen.

Das BMSVG gilt daher für **Arbeitsverhältnisse und freie Dienstverhältnisse,** sofern diese auf einem **privatrechtlichen Arbeitsvertrag (freien Dienstvertrag)** beruhen.

Demnach sind von diesem Gesetz Angestellte, Arbeiter, Lehrlinge, freie Dienstnehmer (im Sinne des ASVG) und weisungsgebundene Ferialpraktikanten erfasst, unabhängig davon, ob es sich dabei um voll versicherte oder geringfügig beschäftigte Dienstnehmer handelt.

Das BMSVG gilt z. B. nicht für fallweise beschäftigte Personen und weisungsfreie Ferialpraktikanten.

2 Beginn, Höhe und Ende der Beitragszahlung

Der **Arbeitgeber** hat für den Arbeitnehmer

● **ab dem zweiten Monat** des Arbeitsverhältnisses (der erste Monat ist im Allgemeinen beitragsfrei)
● einen **Betrieblichen Vorsorgebeitrag (= BV-Beitrag)** in Höhe von **1,53 % des monatlichen sozialversicherungspflichtigen Entgeltes** (einschließlich der Sonderzahlungen, ohne Beachtung der Geringfügigkeitsgrenze und der Höchstbeitragsgrundlage)

an die zuständige Gebietskrankenkasse zur Weiterleitung an die BV-Kasse zu entrichten.

Die Beiträge sind mit **Ende des Kalendermonats fällig** und monatlich gemeinsam mit dem SV-Beitrag **bis zum 15. des Folgemonats** an die Gebietskrankenkasse zu überweisen.

Die Beiträge unterliegen beim Arbeitnehmer **weder der Sozialversicherung noch der Lohn-steuer**.

Die **Beitragspflicht erlischt** mit dem **Ende des Arbeitsverhältnisses oder** mit dem **späteren Ende des Entgeltanspruches**.

3 Verfügungsmöglichkeiten, Abfertigungshöhe und Verfügungsanspruch

Bei **Beendigung des Arbeitsverhältnisses** hat der Arbeitnehmer gegen die BV-Kasse Anspruch auf eine Abfertigung. Je nachdem, auf welche **Art und Weise das Arbeitsverhältnis endet** und wie viele **Einzahlungsjahre** vorliegen, sieht das Gesetz **folgende Verfügungsmöglich-keiten** vor:

Verfügungsmöglichkeiten

- Auszahlung der Abfertigung als **Kapitalbetrag** (= direkte Auszahlung)
- **Weiterveranlagung** der Abfertigung in der BV-Kasse des bisherigen Arbeitgebers
- **Übertragung** des Abfertigungsbetrages in die BV-Kasse des neuen Arbeitgebers
- **Überweisung** der Abfertigung

„Verrentung"

  ○ an ein **Versicherungsunternehmen** als Einmalprämie für eine Pensionszusatzversiche-rung,
  ○ an eine **Pensionskasse**, bei der der Arbeitnehmer bereits Berechtigter ist.

Höhe der Abfertigung

Die **Höhe der Abfertigung** ergibt sich aus:

	vom Arbeitgeber geleisteten **BV-Beiträgen**
–	im Gesetz vorgesehenen **Verwaltungskosten**
+	**allfälligen Übertragungsbeträgen** von früheren Arbeitgebern bzw. von anderen BV-Kassen
+	anteiligen **Veranlagungserträgen**
	Abfertigung

Verfügungsanspruch

Der **Verfügungsanspruch des Arbeitnehmers auf die Abfertigung NEU** entsteht **nach mindestens drei Einzahlungsjahren** seit der ersten Beitragszahlung durch einen oder mehrere Arbeitgeber oder einer bereits erfolgten Auszahlung einer Abfertigung. Voraussetzung ist, dass das Arbeitsverhältnis durch

- **Kündigung seitens des Arbeitgebers**,
- **einvernehmliche Lösung**,
- **Zeitablauf** (bei einem befristeten Arbeitsverhältnis),
- **begründeten vorzeitigen Austritt** oder
- **unverschuldete Entlassung**

beendet wurde.

Darüber hinaus besteht ein **Auszahlungsanspruch** u. a. bei Beendigung des Arbeitsverhält-nisses, wenn der Arbeitnehmer das Frühpensionsalter erreicht oder seit mindestens fünf Jahren keine BV-Beiträge geleistet wurden.

Gibt der Arbeitnehmer keine diesbezügliche Erklärung ab, so muss die BV-Kasse den Betrag weiter veranlagen.

Der **Arbeitnehmer** muss **binnen sechs Monaten** ab dem Ende des Arbeitsverhältnisses der BV-Kasse **die Art der Verwendung des Abfertigungsbetrages schriftlich bekanntgeben**. Die Abfertigung ist **innerhalb von 5 Werktagen nach dem zweiten Monat** nach Geltend-machung des Anspruches fällig.

Eine **gesperrte Abfertigung** liegt vor, bei Kündigung durch den Arbeitnehmer, bei begrün-deter Entlassung oder bei unbegründetem vorzeitigem Austritt sowie bei weniger als drei Ein-zahlungsjahren. In diesen Fällen ist grundsätzlich nur eine **weitere Veranlagung in der BV-Kasse des bisherigen Arbeitgebers** möglich.

Sozialversicherung

Alle Verfügungsmöglichkeiten sind **SV-beitragsfrei**.

Lohnsteuer

Die **Auszahlung der Abfertigung** als Kapitalbetrag wird **mit 6 % versteuert**. Alle anderen Verfügungsmöglichkeiten sind **steuerfrei**. Auch der spätere **Bezug einer Rente** ist **steuer-frei**.

4 Übertragungsmöglichkeiten

Die **Übertrittsbestimmungen gelten nicht für freie Dienstnehmer.**

Arbeitnehmern, deren **Arbeitsverhältnis** schon **vor dem 1. Jänner 2003 begonnen hat,** ist freigestellt, ob sie im **alten Abfertigungssystem verbleiben** oder auf die **Abfertigung NEU** in Form eines **Teil- oder Vollübertrittes umsteigen.**

Jeder einzelne Arbeitnehmer muss die Vor- und Nachteile genau abwägen, bevor er sich für eine der drei Möglichkeiten entscheidet. Der **Umstieg** bedarf einer **schriftlichen Einzelvereinbarung zwischen dem Arbeitgeber und dem Arbeitnehmer.**

Für diese **Arbeitnehmer** bestehen somit folgende Gestaltungsmöglichkeiten:

- Verbleib im alten System
- Teilübertritt
- Vollübertritt

Gestaltungsmöglichkeiten

Siehe dazu Kapitel 5, **Beendigung von Dienstverhältnissen**

Verbleib im alten System

Für den **Arbeitnehmer** gelten für die volle **Dauer seines Arbeitsverhältnisses die alten Bestimmungen** betreffend den Anspruch auf Abfertigung. Das BMSVG bewirkt in diesem Fall keinerlei arbeitsrechtliche, sozialversicherungsrechtliche oder steuerliche Änderungen.

Teilübertritt

Arbeitgeber und Arbeitnehmer vereinbaren gemeinsam einen bestimmten **Stichtag** (frühester Stichtag war der 1. Jänner 2003), ab dem die **Bestimmungen der Abfertigung NEU** mit monatlicher Beitragsleistung durch den Arbeitgeber anzuwenden sind.

Die an diesem Stichtag **bestehenden Abfertigungsansprüche** bleiben erhalten (= Einfrieren der „Altabfertigung"). Dieser **Abfertigungsanspruch** richtet sich weiterhin **gegen den Arbeitgeber.**

Bei einer späteren **Beendigung des Arbeitsverhältnisses** verbunden mit einem Abfertigungsanspruch errechnet sich die Höhe der Abfertigung aus dem monatlichen Entgelt für den letzten Monat des Arbeitsverhältnisses multipliziert mit der Anzahl der Monatsentgelte zum Übertrittsstichtag. Über die gegenüber der BV-Kasse erworbenen Ansprüche kann der Arbeitnehmer entsprechend den angeführten Möglichkeiten verfügen.

Beispiel

Ein Angestellter mit Dienstantritt 1. Juli 2002 tritt am 1. Jänner 2018 in das neue System über. Die bestehenden Abfertigungsansprüche bleiben erhalten. Per 30. Juni 2021 wird er vom Dienstgeber gekündigt. Letztes monatliches Entgelt (Gehalt, anteilige Sonderzahlungen etc.) € 4.950,–.

Aufgabe: Berechnen Sie den Abfertigungsanspruch des Angestellten. **C**

Lösung:

Mit Stichtag 1. Jänner 2018 hat der Angestellte 15 ½ Dienstjahre und damit eine Abfertigung in Höhe des Sechsfachen des monatlichen Entgeltes erworben. Die Höhe der durch den Arbeitgeber zu zahlenden Abfertigung zum 30. Juni 2021 beträgt daher € 4.950,00 · 6 = € 29.700,00. Über die Abfertigung NEU kann der Angestellte zusätzlich verfügen.

Vollübertritt

Der **Arbeitnehmer wechselt** zu einem bestimmten Stichtag **unter Mitnahme seiner bestehenden Abfertigungsanwartschaften in das neue System.** Ein Vollübertritt ist **zeitlich unbegrenzt** möglich.

Ein die fiktiven Abfertigungsansprüche übersteigender Überweisungsbetrag ist sozialversicherungspflichtig und, wie ein laufender Bezug, **lohnsteuerpflichtig.**

Zu diesem Zweck ist **zwischen dem Arbeitgeber und Arbeitnehmer** ein **Betrag** auszuhandeln, der als Abgeltung der erworbenen Abfertigungsansprüche **an die BV-Kasse überwiesen wird.** Der festgelegte Betrag kann auch niedriger sein als die dem Arbeitnehmer zum Stichtag zustehenden fiktiven Abfertigungsansprüche. **Bis zur Höhe der** fiktiven gesetzlichen oder kollektivvertraglichen **Abfertigungsansprüche** ist der Betrag **sozialversicherungs- und lohnsteuerfrei.**

Die **Überweisung** des vereinbarten Übertragungsbetrages **an die BV-Kasse** hat ab dem Zeitpunkt der Übertragung **binnen längstens fünf Jahren** zu erfolgen, wobei **jährlich mindestens ein Fünftel zuzüglich 6 % Zinsen** überwiesen werden muss.

Beispiel

Ein Angestellter mit Dienstantritt 1. Juli 2002 tritt am 1. Jänner 2018 unter Mitnahme seiner bestehenden Abfertigungsansprüche in das neue System über. Letztes monatliches Entgelt (Gehalt, anteilige Sonderzahlungen etc.) € 5.600,–. Gehalt ab Jänner 2018 € 4.800,–. Es wird ein Übertragungsbetrag in Höhe von € 28.000,– vereinbart.

Aufgabe: a) Ermitteln Sie, bis zu welcher Höhe die Abgeltung der erworbenen Abfertigungsansprüche SV- und LSt-frei ist. **C**

b) Berechnen Sie den monatlichen BV-Beitrag ab Jänner 2018. **C**

Lösung:

a) Der Angestellte hat zum 1. Jänner 2018 einen fiktiven Anspruch von sechs Monatsentgelten. Es können daher maximal € 33.600,00 (€ 5.600,00 · 6) sozialversicherungs- und lohnsteuerfrei an die BV-Kasse übertragen werden.

b) Der monatliche BV-Beitrag beträgt ab Jänner 2018 € 4.800,00 · 1,53 % = € 73,44.

5 Auswahl der BV-Kasse

Auswahl BV-Kasse – Betriebsvereinbarung oder Arbeitgeber

Die Auswahl der BV-Kasse erfolgt im Allgemeinen durch eine **Betriebsvereinbarung** zwischen dem **Arbeitgeber** und dem **Betriebsrat**.

In Betrieben **ohne Betriebsrat** trifft die Auswahl der **Arbeitgeber,** der binnen einer Woche alle Arbeitnehmer schriftlich darüber zu informieren hat. Erhebt mindestens ein Drittel der Arbeitnehmer schriftlich dagegen einen Einspruch, muss der Arbeitgeber eine andere BV-Kasse vorschlagen.

 **Sichern**

Begriff Betriebliche Vorsorge (Abfertigung NEU)

Durch das Betriebliche Mitarbeiter- und Selbständigenvorsorgegesetz (BMSVG) werden die bisherigen **Abfertigungsverpflichtungen des Arbeitgebers** auf **rechtlich selbständige Betriebliche Vorsorgekassen (BV-Kassen) ausgelagert.** Der **Anspruch des Arbeitnehmers auf Abfertigung** richtet sich gegen die **BV-Kasse.**

Arbeitsverhältnisse, die dem BMSVG unterliegen

Das BMSVG ist auf alle **Arbeitsverhältnisse** (Angestellte, Arbeiter, Lehrlinge, unabhängig davon, ob es sich dabei um voll versicherte oder geringfügig beschäftigte Dienstnehmer handelt) anzuwenden, die auf einem **privatrechtlichen Arbeitsvertrag** beruhen und deren Beginn nach dem 31. Dezember 2002 liegt. **Freie Dienstnehmer** (im Sinne des ASVG) unterliegen seit 1. Jänner 2008 dem BMSVG.

Beginn und Höhe der Beitragszahlung

Der **Arbeitgeber** hat für den Arbeitnehmer

- **ab dem zweiten Monat** des Arbeitsverhältnisses
- einen **BV-Beitrag in Höhe von 1,53 % des monatlichen sozialversicherungspflichtigen Entgeltes**

an die zuständige Gebietskrankenkasse zur Weiterleitung an die BV-Kasse zu entrichten.

Verfügungs-möglichkeiten

Bei **Beendigung des Arbeitsverhältnisses** hat der Arbeitnehmer gegen die BV-Kasse Anspruch auf eine Abfertigung. Das BMSVG sieht u. a. **folgende Verfügungsmöglichkeiten** vor:

- Auszahlung der Abfertigung als **Kapitalbetrag** (= direkte Auszahlung)
- **Weiterveranlagung** des Abfertigungsbetrages in der bisherigen BV-Kasse
- **Übertragung** des Abfertigungsbetrages in die neue BV-Kasse
- **Überweisung** des Abfertigungsbetrages an ein Versicherungsunternehmen zum Zwecke der „Verrentung"

Abfertigungshöhe	Die **Höhe der Abfertigung** ergibt sich aus:

> vom Arbeitgeber geleisteten **BV-Beiträgen**
> − im Gesetz vorgesehenen **Verwaltungskosten**
> + **allfälligen Übertragungsbeträgen** von früheren Arbeitgebern
>   bzw. von anderen BV-Kassen
> + anteiligen **Veranlagungserträgen**
> _____
> Abfertigung

Verfügungsanspruch

Der **Verfügungsanspruch auf die Abfertigung NEU** entsteht **nach mindestens drei Einzahlungsjahren** seit der ersten Beitragszahlung durch einen oder mehrere Arbeitgeber, wenn das Arbeitsverhältnis z.B. durch Kündigung durch den Arbeitgeber oder einvernehmliche Lösung beendet wurde. Der **Arbeitnehmer** hat **die Art der Verwendung des Abfertigungsbetrages** der BV-Kasse **binnen sechs Monaten schriftlich** mitzuteilen.

Übertragungsmöglichkeiten

Arbeitnehmern, deren **Arbeitsverhältnis** schon **vor dem 1. Jänner 2003 begonnen hat,** ist freigestellt, ob sie im **alten Abfertigungssystem verbleiben** oder auf die **Abfertigung NEU** in Form eines **Teil- oder Vollübertrittes umsteigen.** Die Übertrittsbestimmungen gelten nicht für freie Dienstnehmer.

SbX
ID: 6003

Im SbX finden Sie diese Zusammenfassung als Audio-Wiederholung sowie eine Bildschirmpräsentation.

 # Wissen

SbX   ID: 6004

SbX
ID: 6004

Weitere Möglichkeiten zur Kompetenzüberprüfung im SbX

Wiederholungsfragen	Weitere Aufgaben mit automatischer Aufgabenkontrolle	MUSTERUNTERNEHMEN

Ein kurzer Kompetenz-Check, bevor's weitergeht!

Kompetenz-Check

	😊	😐	🙁
Ich kann die Personen, für welche das Betriebliche Mitarbeiter- und Selbständigenvorsorgegesetz gilt, nennen.			
Ich kann den Betrieblichen Vorsorgebeitrag berechnen.			
Ich kann die Verfügungsmöglichkeiten, die für den Arbeitnehmer bei Beendigung des Arbeitsverhältnisses entstehen, aufzählen.			
Ich kann erklären, wie sich die Höhe der Abfertigung NEU zusammensetzt.			
Ich kann beschreiben, wann ein Verfügungsanspruch des Arbeitnehmers auf die Abfertigung NEU entsteht.			
Ich kann die Gestaltungsmöglichkeiten in Bezug auf die Abfertigung NEU für Arbeitnehmer, deren Arbeitsverhältnis schon vor dem 1. Jänner 2003 begonnen hat, erläutern.			
Ich kann erklären, wie die Auswahl der Betrieblichen Vorsorgekasse erfolgt.			

7 AUSSERBETRIEBLICHE ABRECHNUNG

Worum geht's in diesem Kapitel?

Zu den Aufgaben der Personalverrechnung zählen auch die Ermittlung der lohn- und gehaltsabhängigen Steuern und Beiträge sowie deren Ablieferung an die zuständigen Stellen.

Die regelmäßigen Arbeiten in diesem Zusammenhang umfassen die Abrechnung mit der Gebietskrankenkasse, dem Finanzamt und der Gemeinde.

In diesem Kapitel finden Sie Übungsbeispiele und Aufgaben zum Kompetenzerwerb und zur Kompetenzüberprüfung auf den Handlungsebenen **A Wiedergeben**, **B Verstehen** und **C Anwenden**.

Dieses Kapitel umfasst folgende Inhalte:

1 Abrechnung mit der Gebietskrankenkasse

2 Abrechnung mit dem Finanzamt

3 Abrechnung mit der Gemeinde bzw. Stadtkasse

Lernen

1 Abrechnung mit der Gebietskrankenkasse

Markieren Sie im nachfolgenden Text die Antworten auf folgende Fragen:

● **Welche Beiträge rechnet der Dienstgeber mit der Gebietskrankenkasse ab?**
● **Welche Möglichkeiten der Beitragsabrechnung mit der Gebietskrankenkasse gibt es?**
● **Welche Meldungen sind monatlich vom Dienstgeber für die Abrechnung der Beiträge zu übermitteln?**
● **Welche Frist gilt für die Meldung der Beitragsgrundlagen und für das Überweisen des Gesamtbeitrages an die Gebietskrankenkasse?**

Der **Dienstgeber** hat mit der **Gebietskrankenkasse** folgende Beiträge abzurechnen:

Gegebenenfalls ist noch die **Dienstgeberabgabe für geringfügig Beschäftigte** abzurechnen.

● **Dienstnehmeranteil(e)** zur Sozialversicherung (SV-DNA)
● **Dienstgeberanteil** zur Sozialversicherung (SV-DGA)
● **Service-Entgelt** (E-Card-Gebühr)
● **Betrieblicher Vorsorgebeitrag**
● **Auflösungsabgabe** bei Beendigung eines Dienstverhältnisses (für 2018 € 128,–)

Möglichkeiten der Abrechnung

Die **Abrechnung** mit der **Gebietskrankenkasse** erfolgt entweder

● nach dem **Selbstabrechnungsverfahren** (Lohnsummenverfahren)
● oder dem **Vorschreibeverfahren.**

Abrechnung nach dem Selbstabrechnungsverfahren

Betriebe mit 15 oder mehr Dienstnehmern sind gesetzlich verpflichtet, die Beiträge nach dem **Selbstabrechnungsverfahren** zu ermitteln.

Bei diesem im Allgemeinen angewendeten Verfahren muss der **Dienstgeber** monatlich die **Beitragsgrundlagen** und die darauf **entfallenden Beiträge** der Gebietskrankenkasse **mittels elektronischer Datenfernübertragung (Beitragsnachweisung) melden.**

Abgabe- bzw. Zahlungstermin

Eine **verspätete Einzahlung** innerhalb von drei Tagen nach Ablauf der 15-Tage-Frist bleibt ohne Rechtsfolgen.

Die **Frist** für die **Vorlage der Beitragsnachweisung** endet mit dem **15. des Folgemonats**. Der **Gesamtbeitrag** ist bis **spätestens 15. des Folgemonats** an die Gebietskrankenkasse **abzuliefern.**

Übermittlung **Lohnzettel und Beitragsgrundlagennachweis**

Außerdem hat der Dienstgeber **jährlich der Gebietskrankenkasse** bzw. **dem Finanzamt** die **sozialversicherungsrechtlichen Daten jedes einzelnen Dienstnehmers** mit dem Formular **Lohnzettel und Beitragsgrundlagennachweis** bis **Ende Februar des Folgejahres** vorzulegen. Die Übermittlung der **Lohnzettel und Beitragsgrundlagennachweise** erfolgt im Allgemeinen über elektronische Datenfernübertragung.

Beitragsgruppen und Gesamtbeitragssätze

Die **beitragspflichtigen Entgelte** sind **nach** den einzelnen **Beitragsgruppen aufzuschlüsseln**. Diese Beitragsgruppen sind mit den schon bekannten Beitragssymbolen identisch.

Beitragsgruppen für Angestellte und Angestellten-Lehrlinge	Gesamtbeitrag
D1: Gehälter bis € 5.130,00 monatlich; Sonderzahlungen (SZ) bis € 10.260,00 jährlich	37,75 %
D3z: Beginn des Lehrverhältnisses ab dem 1. Jänner 2016 Lehrlingsentschädigungen (inkl. Sonderzahlungen)	28,55 %
KU: Gehälter bis € 5.130,00 monatlich	0,50 %
WF: wie Kammerumlage	1,00 %
IE: Gehälter bis € 5.130,00 monatlich; Sonderzahlungen bis € 10.260,00 jährlich	0,35 %
BV: Gehälter inkl. Sonderzahlungen (ohne betragsmäßige Obergrenze), Lehrlingsentschädigungen inkl. Sonderzahlungen	1,53 %

Beitragsgruppen für Arbeiter und Arbeiter-Lehrlinge	Gesamtbeitrag
A1: Löhne bis € 5.130,00 monatlich; Sonderzahlungen (SZ) bis € 10.260,00 jährlich	37,75 %
A3z: Beginn des Lehrverhältnisses ab dem 1. Jänner 2016 Lehrlingsentschädigungen (inkl. Sonderzahlungen)	28,55 %
KU: Löhne bis € 5.130,00 monatlich	0,50 %
WF: wie Kammerumlage	1,00 %
IE: Löhne bis € 5.130,00 monatlich; Sonderzahlungen bis € 10.260,00 jährlich	0,35 %
BV: Löhne inkl. Sonderzahlungen (ohne betragsmäßige Obergrenze), Lehrlingsentschädigungen inkl. Sonderzahlungen	1,53 %

Allgemeine Verrechnungsgruppen – ab 1. Jänner 2018 *

Die Senkung bzw. der Entfall der Arbeitslosenversicherungsbeiträge der Arbeiter, Angestellten, Lehrlinge (Lehrzeitbeginn vor dem 1. Jänner 2016) und freien Dienstnehmer wird in eigenen Verrechnungsgruppen abgerechnet.

N25a: Verrechnungsgruppe für gänzlichen Entfall der AV-Beiträge bei einer monatlichen Beitragsgrundlage bis € 1.381,00	– 3,00 %
N25b: Verrechnungsgruppe für verminderte AV-Beiträge bei einer monatlichen Beitragsgrundlage von € 1.381,01 bis € 1.506,00	– 2,00 %
N25c: Verrechnungsgruppe für verminderte AV-Beiträge bei einer monatlichen Beitragsgrundlage von € 1.506,01 bis € 1.696,00	– 1,00 %

Verrechnungsgruppen für Lehrlinge mit Lehrzeitbeginn ab dem 1. Jänner 2016:

N25d: Verrechnungsgruppe für gänzlichen Entfall der AV-Beiträge bei einer monatlichen Beitragsgrundlage bis € 1.381,00	– 1,20 %
N25e: Verrechnungsgruppe für verminderte AV-Beiträge bei einer monatlichen Beitragsgrundlage von € 1.381,01 bis € 1.506,00	– 0,20 %

Allgemeine Verrechnungsgruppen – ab 1. Juli 2018 *

Die Senkung bzw. der Entfall der Arbeitslosenversicherungsbeiträge der Arbeiter, Angestellten, Lehrlinge (Lehrzeitbeginn vor dem 1. Jänner 2016) und freien Dienstnehmer wird in eigenen Verrechnungsgruppen abgerechnet.

N25a: Verrechnungsgruppe für gänzlichen Entfall der AV-Beiträge bei einer monatlichen Beitragsgrundlage bis € 1.648,00	– 3,00 %
N25b: Verrechnungsgruppe für verminderte AV-Beiträge bei einer monatlichen Beitragsgrundlage von € 1.648,01 bis € 1.798,00	– 2,00 %
N25c: Verrechnungsgruppe für verminderte AV-Beiträge bei einer monatlichen Beitragsgrundlage von € 1.798,01 bis € 1.948,00	– 1,00 %

Verrechnungsgruppen für Lehrlinge mit Lehrzeitbeginn ab dem 1. Jänner 2016:

N25d: Verrechnungsgruppe für gänzlichen Entfall der AV-Beiträge bei einer monatlichen Beitragsgrundlage bis € 1.648,00	– 1,20 %
N25e: Verrechnungsgruppe für verminderte AV-Beiträge bei einer monatlichen Beitragsgrundlage von € 1.648,01 bis € 1.798,00	– 0,20 %

Der **BV-Beitrag** ist für jene Arbeitnehmer (Angestellte, Arbeiter und Lehrlinge) abzuliefern, deren Arbeitsverhältnis nach dem 31. Dezember 2002 begonnen hat oder die in das neue System (Abfertigung NEU) übergetreten sind.

* Zur Senkung bzw. zum Entfall des Dienstnehmeranteiles zur Arbeitslosenversicherung siehe Kapitel 2, Lerneinheiten 2 und 3.

* Zur Senkung bzw. zum Entfall des Dienstnehmeranteiles zur Arbeitslosenversicherung siehe Kapitel 2, Lerneinheiten 2 und 3.

Lehrbeispiel

L 7.01: Beitragsabrechnung nach dem Selbstabrechnungsverfahren

Die Ing. Alfred Teuber e.U. rechnet im Juni 2018 folgende Angestellte und einen Angestellten-Lehrling ab:

	Gehalt/Lehrlings-entschädigung	Urlaubsbeihilfe	bish. Sonderzahlungen	Beitrags-gruppe
1. Brunner	€ 2.200,00	€ 2.200,00		D1
2. Cech	€ 2.980,00	€ 2.980,00		D1
3. Doringer	€ 5.160,00	€ 5.160,00	€ 5.260,00 (Bilanzgeld)	D1
4. Ullmann (Lg., 1. Lj.)	€ 590,00	€ 590,00		D3z

Lg. = Lehrling
Lj. = Lehrjahr

Die Rückverrechnung des AV-Beitrages des Angestellten-Lehrlings Ullmann erfolgt mit der Verrechnungsgruppe N25d.

Für die Angestellten und den Angestellten-Lehrling sind die Bestimmungen der Betrieblichen Vorsorge anzuwenden.

Aufgabe: a) Ermitteln Sie die SV-Beitragsgrundlagen. `C`

b) Stellen Sie die Beitragsabrechnung auf. `C`

c) Errechnen Sie den Dienstgeberanteil (SV-DNA lt. Gehaltsliste € 3.751,66). `C`

d) Erstellen Sie die Beitragsnachweisung mit Datum 2. Juli 2018. `C`

Lösung:

a) Ermitteln Sie die SV-Beitragsgrundlagen.

G = Gehalt
LE = Lehrlings-entschädigung
UB = Urlaubsbeihilfe

Höchstbeitragsgrundlage laufender Bezug 5.130,00; restliche Höchstbeitragsgrundlage Sonderzahlungen, 10.260,00 – – 5.260,00 = 5.000,00

Bei mehreren Lehrlingen in verschiedenen Beitragsgruppen muss der Raster gegebenenfalls erweitert werden.

Name	Art des Bezuges	Bezug	SV-Beitragsgrundlagen allgemeine Beitragsgrundlage 1	2	Sonderzahlungen 1	2	Grundlage BV-Beitrag
Brunner	G	2.200,00	2.200,00				2.200,00
	UB	2.200,00			2.200,00		2.200,00
Cech	G	2.980,00	2.980,00				2.980,00
	UB	2.980,00			2.980,00		2.980,00
Doringer	G	5.160,00	5.130,00				5.160,00
	UB	5.160,00			5.000,00		5.160,00
			10.310,00		10.180,00		20.680,00
Ullmann	LE	590,00		590,00			590,00
	UB	590,00				590,00	590,00
				590,00		590,00	21.860,00

b) Stellen Sie die Beitragsabrechnung auf.

Beitrags-gruppe	Summe der allg. Beitr.-Grundlagen	Summe der Sonder-zahlungen	Gesamtsumme	%-Satz	Gesamtbeiträge
D1	10.310,00	10.180,00	20.490,00	37,75	7.734,98
D3z	590,00	590,00	1.180,00	28,55	+ 336,89
N25d	– 590,00	– 590,00	– 1.180,00[1]	1,20	– 14,16
KU			10.310,00[2]	0,50	+ 51,55
WF			10.310,00[2]	1,00	+ 103,10
IE			20.490,00[3]	0,35	+ 71,72
BV			21.860,00[4]	1,53	+ 334,46
				Gesamtsumme	8.618,54

Berechnungsbasen:
[1] Summe der monatlichen Beitragsgrundlage zur Verrechnung des Entfalles der AV-Beiträge
[2] Summe der laufenden Bezüge der Angestellten
[3] Summe der laufenden Bezüge der Angestellten inkl. deren Sonderzahlungen
[4] Summe aller Bezüge

c) Errechnen Sie den Dienstgeberanteil.

Gesamtbeitrag	€ 8.618,54
– Dienstnehmeranteil	€ 3.751,66
Dienstgeberanteil	**€ 4.866,88**

d) Erstellen Sie die Beitragsnachweisung.

Die abgebildete **Beitragsnachweisung** wurde mit der **ELDA-Software** erstellt (verkleinerte Darstellung).

Beitragsnachweisung

Dienstgeber	zuständiger Versicherungsträger	Ordnungsbegriff
Ing. Alfred Teuber e.U.	W GKK (19612178)	

Beitragszeitraum 6 / 2018 (Monat / Jahr)   Alle Angaben in Euro

Beitragsgruppe	Summe der allgemeinen Beitragsgrundlagen	Summe der Beitragsgrundlagen für Sonderzahlungen	Beitragssatz (%)	Gesamtbeiträge (Dienstgeber- und Versichertenbeiträge)
1. D1	10.310,00	10.180,00	37,75	7.734,98
2. D3z	590,00	590,00	28,55	336,89
3. N25d	– 590,00	– 590,00	1,20	– 14,16
4.	0,00	0,00	0,00	0,00
5.	0,00	0,00	0,00	0,00
6.	0,00	0,00	0,00	0,00
7.	0,00	0,00	0,00	0,00
8.	0,00	0,00	0,00	0,00
9.	0,00	0,00	0,00	0,00
10.	0,00	0,00	0,00	0,00
11.	0,00	0,00	0,00	0,00
12.	0,00	0,00	0,00	0,00

	Summe der Beitragsgrundlagen	Beitragssatz (%)	Höhe des Nebenbeitrags
Arbeiterkammerumlage	10.310,00	0,50	51,55
Wohnbauförderungsbeitrag	10.310,00	1,00	103,10
Landarbeiterkammerumlage	0,00	0,00	0,00
Schlechtwetterentschädigungsbeitrag	0,00	0,00	0,00
IESG-Zuschlag	20.490,00	0,35	71,72
Nachtschwerarbeitsbeitrag	0,00	0,00	0,00

Diese Beitragsnachweisung enthält die Beitragsgrundlagen für die Anzahl von:

0 Arbeitern	3 Angestellten	0 geringf. beschäftigten Arbeitern
0 Arbeiter Lehrlingen	1 Angestellten Lehrlingen	0 geringf. beschäftigten Angestellten

Davon | 0 Geschäftsführer   Summe allg. Beitragsgrundlagen für Geschäftsführer: 0,00

Sonderzahlungen für Geschäftsführer: 0,00

Beitragsgrundlage für unbezahlten Urlaub: 0,00

MALUS (Beiträge gem. AMPFG): 0 Angestellte   Malusbetrag Angestellte: 0,00

0 Arbeiter   Malusbetrag Arbeiter: 0,00

Summe Auflösungsabgabe (N80): 0,00

Summe Service-Entgelt (e-card Gebühr; N89): 0,00

Summe aller BV-Beiträge (N98): 334,46

BV-Zuschlag bei jährlicher Abrechnung des BV-Beitrages für geringfügig Beschäftigte (N97): 0,00

= Gesamtsumme der Beiträge: 8.618,54

Der Dienstgeber erhält das **Protokoll** (verkleinerte Darstellung) von der Gebietskrankenkasse, das er als Nachweis der ordnungsgemäßen Meldung gemeinsam mit der ausgedruckten Beitragsnachweisung ablegt.

```
Elektronisches Datensammelsystem
der Sozialversicherungstraeger (ELDA)

Seriennummer: 1531178                    P R O T O K O L L
TEUBER E.U.                          der erhaltenen Meldungen
A-1070 WIEN

Uebermittlung vom 02.07.2018 um 10:28:14     Protokoll-Nr.:  41484433

-------------------------------------------------------------------
Typ                  An        BK-Nr. Dienstgeber          Meldedatum
  Vers-Nr.  Name                          Betrag      Ordnungsbeg.
Referenznummer
-------------------------------------------------------------------

BEITRAGSNACHWEIS    WGKK     19612178 ING. ALFRED TEUBER E.U. 06/2018
                                      8.618,54 EUR

EC_78
```

Abrechnung nach dem Vorschreibeverfahren

Auf **Verlangen der Dienstgeber,** in deren Betrieb **weniger als 15 Dienstnehmer** beschäftigt sind, schreibt die Gebietskrankenkasse aufgrund der **Meldungen des Dienstgebers** (Anmeldungen, Abmeldungen, Änderungsmeldungen, Sonderzahlungsmeldungen, Meldungen zum BV-Beitrag und zum Service-Entgelt) monatlich für den **vorhergehenden Monat** die **abzuliefernde Beitragssumme** mittels Beitragsvorschreibung vor.

Übermittlung Lohnzettel und Beitragsgrundlagennachweis

Die Bestimmungen zur Übermittlung der Lohnzettel und Beitragsgrundlagennachweise entsprechen jenen beim Selbstabrechnungsverfahren.

2 Abrechnung mit dem Finanzamt

Markieren Sie im nachfolgenden Text die Antworten auf folgende Fragen:
- **Welche Steuern und Beiträge rechnet der Arbeitgeber mit dem Finanzamt ab?**
- **Wozu dient der Dienstgeberbeitrag zum Ausgleichsfonds für Familienbeihilfen?**
- **Wie hoch ist der Dienstgeberbeitrag zum Ausgleichsfonds für Familienbeihilfen und wann ist dieser abzuliefern?**
- **Was versteht man unter dem Zuschlag zum Dienstgeberbeitrag und wann ist dieser zu überweisen?**

Der **Arbeitgeber** hat mit dem **Finanzamt** abzurechnen:

- die **Lohnsteuer** (LSt)
- den **Dienstgeberbeitrag zum Ausgleichsfonds für Familienbeihilfen** (DB)
- den **Zuschlag zum Dienstgeberbeitrag** (DZ)

Zahlungstermin

Die einzelnen Beträge sind **spätestens am 15. des Folgemonats** an das **Finanzamt** einzuzahlen.

Dienstgeberbeitrag zum Ausgleichsfonds für Familienbeihilfen (DB)

DB

Alle Dienstgeber, die im Bundesgebiet Dienstnehmer beschäftigen, haben den **Dienstgeberbeitrag zum Ausgleichsfonds für Familienbeihilfen (DB)** zu entrichten. Der DB **dient zur Finanzierung der im Familienlastenausgleichsgesetz vorgesehenen Beihilfen und sonstigen Maßnahmen** (z. B. Familienbeihilfe, Kinderbetreuungsgeld, unentgeltliche Schulbücher).

Beitragsgrundlage

Beitragsgrundlage ist die Summe der Bruttobezüge, die in einem Kalendermonat an die Dienstnehmer gewährt worden sind. Zu den beitragspflichtigen Bruttobezügen gehören auch die Sachbezüge.

Ersatzleistungen für **nicht verbrauchten Urlaub** sind **DB-pflichtig** und unterliegen auch der **Kommunalsteuer.**

Nicht zur Beitragsgrundlage gehören u. a.

- Ruhe- und Versorgungsbezüge,
- Abfertigungen, die bei Beendigung des Dienstverhältnisses anfallen,
- nicht steuerbare Aufwandsentschädigungen,
- Arbeitslöhne an Dienstnehmer, die gemäß dem Behinderteneinstellungsgesetz beschäftigt werden,
- Arbeitslöhne von Personen, die das 60. Lebensjahr vollendet haben, ab Beginn des folgenden Kalendermonats.

Im Falle einer **Betriebsneugründung** ist eine **Befreiung** von der **Entrichtung** des DB und des DZ für einen **bestimmten Zeitraum** vorgesehen.

Berechnung

Die Beitragsgrundlage wird anhand der **Lohn- und Gehaltsunterlagen** ermittelt. Der **Beitrag** beträgt davon **3,9 %.** Der DB ist unternehmerisch auf zwei Dezimalstellen zu runden.

Übersteigt die Beitragsgrundlage in einem Kalendermonat **nicht den Betrag von € 1.460,–,** so ist ein **Freibetrag von € 1.095,–** abzuziehen.

Zuschlag zum Dienstgeberbeitrag (DZ)

DZ

Alle Dienstgeber, die **Mitglieder der Wirtschaftskammer** sind, haben den **Zuschlag zum Dienstgeberbeitrag (DZ)** zu leisten. Der Zuschlag zum DB ist somit eine **Kammerumlage des Dienstgebers** und fließt über das Finanzamt der Wirtschaftskammer zu.

Beitragsgrundlage

Der DZ beträgt in **Prozenten der Beitragsgrundlage des DB** für das **Kalenderjahr 2018:**

Berechnung

Bundesland	Zuschlag zum DB	Bundesland	Zuschlag zum DB
Burgenland	0,44 %	Steiermark	0,39 %
Kärnten	0,41 %	Tirol	0,43 %
Niederösterreich	0,40 %	Vorarlberg	0,39 %
Oberösterreich	0,36 %	Wien	0,40 %
Salzburg	0,42 %		

Der DZ ist unternehmerisch auf zwei Dezimalstellen zu runden und gemeinsam mit dem DB an das Finanzamt abzuliefern.

Übersteigt die **Beitragsgrundlage** in einem Kalendermonat **nicht den Betrag von € 1.460,–,** so ist ein **Freibetrag von € 1.095,–** abzuziehen.

3 Abrechnung mit der Gemeinde bzw. Stadtkasse

Markieren Sie im nachfolgenden Text die Antworten auf folgende Fragen:
- **Welche Steuern und Beiträge hat der Dienstgeber mit der Gemeinde bzw. Stadtkasse abzurechnen?**
- **Wie hoch ist die Kommunalsteuer und wann ist diese an die Gemeinde abzuliefern?**
- **Wie ist die Wiener Dienstgeberabgabe zu ermitteln und wann ist sie zu überweisen?**

Der **Dienstgeber** hat mit der **Gemeinde bzw. Stadtkasse** abzurechnen:

- die **Kommunalsteuer** (KommSt) und
- die **Wiener Dienstgeberabgabe** (gilt nur für die Gemeinde Wien!).

Kommunalsteuer (KommSt)

KommSt

Die **Kommunalsteuer** fließt der Gemeinde zu und ist daher **an die Gemeinde,** in der sich die **Betriebsstätte** befindet (in Städten an die **Stadtkasse**), **abzuliefern.**

Bemessungsgrundlage

Die **Bemessungsgrundlage** der Kommunalsteuer entspricht im Allgemeinen der **Beitragsgrundlage des Dienstgeberbeitrages.** Arbeitslöhne von Personen über 60 Jahre sowie Arbeitslöhne bei Neugründung eines Betriebes unterliegen jedoch der Kommunalsteuer.

Berechnung

Die Steuer beträgt **3 %** der Bemessungsgrundlage. Sie ist unternehmerisch auf zwei Dezimalstellen zu runden.

Übersteigt in einem Unternehmen die **Bemessungsgrundlage** im Kalendermonat **nicht den Betrag von € 1.460,–,** so ist ein **Freibetrag von € 1.095,–** abzuziehen.

Abgabe- bzw. Zahlungstermin

Die KommSt ist monatlich zu errechnen und **spätestens am 15. des Folgemonats** an die Gemeinde (Stadtkasse) abzuliefern. Bis **31. März des folgenden Kalenderjahres** ist der Gemeinde (Stadtkasse) eine **Kommunalsteuererklärung** elektronisch mittels FinanzOnline zu übermitteln.

Lehrbeispiel

L 7.02: Abrechnung mit dem Finanzamt und der Gemeinde (bzw. Stadtkasse)

Die Beitragsgrundlage des DB entspricht im Lehrbeispiel der Bemessungsgrundlage zur KommSt.

Gesamtsumme der Bruttobezüge (Löhne und Gehälter) im Februar € 44.950,–; es sind € 10.885,– Abfertigung enthalten.

Aufgabe: Berechnen Sie den DB, den DZ (0,40 %) und die KommSt. C

Lösung:

Bruttobezüge	44.950,00
– Abfertigung	10.885,00
Beitrags-/Bemessungsgrundlage	34.065,00

DB: $\quad$ 34.065,00 · 3,9 % = **1.328,54**
DZ: $\quad$ 34.065,00 · 0,40 % = **136,26**
KommSt: 34.065,00 · 3 % = **1.021,95**

Wiener Dienstgeberabgabe (U-Bahn-Steuer)

Wiener Dienst-geberabgabe

Die **U-Bahn-Steuer** wird in **Wien** eingehoben und beträgt für **jeden Dienstnehmer** und für **jede angefangene Woche** eines bestehenden Dienstverhältnisses **€ 2,–**.

Berechnung

Die Abgabe ist für den **Abrechnungszeitraum** (4 bzw. 5 Wochen) zu berechnen. Der jeweilige Abrechnungszeitraum umfasst

- die **Kalenderwoche,** in die der **Monatserste fällt,** und
- die **folgenden vollen Kalenderwochen** dieses Kalendermonats.

Abgabe- bzw. Zahlungstermin

Die in einem Kalendermonat entstandene Abgabenschuld ist bis zum **15. des darauffolgen-den Monats an die Stadtkasse** zu entrichten. **Jährlich** (bis 31. März des Folgejahres) ist eine **Dienstgeberabgabe-Erklärung** abzugeben.

Es gibt eine Reihe von Erleichterungs- bzw. Ausnahmebestimmungen.

Üben

Führen Sie die Abrechnung mit der Gebietskrankenkasse nach dem Selbstabrechnungs-verfahren durch.

Ü 7.01:

Die Klaus Weinstadler e.U., 2700 Wiener Neustadt, Ungargasse 3, NÖ GKK, Konto-Nr. 220112345 rechnet im Juli 2018 folgende Angestellte und einen Angestellten-Lehrling ab:

	Gehalt/Lehrlings-entschädigung	Urlaubsbeihilfe	bish. Sonderzahlungen	Beitrags-gruppe
1. Bachinger	€ 2.560,00	€ 2.560,00		D1
2. Mag. Dürmer	€ 5.170,00	€ 5.170,00	€ 5.250,00 (Bilanzgeld)	D1
3. Zahn (Lg., 1. Lj.)	€ 650,00	€ 650,00		D3z

Die Rückverrechnung des AV-Beitrages des Angestellten-Lehrlings Zahn erfolgt mit der Verrech-nungsgruppe N25d.

Alle Arbeitnehmer unterliegen der Abfertigung NEU.

ELDA-Bildschirmmaske siehe Anhang

Aufgabe: a) Ermitteln Sie die SV-Beitragsgrundlagen. **C**

b) Stellen Sie die Beitragsabrechnung auf. **C**

c) Erstellen Sie die Beitragsnachweisung mit Datum 1. August 2018. **C**

Ü 7.02:

Ein Betrieb rechnet im Mai 2018 folgende Arbeiter und einen Arbeiter-Lehrling ab:

	Lohn/Lehrlings-entschädigung	Urlaubsbeihilfe	bish. Sonderzahlungen	Beitrags-gruppe
1. Mader	€ 1.815,00	€ 1.815,00		A1
2. Olperer	€ 2.210,00	€ 2.210,00		A1
3. Pauser	€ 2.030,00	€ 2.030,00		A1
4. Richter (Lg., 1. Lj.)	€ 680,00	€ 680,00		A3z

Die Rückverrechnung des AV-Beitrages des Arbeiter-Lehrlings Richter erfolgt mit der Verrech-nungsgruppe N25d.

Alle Arbeitnehmer unterliegen der Abfertigung NEU.

Aufgabe: a) Ermitteln Sie die SV-Beitragsgrundlagen. **C**

b) Stellen Sie die Beitragsabrechnung auf. **C**

Ü 7.03:

Ein Betrieb rechnet im November 2018 folgende Angestellte und einen Angestellten-Lehrling ab:

	Gehalt/Lehrlings-entschädigung	Weihnachtsrem.	bish. Sonderzahlungen	Beitrags-gruppe
1. Auer	€ 2.185,00	€ 2.185,00	€ 2.185,00	D1
2. Dorsch	€ 4.490,00	€ 4.490,00	€ 4.490,00	D1
3. Hofer	€ 5.180,00	€ 5.180,00	€ 6.880,00	D1
4. Weber (Lg., 1. Lj.)	€ 580,00	€ 580,00	€ 580,00	D3z

Die Rückverrechnung des AV-Beitrages des Angestellten-Lehrlings Weber erfolgt mit der Verrechnungsgruppe N25d.

Alle Arbeitnehmer unterliegen der Abfertigung NEU.

Aufgabe: a) Ermitteln Sie die SV-Beitragsgrundlagen. C

b) Stellen Sie die Beitragsabrechnung auf (Service-Entgelt insgesamt € 46,80). C

Ü 7.04:

Ein Betrieb rechnet im November 2018 folgende Arbeiter und einen Arbeiter-Lehrling ab:

	Lohn/Lehrlings-entschädigung	Weihnachtsrem.	bish. Sonderzahlungen	Beitrags-gruppe
1. Berger	€ 2.070,00	€ 2.070,00	€ 2.070,00	A1
2. Hauser	€ 1.990,00	€ 1.990,00	€ 1.990,00	A1
3. Pichler	€ 3.360,00	€ 3.360,00	€ 6.910,00	A1
4. Rahl (Lg., 1. Lj.)	€ 660,00	€ 660,00	€ 660,00	A3z

Die Rückverrechnung des AV-Beitrages des Arbeiter-Lehrlings Rahl erfolgt mit der Verrechnungsgruppe N25d.

Alle Arbeitnehmer unterliegen der Abfertigung NEU.

Aufgabe: a) Ermitteln Sie die SV-Beitragsgrundlagen. C

b) Stellen Sie die Beitragsabrechnung auf (Service-Entgelt insgesamt € 46,80). C

Führen Sie die Abrechnung mit dem Finanzamt und der Gemeinde (bzw. Stadtkasse) durch. C

Ü 7.05:

Bruttobezüge € 19.884,–; davon Bezüge von Dienstnehmern über 60 Jahre € 4.400,–. Berechnen Sie den DB, den DZ (0,36 %) und die KommSt.

Ü 7.06:

Bruttogehalt € 1.458,–. Errechnen Sie den DB, den DZ (0,41 %) und die KommSt.

Ü 7.07:

Bruttobezüge € 28.878,–; es sind € 2.860,– Bezüge eines Behinderten enthalten. Ermitteln Sie den DB, den DZ (0,43 %) und die KommSt.

 **Sichern**

Abrechnung mit der Gebietskrankenkasse

Der **Dienstgeber** hat mit der **Gebietskrankenkasse** folgende Beiträge abzurechnen:

- **Dienstnehmeranteil(e)** zur Sozialversicherung (SV-DNA)
- **Dienstgeberanteil** zur Sozialversicherung (SV-DGA)
- **Service-Entgelt** (E-Card-Gebühr)
- **Betrieblicher Vorsorgebeitrag**
- **Auflösungsabgabe** bei Beendigung eines Dienstverhältnisses (für 2018 € 128,–)

Die **Abrechnung** mit der **Gebietskrankenkasse** erfolgt entweder

- nach dem **Selbstabrechnungsverfahren** (Lohnsummenverfahren)
- oder dem **Vorschreibeverfahren**.

Selbstabrechnungs-verfahren	Der Dienstgeber muss für jeden Monat die **Beitragsgrundlagen bis zum 15. des Folgemonats** der Gebietskrankenkasse **melden** und den **Gesamtbeitrag abliefern**.
Vorschreibeverfahren	Bei **weniger als 15 Dienstnehmern** kann der Dienstgeber verlangen, dass die zu entrichtende Beitragssumme von der Gebietskrankenkasse **vorgeschrieben** wird.
Selbstabrechnungs-verfahren und Vorschreibeverfahren	Außerdem hat der Dienstgeber **jährlich der Gebietskrankenkasse** bzw. **dem Finanzamt** die sozialversicherungsrechtlichen Daten jedes einzelnen Dienstnehmers mit dem Formular **Lohnzettel und Beitragsgrundlagennachweis** bis **Ende Februar des Folgejahres** zu übermitteln.

Abrechnung mit dem Finanzamt

Der **Arbeitgeber** hat mit dem **Finanzamt** abzurechnen:
- die **Lohnsteuer** (LSt)
- den **Dienstgeberbeitrag zum Ausgleichsfonds für Familienbeihilfen** (DB)
- den **Zuschlag zum Dienstgeberbeitrag** (DZ)

Die einzelnen Beträge sind **spätestens am 15. des Folgemonats** an das **Finanzamt** einzuzahlen.

Dienstgeberbeitrag

Alle Dienstgeber, die im Bundesgebiet Dienstnehmer beschäftigen, haben den **Dienstgeberbeitrag** zu entrichten. **Beitragsgrundlage ist die Summe der Bruttobezüge**, die in einem Kalendermonat an die Dienstnehmer gewährt worden sind. Der **Beitrag** beträgt davon **3,9 %**.

Dienstgeberzuschlag

Der **DZ** ist eine **Kammerumlage des Dienstgebers** und fließt über das Finanzamt der Wirtschaftskammer zu. Die **Beitragsgrundlage** des DZ entspricht der des DB. Die Höhe des DZ ist je Bundesland verschieden **(0,36 % bis 0,44 %)**.

Abrechnung mit der Gemeinde bzw. Stadtkasse

Der **Dienstgeber** hat mit der **Gemeinde bzw. Stadtkasse** abzurechnen:
- die **Kommunalsteuer** (KommSt) und
- die **Wiener Dienstgeberabgabe** (gilt nur für die Gemeinde Wien!).

Kommunalsteuer

Die **Kommunalsteuer** fließt der Gemeinde zu und ist daher **an die Gemeinde**, in der sich die **Betriebsstätte** befindet (in Städten an die **Stadtkasse**), **abzuliefern**. Die **Bemessungsgrundlage** der KommSt entspricht im Allgemeinen der **Beitragsgrundlage des DB**. Die Steuer beträgt **3 %** der Bemessungsgrundlage.

Wiener Dienstgeberabgabe

Die **U-Bahn-Steuer** wird in **Wien** eingehoben und beträgt für **jeden Dienstnehmer** und für **jede angefangene Woche** eines bestehenden Dienstverhältnisses **€ 2,–**.

 ID: 7003

Im SbX finden Sie diese Zusammenfassung als Audio-Wiederholung sowie eine Bildschirmpräsentation.

 **Wissen**

SbX

**Aufgaben
mit automatischer
Aufgabenkontrolle
ID: 7004**

W 7.01: An welche außerbetrieblichen Stellen sind die folgenden Steuern und Beiträge zu entrichten? **B**

	Gebietskrankenkasse	Finanzamt	Gemeinde (Stadtkasse)
SV-DNA			
Lohnsteuer			
DB			
Kommunalsteuer			
BV-Beitrag			
DZ			
Service-Entgelt			
U-Bahn-Steuer			

W 7.02: Welches SV-Abrechnungsverfahren muss in einem Unternehmen mit 40 Dienstnehmern angewendet werden? **A**

W 7.03: Bis zu welchem Termin ist beim Selbstabrechnungsverfahren der Gesamtbeitrag zur Sozialversicherung abzuliefern? **A**

W 7.04: In einem Wäschegeschäft arbeitet neben der Geschäftsinhaberin eine Verkäuferin mit einem Gehalt von € 1.440,–. **C**

a) Berechnen Sie den DB.

b) Ermitteln Sie die KommSt.

W 7.05: Ein Handelsvertreter beschäftigt eine Angestellte mit einem Gehalt von € 1.450,–. Er erhöht das Gehalt auf € 1.690,–. **C**

Um welchen Betrag steigen

a) der DB?

b) der DZ (0,39 %)?

c) die KommSt?

W 7.06: Geben Sie den Zahlungstermin für die Lohnsteuer, den DB, den DZ, die Kommunalsteuer und die Wiener Dienstgeberabgabe an. **A**

SbX

ID: 7004

Weitere Möglichkeiten zur Kompetenzüberprüfung im SbX

Wiederholungsfragen	Weitere Aufgaben mit automatischer Aufgabenkontrolle	MUSTERUNTERNEHMEN

**Ein kurzer
Kompetenz-Check,
bevor's weitergeht!**

Kompetenz-Check

	☺	☺	☹
Ich kann die Beiträge nennen, die der Dienstgeber mit der Gebietskrankenkasse abrechnet.			
Ich kann die Abrechnung mit der Gebietskrankenkasse nach dem Selbstabrechnungsverfahren erklären.			
Ich kann die SV-Beitragsgrundlagen ermitteln.			
Ich kann die Beitragsabrechnung durchführen und den Termin nennen, zu dem der Dienstgeber die Beiträge an die Gebietskrankenkasse abzuliefern hat.			
Ich kann den Dienstgeberbeitrag berechnen und den Zahlungstermin für die Überweisung an das Finanzamt nennen.			
Ich kann den Zuschlag zum Dienstgeberbeitrag ermitteln und den Zahlungstermin und Zahlungsempfänger nennen.			
Ich kann die Kommunalsteuer errechnen und den Zahlungstermin für die Überweisung an die Gemeinde bzw. Stadtkasse nennen.			
Ich kann die Wiener Dienstgeberabgabe (U-Bahn-Steuer) berechnen und den Termin nennen, bis zu dem die Abgabe an die Stadtkasse abzuliefern ist.			

8 VERBUCHUNG VON LOHN- UND GEHALTSZAHLUNGEN

Worum geht's in diesem Kapitel?

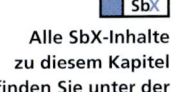

Alle SbX-Inhalte zu diesem Kapitel finden Sie unter der ID: 8000.

Die Abrechnungen in der Personalverrechnung erfolgen aufgrund der Aufzeichnungen von Zeiterfassungssystemen, Stempelkarten, Arbeitsscheinen, Schichtlisten, Überstundenaufzeichnungen, Reisekostenabrechnungen usw.

Aus diesen Aufzeichnungen werden die für die Lohn- und Gehaltsabrechnung erforderlichen Daten entnommen, auf den Lohnkonten der Arbeitnehmer erfasst und in weiterer Folge die Abrechnungen vorgenommen.

Die Auswertungen der Abrechnungen bilden wiederum die Grundlage für die Erfassung in der Finanzbuchführung.

In diesem Kapitel finden Sie Übungsbeispiele zum Kompetenzerwerb und zur Kompetenzüberprüfung auf den Handlungsebenen **A Wiedergeben, B Verstehen** und **C Anwenden.**

Dieses Kapitel umfasst folgende Inhalte:

1 Allgemeines

2 Erfassung auf dem Lohnkonto

3 Verbuchung

 Lernen Üben Sichern Wissen

Lernen

Markieren Sie im nachfolgenden Text die Antworten auf folgende Fragen:

- Welche Aufzeichnungen sind bei händischer Durchführung der Personalverrechnung zu führen?
- Welche Aufzeichnungen sind bei der Durchführung der Personalverrechnung mit einem Softwarepaket zu erstellen?
- Ab welchem Zeitpunkt hat der Arbeitgeber für den Arbeitnehmer ein Lohnkonto zu führen?
- Welche Daten hat der Arbeitgeber am Lohnkonto gemäß Einkommensteuergesetz und Lohnkontenverordnung anzugeben?
- Welche Belege der Personalverrechnung stellen die Grundlage für die Verbuchung dar?

1 Allgemeines

Bei **händischer Durchführung** der Personalverrechnung werden drei Aufzeichnungen erstellt:

- das **Lohnkonto**
- die **Lohn- und Gehaltsliste** (-journal)
- der **Lohn- und Gehaltsabrechnungsbeleg** (Auszahlungsnachweis)

Das Lohnkonto trägt die Originalschrift. Die Lohn- und Gehaltsliste (-journal) sowie der Lohn- und Gehaltsabrechnungsbeleg tragen die Durchschriften.

Bei **Durchführung der Personalverrechnung** mit einem **Softwarepaket** werden meist

*Ein **Lohnkonto**, erstellt mit dem **Lohnverrechnungsmodul WINLine** der Mesonic GmbH, ist im Kapitel 5 enthalten.*

- der **Lohn- und Gehaltsabrechnungsbeleg** (monatlich) und
- das **Jahreslohnkonto** (jährlich oder bei unterjährigem Austritt)

erstellt.

2 Erfassung auf dem Lohnkonto

Der Arbeitgeber hat für **jeden Arbeitnehmer** spätestens ab dem **15. Tag des Monats,** der dem Beginn des Dienstverhältnisses folgt, **ein Lohnkonto zu führen**. Im Lohnkonto ist gemäß **§ 76 Abs. 1 EStG** anzugeben:

Geburtsdatum, sofern noch keine Versicherungsnummer vergeben wurde.

- Name
- Versicherungsnummer
- Wohnsitz
- Alleinverdiener- oder Alleinerzieherabsetzbetrag und die Kinderzuschläge zum Alleinverdiener-/Alleinerzieherabsetzbetrag
- Name und Versicherungsnummer des (Ehe-)Partners bzw. des (jüngsten) Kindes, wenn der Alleinverdiener- bzw. der Alleinerzieherabsetzbetrag berücksichtigt wurde
- Name und Versicherungsnummer des Kindes (der Kinder), wenn der Kinderzuschlag (die Kinderzuschläge) berücksichtigt wurde(n)
- Pendlerpauschale
- Kosten für die Beförderung im Werkverkehr
- Freibetrag laut Mitteilung zur Vorlage beim Arbeitgeber

Laut **Lohnkontenverordnung** sind auf dem Lohnkonto u. a. noch auszuweisen:

- der Arbeitslohn (getrennt in laufenden und sonstigen Bezug) unter Angabe des Zahltages und des Lohnzahlungszeitraumes
- die einbehaltene Lohnsteuer
- die Beitragsgrundlage für die SV-Beiträge und die einbehaltenen Beiträge (getrennt für laufende und sonstige Bezüge)
- die einbehaltenen Gewerkschaftsbeiträge

- das Pendlerpauschale und der Pendlereuro
- die Bemessungsgrundlage für den BV-Beitrag und den geleisteten Beitrag
- die Bemessungsgrundlage für den Dienstgeberbeitrag und für den Zuschlag zum Dienstgeberbeitrag sowie die geleisteten Beiträge
- lohnsteuerfreie Bezüge und die nicht steuerbaren Leistungen (z. B. Tagesgelder und Kilometergelder)
- die Betriebsstätte des Arbeitnehmers
- Mitarbeiterrabatte, die im Einzelfall 20 % übersteigen
- der für den Arbeitnehmer zuständige Sozialversicherungsträger

*Das Finanzamt kann für die **Führung des Lohnkontos Erleichterungen** zulassen.*

Wird die Personalverrechnung mit einem Softwarepaket durchgeführt, wird auch das Lohnkonto elektronisch geführt.

3 Verbuchung

Buchungsgrundlage

Die Verbuchung erfolgt, wenn die Abrechnung mit einem Softwarepaket durchgeführt wird, anhand des ausgedruckten **Buchungsbeleges;** bei manueller Abrechnung auf Grundlage der entsprechenden **Lohn- und Gehaltsliste.** Bei manchen Softwarepaketen wird die Verbuchung **automatisch** vorgenommen.

Lehrbeispiel

L 8.01: Verbuchung von Lohn- und Gehaltszahlungen

Daniel Moser, Betriebsbuchhalter, geb. 20. August 1988, wohnhaft Nußdorfer Straße 78/2, 1090 Wien; IBAN: AT84 1200 0240 1061 1100, BIC: BKAUATWW; Betriebsstätte: Wien; Eintritt in das Unternehmen am 1. Juni 2007; SV-Nr. 2481200888, SV-Träger: W GKK; BV-Beitragspflicht seit 1. Juli 2007, BV-Kasse: BAWAG Allianz Vorsorgekasse AG; Ehepartner Nicole Moser, SV-Nr. 2997170392; Kind Jakob Moser, SV-Nr. 4167080813; Gehalt ab Jänner 2018 € 3.490,–; mit AVAB, 1 Kind; Freibetrag € 35,10/Monat, Pendlerpauschale € 58,–/Monat, Pendlereuro für 33 km (einfache Fahrtstrecke)

Aufgabe: a) Legen Sie das Lohnkonto 2018 an. **C**

b) Stellen Sie die Abrechnung des Jännergehaltes auf dem Lohnkonto (und der Lohn- und Gehaltsliste) für Jänner 2018 auf. Die Abrechnung wird am 31. Jänner durchgeführt. **C**

c) Führen Sie die Abrechnung von zwei weiteren Angestellten auf der Lohn- und Gehaltsliste durch: **C**

Ott (Direktionssekretärin):   Brutto € 3.150,–; ohne AV(E)AB

Weis (Programmierer):   Brutto € 3.610,–; 13 Überstunden mit 50 % ÜZ, Überstundenteiler 1/150; mit AVAB, 2 Kinder

Das Unternehmen hat seine Betriebsstätte in Wien. Für die Angestellten sind die Bestimmungen der Betrieblichen Vorsorge anzuwenden.

d) Berechnen Sie die Dienstgeberbeiträge und -abgaben und stellen Sie die Buchungssätze auf. **C**

Lösung:

a), b) und **c)**

LOHNKONTO für 2018					(Ehe)Partner: Moser Nicole				Kind: Moser Jakob			Kind:		
Name: Moser Daniel			Eintritt: 01.06.2007 Austritt:		SV-Nr.: 2997 170392				SV-Nr.: 4167 080813			SV-Nr.:		
besch. als: Betriebsbuchhalter			SV-Nr.: 2481 200888		ab	Lohn/Gehalt	AVAB/ AEAB	steuerfrei lt. Mitt.	Pendlerpauschale	Pendlereuro	steuerfreie Bezüge	nicht steuerbare Leistungen	Jahress. (JS) bish. § 67/1	
Anschr.: 1090, Nußdorfer Str. 78/2			SV-Träger: W GKK		01.01.	3.490,00	mit	35,10	58,00	5,50/33 km			Rest auf JS	
IBAN: AT841200024010611100			BV seit: 01.07.2007										sonst. Bezug	
BIC: BKAUATWW			BV-Kasse: BAWAG Allianz AG										stpfl.	
Betriebsst.: Wien			Aufroll. am:		Lohnzettel und Beitragsgrundlagennachweis ausgefolgt:							zum lfd. Bezug	

Datum	Stunden			Art d. Bezuges	Normalbezug	Überstunden			Gesamtbezug	DB und DZ			BV-Beitrag		SV-Beitragsgr.		Abzug SV	Bemessungsgr. LSt	Abzug LSt	Abzug		Auszahlungsbetrag
Abr.-Per.	N	Ü 50%	Ü 100%			ÜG	ÜZ LSt-frei	ÜZ LSt-pfl.		Bemessungsgrundl.	Beitr. 3,9% 0,40%	Bemessungsgrundl.	Beitr.	allgem.	Sonderzahlung				Service-Entgelt	Gewerkschaftsbeitrag	
31.01.																					
Jan.				G	3.490,00				3.490,00	3.490,00	136,11 13,96	3.490,00	53,40	3.490,00		632,39	2.764,51	514,37			2.343,24

Lohn-/Gehaltsliste vom 01.01. bis 31.01.2018																		
Datum	Stunden		Art d. Bezuges	Normal-bezug	Überstunden			Gesamt-bezug	DB und DZ		BV-Beitrag		SV-Beitragsgr.		Abzug SV	Bemes-sungsgr. LSt	Abzug LSt	Abzug		Aus-zahlungs-betrag	Name
Abr.-Per.	N	Ü 50%	Ü 100%			ÜG	ÜZ LSt-frei	ÜZ LSt-pfl.		Bemes-sungs-grundl.	Beitr. 3,9% 0,40%	Bemes-sungs-grundl.	Beitr.	allgem.	Sonder-zahlung				Service-Entgelt	Gewerk-schafts-beitrag		
31.01.																					
Jan.				G	3.490,00				3.490,00	3.490,00	136,11 13,96	3.490,00	53,40	3.490,00		632,39	2.764,51	514,37			2.343,24	Moser
31.01.																					
Jan.				G	3.150,00				3.150,00	3.150,00	122,85 12,60	3.150,00	48,20	3.150,00		570,78	2.579,22	484,63			2.094,59	Ott
31.01.																					
Jan.		13		G	3.610,00	312,91	86,00	70,52	4.079,43	4.079,43	159,10 16,32	4.079,43	62,41	4.079,43		739,19	3.254,24	710,98			2.629,26	Weis
Summen:					10.250,00	312,91	86,00	70,52	10.719,43	10.719,43	418,06 42,88	10.719,43	164,01	10.719,43		1.942,36		1.709,98			7.067,09	

d)

Dienstgeberanteil zur SV

D1: 10.719,43 zu 37,75 %   4.046,58
KU: 10.719,43 zu   0,5 %   +   53,60
WF: 10.719,43 zu   1 %   +   107,19
IE: 10.719,43 zu   0,35 %   +   37,52
BV: 10.719,43 zu   1,53 %   +   164,01

Gesamtbeitrag zur SV   4.408,90
SV-DNA   − 1.942,36
SV-DGA   **2.466,54**

DB: 10.719,43 · 3,9 % = **418,06**
DZ: 10.719,43 · 0,40 % = **42,88**
KommSt: 10.719,43 · 3 % = **321,58**

2,00 · 3 · 4 Wochen = € 24,00

U-Bahn-Steuer: 24,00 (für 4 Wochen)

Es ergeben sich folgende **Buchungen:**

Gehaltsliste

Kontonummern gemäß ÖPWZ-Konten-rahmen 2000

6200 Gehälter	10.250,00	
6201 Überstunden Angestellte	469,43	
an 3600 Verbindlichkeiten Krankenkasse		1.942,36
an 3540 Verbindlichkeiten Finanzamt		1.709,98
an 3850 Verbindlichkeiten gegen Mitarbeiter aus der Bezugsverrechnung		7.067,09

Überweisung

3850 Verbindlichkeiten gegen Mitarbeiter aus der Bezugsverrechnung	7.067,09	
an 2800 Bank		7.067,09

Die Verbuchung der Dienstgeberbeiträge und -abgaben erfolgt in der Praxis für die Monate Jän-ner bis November häufig erst bei der Zahlung.

Dienstgeberanteil zur SV

6560 Gesetzlicher Sozialaufwand Angestellte	2.466,54	
an 3600 Verbindlichkeiten Krankenkasse		2.466,54

DB, DZ, KommSt und U-Bahn-Steuer

6660 Dienstgeberbeitrag Angestellte	418,06	
an 3540 Verbindlichkeiten Finanzamt		418,06
6670 Zuschlag zum DB Angestellte	42,88	
an 3540 Verbindlichkeiten Finanzamt		42,88
6680 Kommunalsteuer Angestellte	321,58	
an 3610 Verbindlichkeiten Stadtkasse		321,58
6690 Wiener Dienstgeberabgabe Angestellte	24,00	
an 3610 Verbindlichkeiten Stadtkasse		24,00

Abbildung des mit dem **Lohnverrechnungsprogramm WINLine** der Mesonic GmbH erstellten **Abrechnungsbeleges** (Auszug, verkleinert)

Ein Exemplar der Abrechnung erhält der **Dienstnehmer.** Eine weitere Ausfertigung verbleibt im Personalbüro.

Abrechnungsbeleg

Moser Daniel
Nußdorfer Straße 78/2
1090 Wien

für Jänner 2018

Wien, 31.01.2018

SV-Tage	30
LST-Tage	30
Resturlaub	30

AN-Nr. **01**	Betrieb **1**	Betriebsname **Ing. Karl Berger e.U.**	Kostenstelle

Eintritt: **01.06.2007**   Austritt   SVNr.: **2481200888**   AVAB/AEAB: **V**   Beruf: **Betriebsbuchhalter**

Überst. gesamt	0,00	§ 68/1 Bezüge	0,00	Freibetrag	35,10	Rollungs-Diff.	0,00	Sonderz. 0,00
Überst. frei	0,00	§ 68/1 frei	0,00	Pendler-P.	58,00	Pfändung	0,00	In. J/6-J/12 0,00
Überst. pflichtig	0,00	§ 68/1 pflichtig	0,00	Pendler €	5,50	Ersatzl.	0,00	J/6-J/12 Überh. 0,00

Lohnart	Anzahl	Satz	Gesamt
Gehalt			3.490,00

BRUTTO			**3.490,00**

ABZÜGE	Bemessung	Betrag	
Sozialversicherung Normalzahlung	3.490,00	632,39	
Sozialversicherung Sonderzahlung	0,00	0,00	
Summe Sozialversicherung			632,39
Lohnsteuer Normalzahlung	2.764,51	514,37	
Lohnsteuer Sonderzahlung	0,00	0,00	
Summe Lohnsteuer			514,37
Betriebliche Vorsorge (BV)	3.490,00	53,40	

Summe Abzüge	**1.146,76**
Nettobezug	**2.343,24**
Akonto (inkl. Pfändung)	
AUSZAHLUNGSBETRAG	**2.343,24**

Dienstgebergesamtkosten: 4.555,82
Auszahlungsbetrag minus Sonder Be-/Abzüge sind   51,43 % von den Dienstgebergesamtkosten

Die Auszahlung erfolgt per Überweisung auf das Konto AT841200024010611100 / BKAUATWW.

Der Gesamtaufwand des Unternehmens für den Angestellten Daniel Moser beträgt im Jänner 2018 € 4.555,82 (Gehalt € 3.490,– + 23,01 % SV-DGA inkl. BV-Beitrag € 803,05 + 3,9 % DB € 136,11 + 0,40 % DZ € 13,96 + 3 % KommSt € 104,70 + U-Bahn-Steuer € 8,00), der Nettobezug beträgt € 2.343,24, d. s. 51,43 % des Gesamtaufwandes des Unternehmens. Der Anteil des „Staates" (Bund, Land, Gemeinde, Sozialversicherungsträger) beträgt daher 48,57 %.

Üben

Verbuchen Sie die nachstehenden Lohn- und Gehaltszahlungen.

Ü 8.01:

Gustav Hübner, EDV-Analytiker, geb. 28. April 1987, wohnhaft Heinestraße 8/10, 1020 Wien; IBAN: AT72 1200 0030 8211 6550, BIC: BKAUATWW; Betriebsstätte: Wien; Eintritt in das Unternehmen am 1. Februar 2007; SV-Nr. 3068280487, SV-Träger: W GKK; BV-Beitragspflicht seit 1. März 2007, BV-Kasse: BONUS Vorsorgekasse AG; Ehepartner Maria Hübner, SV-Nr. 2237141089; Kind David Hübner, SV-Nr. 4171180112; Gehalt ab Jänner 2018 € 3.180,–; mit AVAB, 1 Kind; Freibetrag € 41,50/Monat

Formular siehe Anhang

Aufgabe: a) Legen Sie das Lohnkonto 2018 an. **C**

b) Errechnen Sie das Jännergehalt und tragen Sie es in das Lohnkonto mit Datum 31. Jänner 2018 ein. **C**

c) Errechnen Sie die gehaltsabhängigen Steuern und Beiträge (0,40 % DZ, SV-Gesamtbeitrag inkl. BV-Beitrag € 1.307,93, U-Bahn-Steuer für 4 Wochen). Das Unternehmen, Standort Wien, hat nur diesen einen Angestellten. **C**

d) Stellen Sie die Buchungssätze, einschließlich der Überweisung des Gehaltes, auf. **C**

Ü 8.02:

Die Gottfried Kaspar e. U., Handel mit Hard- & Software, hat zwei Angestellte:

Franz Auer: Gehalt € 2.250,–; ohne AV(E)AB

Claudia Berger: Gehalt € 2.890,–; mit AVAB, 2 Kinder; Pendlerpauschale € 113,–/Monat, Pendlereuro für 51 km (einfache Fahrtstrecke)

Für die Angestellten sind die Bestimmungen des BMSVG anzuwenden.

Aufgabe: a) Rechnen Sie die Gehälter für Jänner 2018 am 31. Jänner 2018 ab. **C**

Formular siehe Anhang
　　　　　b) Tragen Sie die Gehälter in die Lohn- und Gehaltsliste ein. **C**

　　　　　c) Berechnen Sie die gehaltsabhängigen Steuern und Beiträge (SV-DGA inkl. BV-Beitrag, 0,36 % DZ, KommSt). **C**

　　　　　d) Stellen Sie die Buchungssätze, einschließlich der Überweisung der Gehälter, auf. **C**

 # Sichern

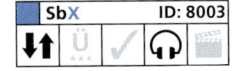

Aufzeichnungen bei händischer Durchführung der Personalverrechnung
- Das **Lohnkonto,**
- die **Lohn- und Gehaltsliste** (-journal) und
- der **Lohn- und Gehaltsabrechnungsbeleg** (Auszahlungsnachweis).

Aufzeichnungen bei Durchführung der Personalverrechnung mit einem Softwarepaket
- Der **Lohn- und Gehaltsabrechnungsbeleg** (monatlich) und
- das **Jahreslohnkonto** (jährlich oder bei unterjährigem Austritt).

Erfassung auf dem Lohnkonto
Der Arbeitgeber hat für **jeden Arbeitnehmer** spätestens ab dem **15. Tag des Monats,** der dem Beginn des Dienstverhältnisses folgt, **ein Lohnkonto zu führen.** Im EStG bzw. in der Lohnkontenverordnung ist angeführt, welche Daten im Lohnkonto einzutragen sind.

Verbuchung
Buchungsgrundlagen sind im Allgemeinen bei Abrechnung mit einem Softwarepaket die **Buchungsbelege,** bei manueller Abrechnung die **Lohn- und Gehaltsliste.**

SbX
ID: 8003
Im SbX finden Sie diese Zusammenfassung als Audio-Wiederholung sowie eine Bildschirmpräsentation.

 # Wissen

SbX
ID: 8004

Weitere Möglichkeiten zur Kompetenzüberprüfung im SbX

| Wiederholungsfragen | Weitere Aufgaben mit automatischer Aufgabenkontrolle |  |

Ein kurzer Kompetenz-Check, bevor's weitergeht!

Kompetenz-Check

	☺	😐	☹
Ich kann die Aufzeichnungen bei händischer Durchführung der Personalverrechnung nennen.			
Ich kann die Aufzeichnungen bei Durchführung der Personalverrechnung mit einem Softwarepaket aufzählen.			
Ich kann die Eintragungen auf dem Lohnkonto durchführen.			
Ich kann die Verbuchung der Abrechnungen vornehmen.			

9 ARBEITNEHMER-VERANLAGUNG

Worum geht's in diesem Kapitel?

Alle SbX-Inhalte zu diesem Kapitel finden Sie unter der ID: 9000.

Die Lohnsteuer ist für den Finanzminister, neben der Umsatzsteuer, die einnahmenstärkste Steuerquelle:

Steuereinnahmen (Mrd. Euro)	2014	2015	2016	2017 (geplant)
Lohnsteuer	27,1	28,4	25,4	25,7

oder

nanzonline.bmf.gv.at/fon/

Mit der Arbeitnehmerveranlagung können sich die Steuerpflichtigen jedoch einen Teil der zuvor monatlich abgelieferten Lohnsteuer zurückholen. Fast 2,7 Millionen Anträge werden dazu pro Jahr eingebracht und ergeben eine Gesamtrückzahlung von bis zu 900 Millionen Euro. Es könnte aber noch mehr rückgeholt werden – ca. 200 Millionen Euro werden dem Finanzminister geschenkt, weil eine Arbeitnehmerveranlagung unterlassen wird.

In diesem Kapitel finden Sie Übungsbeispiele und Aufgaben zum Kompetenzerwerb und zur Kompetenzüberprüfung auf den Handlungsebenen **A** **Wiedergeben,** **B** **Verstehen** und **C** **Anwenden.**

Lernen

Markieren Sie im nachfolgenden Text die Antworten auf folgende Fragen:

- **Worin besteht die Aufgabe der Arbeitnehmerveranlagung?**
- **Welcher Nachweis bildet die Grundlage für die Veranlagung eines Arbeitnehmers?**
- **Welche Arten der Arbeitnehmerveranlagung gibt es?**
- **Wann kann ein Antrag auf Arbeitnehmerveranlagung gestellt werden?**
- **In welchem Zeitraum kann eine Arbeitnehmerveranlagung eingebracht werden?**
- **Wann erfolgt eine antragslose (automatische) Veranlagung?**
- **Was versteht man unter Sonderausgaben?**
- **Was sind Werbungskosten?**
- **Was sind außergewöhnliche Belastungen?**
- **Wie ist eine Antragsveranlagung durchzuführen?**
- **Wie ist eine Beschwerde gegen den Bescheid der Arbeitnehmerveranlagung einzubringen?**

Allgemeines

Lohnsteuer aus der (jährlichen) Arbeitnehmerveranlagung
– Lohnsteuer aus den (monatlichen) Lohn-/Gehaltsabrechnungen
= Steuergutschrift oder Steuernachzahlung

Mit der Arbeitnehmerveranlagung wird die **Lohnsteuer des Veranlagungszeitraumes,** in der Regel des Kalenderjahres, **neu berechnet** und **der einbehaltenen Lohnsteuer** (aus der Lohn- und Gehaltsabrechnung) **gegenübergestellt.** Daraus kann sich entweder eine **Steuergutschrift** oder eine **Steuernachzahlung** ergeben.

Grundlage für die Veranlagung eines Arbeitnehmers ist der **Lohnzettel und Beitragsgrundlagennachweis** (Abbildung im Kapitel 5, Beendigung von Dienstverhältnissen), den der Arbeitgeber der zuständigen Gebietskrankenkasse oder dem Finanzamt zu übermitteln hat.

Arten der Arbeitnehmerveranlagung

Es werden dabei **folgende Arten** der Arbeitnehmerveranlagung unterschieden:

- Pflichtveranlagung
- Antragsveranlagung
- Antragslose (automatische) Veranlagung

Pflichtveranlagung

Eine Veranlagung wird **durch das Finanzamt verpflichtend** durchgeführt, wenn z. B.

- der Arbeitnehmer im Kalenderjahr zumindest zeitweise **gleichzeitig zwei oder mehrere lohnsteuerpflichtige Einkünfte,** Krankengeld, Bezüge aus Truppenübungen u. a. bezogen hat,
- die Voraussetzungen für die Inanspruchnahme des **Alleinverdiener- oder Alleinerzieherabsetzbetrages** nicht vorlagen,
- das **Pendlerpauschale und der Pendlereuro** zu Unrecht oder in unrichtiger Höhe in Anspruch genommen wurden,
- der **Freibetrag** laut Freibetragsbescheid bei der Lohnverrechnung berücksichtigt wurde.

Antragsveranlagung

Liegen die Voraussetzungen einer Pflichtveranlagung nicht vor, kann der **Arbeitnehmer** einen **Antrag auf Arbeitnehmerveranlagung** beim Finanzamt einbringen.

Zu einer Antragsveranlagung wird es kommen, wenn der Arbeitnehmer

- Sonderausgaben,
- Werbungskosten,
- außergewöhnliche Belastungen

geltend machen will.

Der Antrag auf Arbeitnehmerveranlagung kann **innerhalb von fünf Jahren** ab dem Ende des Veranlagungszeitraumes gestellt werden.

Antragslose Veranlagung

Die nachfolgenden Erläuterungen beziehen sich auf die Antragsveranlagung.

Eine **antragslose (automatische) Veranlagung** wird **durch das Finanzamt von Amts wegen durchgeführt,** wenn der Arbeitnehmer keine Abgabenerklärung für das vorangegangene Veranlagungsjahr bis Ende des Monats Juni einreicht, ausschließlich lohnsteuerpflichtige Einkünfte erzielt hat und aus der Veranlagung eine Steuergutschrift resultiert. Mit dieser Form der Veranlagung soll sichergestellt werden, dass Arbeitnehmer die zustehenden Steuergutschriften auch dann bekommen, wenn sie keine Antragsveranlagung durchführen.

Sonderausgaben

Sonderausgaben

Unter Sonderausgaben versteht man **Ausgaben aus der privaten Lebensführung** des Arbeitnehmers, die **steuerlich begünstigt** werden.

Als Sonderausgaben gelten z. B. folgende Beiträge und Prämien:

***** **Bis 31. Dezember 2020 als Sonderausgaben absetzbar** sind derartige **Versicherungsprämien und Ausgaben** nur **dann,** wenn der der Zahlung zugrunde liegende **Vertrag vor dem 1. Jänner 2016 abgeschlossen** worden ist.

Bei einer Lebensversicherung in Form einer Rentenversicherung wird nach der Ansparperiode eine **monatliche Rente** ausbezahlt.

Steht dem Arbeitnehmer z. B. ein Alleinverdiener- oder Alleinerzieherabsetzbetrag zu, dann erhöht sich dieser Betrag um weitere € 2.920,–.

- **Versicherungsprämien*,** z. B. für eine freiwillige Kranken-, Unfall-, Pensionsversicherung bzw. Lebensversicherung in Form einer Rentenversicherung
- **Ausgaben zur Wohnraumschaffung und Wohnraumsanierung*,** z. B. Beträge, die zur Schaffung von Wohnraum an Bauträger (z. B. gemeinnützige Bauvereinigungen), zur Errichtung von Eigenheimen oder Eigentumswohnungen und/oder zur Sanierung von Wohnraum geleistet werden sowie die Rückzahlungen von Darlehen (inkl. der Zinsen) zur Schaffung und Sanierung von Wohnraum
- **Kirchenbeiträge**
- **Spenden,** z. B. an Organisationen für Umwelt-, Natur- und Artenschutz, Tierheime, freiwillige Feuerwehren
- **Steuerberatungskosten**

Die Sonderausgaben werden teils **in voller Höhe,** teils **in begrenztem Umfang** bei der Arbeitnehmerveranlagung berücksichtigt. So sind z. B. Ausgaben für Versicherungsprämien bzw. zur Wohnraumschaffung und Wohnraumsanierung insgesamt bis zu einem Höchstbetrag von € 2.920,– pro Jahr, davon max. zu 25 %; die Beiträge an Kirchen und Religionsgesellschaften bis höchstens € 400,– pro Jahr absetzbar. Die Ausgaben für Spenden sind auf 10 % der Einkünfte des laufenden Kalenderjahres begrenzt. Steuerberatungskosten sind unbeschränkt abzugsfähig.

Werbungskosten

Werbungskosten

Werbungskosten sind **Ausgaben,** die **im Zusammenhang mit der beruflichen Tätigkeit** des Arbeitnehmers stehen. Sie dienen dem Erwerb, der Sicherung oder dem Erhalt der beruflichen Tätigkeit.

Einige Werbungskosten, wie die Pflichtbeiträge zur Sozialversicherung, das Service-Entgelt (E-Card-Gebühr), das Pendlerpauschale und der Gewerkschaftsbeitrag, werden bei der Abrechnung von Bezügen automatisch berücksichtigt. Der Pendlereuro zählt nicht zu den Werbungskosten.

In der Praxis häufig anfallende Werbungskosten sind:

- **Arbeitsmittel,** z. B. Computer, Drucker
- **Fachliteratur,** das sind Fachbücher oder entsprechende elektronische Datenträger
- **Reisekosten für Dienstreisen,** die teilweise oder nicht vom Arbeitgeber erstattet werden
- **Ausbildungs-, Fortbildungs- und Umschulungskosten**
- **Sonstige Werbungskosten,** z. B. Internetkosten, Telefongebühren, Handy, Berufsbekleidung (Arbeitsmäntel, Fleischerschürze, Malerbekleidung usw.)

Außergewöhnliche Belastungen

Außergewöhnliche Belastungen

Außergewöhnliche Belastungen sind **nicht alltägliche Ausgaben,** die **zwangsläufig** entstehen und die **wirtschaftliche Leistungsfähigkeit wesentlich beeinträchtigen.**

9 Arbeitnehmerveranlagung

Regelmäßig vorkommende außergewöhnliche Belastungen sind:

- **Krankheitskosten,** z. B. Arzt- und Krankenhaushonorare, Kosten für die häusliche Pflege, für Zahnersatz und Zahnbehandlung (z. B. Zahnspange, Krone), für Sehbehelfe (Brillen, Kontaktlinsen)
- **Kurkosten,** z. B. Aufenthaltskosten, Kosten für Kurmittel und medizinische Betreuung
- **Sonstige außergewöhnliche Belastungen,** z. B. Pflegeheimkosten
- **Beseitigung von Katastrophenschäden,** z. B. aufgrund von Hochwasser, Erdrutschungen, Lawinen
- **Behinderung,** z. B. Diätverpflegung bei Zuckerkrankheit
- **Kinderbetreuung, auswärtige Berufsausbildung** (z. B. Berufsausbildung außerhalb des Wohnortes)

Je nach Art der außergewöhnlichen Belastung erfolgt eine Absetzung ohne Kürzung oder es werden Selbstbehalte bzw. Pauschalbeträge angesetzt.

Durchführung der Antragsveranlagung

Der Antrag auf Durchführung der Arbeitnehmerveranlagung wird in der Regel elektronisch über **FinanzOnline** eingebracht. Das FinanzOnline ist auf der Website des Bundesministeriums für Finanzen unter **www.bmf.gv.at** zu finden.

Nach Erfassung der Sonderausgaben, Werbungskosten und außergewöhnlichen Belastungen sind die Daten des **Lohnzettels und Beitragsgrundlagennachweises** im FinanzOnline einzugeben.

Hinweis: Die Erfassung der Daten des Lohnzettels und Beitragsgrundlagennachweises ist nur bei der anonymen Steuerberechnung (Berechnung der Steuer ohne Anmeldung/Registrierung) erforderlich.

Das Finanzamt bearbeitet die Anträge in der Reihenfolge des Einlangens. Die Erledigung des Antrages zur Arbeitnehmerveranlagung erfolgt durch einen **Bescheid,** der auch über FinanzOnline zugestellt wird.

Ergibt die Arbeitnehmerveranlagung eine **Gutschrift,** so erfolgt mit der Erstellung des Bescheides die Überweisung auf das Konto des Arbeitnehmers. Im Falle einer **Nachzahlung** kann der Antrag auf Arbeitnehmerveranlagung, ausgenommen bei einer Pflichtveranlagung, im Beschwerdewege zurückgezogen werden. Bei einer **Nachzahlung** ist der ausstehende Abgabenbetrag einen Monat nach der Bekanntgabe des Bescheides fällig.

Rechtsmittel – Beschwerde

Bestehen Bedenken zu den Berechnungen des Finanzamtes, kann gegen den Bescheid zur Arbeitnehmerveranlagung **bis spätestens einen Monat** nach der Zustellung **Beschwerde** beim Finanzamt eingebracht werden. Das Einbringen einer Beschwerde hat **keine aufschiebende Wirkung auf die Zahlung,** d. h. der ausstehende Abgabenbetrag ist auch im Fall einer Beschwerde fristgerecht einzuzahlen.

L 9.01: Arbeitnehmerveranlagung

Frau Franziska Meyer, Angestellte (Buchhalterin), möchte für das Kalenderjahr 2017 die Arbeitnehmerveranlagung durchführen.

Folgende Unterlagen stellt Frau Meyer zur Verfügung:
- Auftragsbestätigung über die Zahlung von € 920,– für eine freiwillige Krankenversicherung
- Auftragsbestätigung über die Zahlung von € 1.200,– als Prämie für eine Lebensversicherung (in Form einer Rentenversicherung)
- Rechnung und Auftragsbestätigung über die Zahlung des Abonnements der Steuer- und Wirtschaftskartei über € 373,86 (Fachliteratur)
- Rechnung und Zahlungsbestätigung des WIFI-Fortbildungskurses „Update zum Umsatzsteuerrecht" über € 320,–
- Rechnung und Zahlungsbestätigung des Zahnarztes Dr. Reinhard Duller über einen Zahnersatz in Höhe von € 720,–

Sidebar (left margin):

Eine nähere Behandlung der Sonderausgaben, der Werbungskosten und der außergewöhnlichen Belastungen erfolgt in der Steuerlehre.

Zur Erläuterung der **Durchführung der Arbeitnehmerveranlagung** steht unter **finanzonline.bmf.gv.at/fon/** ein **E-Learning-Tool** zur Verfügung.

Lohnzettel und Beitragsgrundlagennachweis

Bescheid

Gutschrift, Nachzahlung

Beschwerde
Das Rechtsmittelverfahren ist Teil des Lehrstoffes der Steuerlehre.

Lehrbeispiel

Die Dienstnehmerin hat keinen Anspruch auf den Alleinverdiener- bzw. Alleinerzieherabsetzbetrag. Sie legt den Lohnzettel und Beitragsgrundlagennachweis für 2017 (Auszug) den Unterlagen bei.

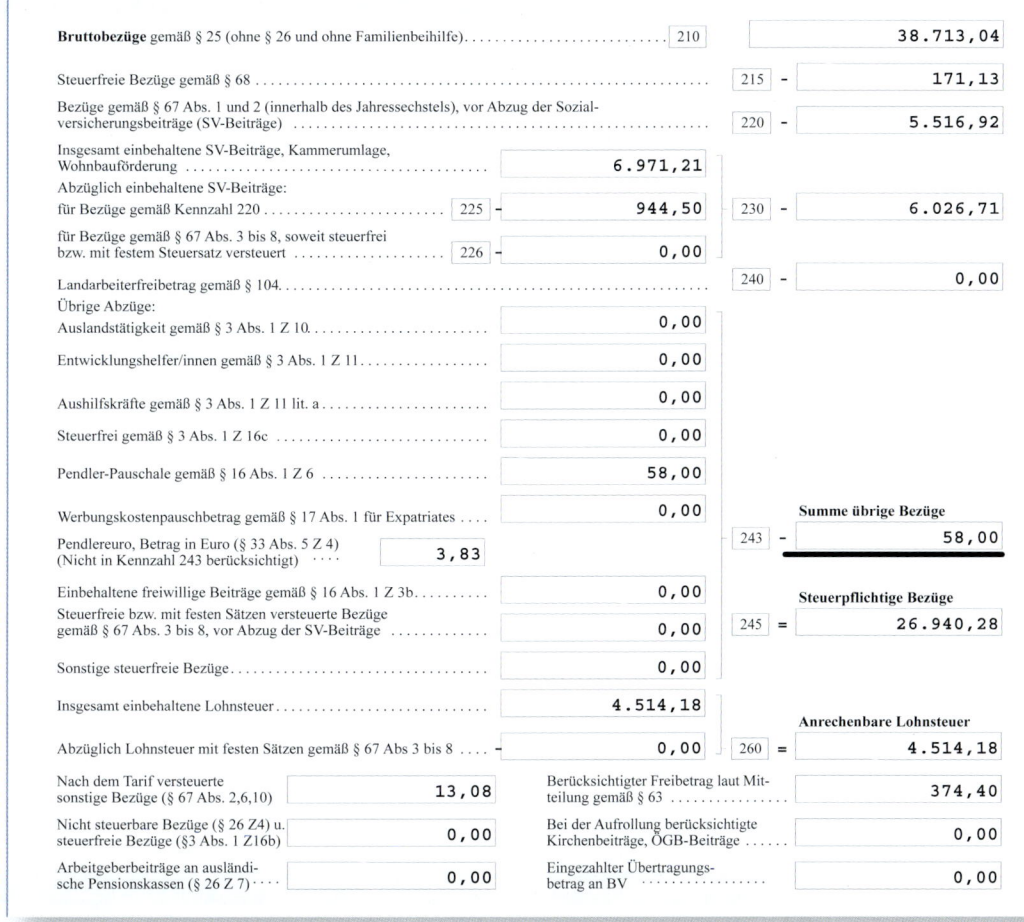

Bruttobezüge gemäß § 25 (ohne § 26 und ohne Familienbeihilfe)...............	210		38.713,04
Steuerfreie Bezüge gemäß § 68	215 –		171,13
Bezüge gemäß § 67 Abs. 1 und 2 (innerhalb des Jahressechstels), vor Abzug der Sozialversicherungsbeiträge (SV-Beiträge)	220 –		5.516,92
Insgesamt einbehaltene SV-Beiträge, Kammerumlage, Wohnbauförderung		6.971,21	
Abzüglich einbehaltene SV-Beiträge: für Bezüge gemäß Kennzahl 220 .... 225 –		944,50	230 – 6.026,71
für Bezüge gemäß § 67 Abs. 3 bis 8, soweit steuerfrei bzw. mit festem Steuersatz versteuert .... 226 –		0,00	
Landarbeiterfreibetrag gemäß § 104............	240 –		0,00
Übrige Abzüge: Auslandstätigkeit gemäß § 3 Abs. 1 Z 10.		0,00	
Entwicklungshelfer/innen gemäß § 3 Abs. 1 Z 11.............		0,00	
Aushilfskräfte gemäß § 3 Abs. 1 Z 11 lit. a		0,00	
Steuerfrei gemäß § 3 Abs. 1 Z 16c		0,00	
Pendler-Pauschale gemäß § 16 Abs. 1 Z 6		58,00	
Werbungskostenpauschbetrag gemäß § 17 Abs. 1 für Expatriates		0,00	**Summe übrige Bezüge**
Pendlereuro, Betrag in Euro (§ 33 Abs. 5 Z 4) (Nicht in Kennzahl 243 berücksichtigt) ····	3,83		243 – 58,00
Einbehaltene freiwillige Beiträge gemäß § 16 Abs. 1 Z 3b..........		0,00	**Steuerpflichtige Bezüge**
Steuerfreie bzw. mit festen Sätzen versteuerte Bezüge gemäß § 67 Abs. 3 bis 8, vor Abzug der SV-Beiträge		0,00	245 = 26.940,28
Sonstige steuerfreie Bezüge.......		0,00	
Insgesamt einbehaltene Lohnsteuer.........................		4.514,18	**Anrechenbare Lohnsteuer**
Abzüglich Lohnsteuer mit festen Sätzen gemäß § 67 Abs 3 bis 8 .... –		0,00	260 = 4.514,18
Nach dem Tarif versteuerte sonstige Bezüge (§ 67 Abs. 2,6,10)	13,08	Berücksichtigter Freibetrag laut Mitteilung gemäß § 63	374,40
Nicht steuerbare Bezüge (§ 26 Z4) u. steuerfreie Bezüge (§3 Abs. 1 Z16b)	0,00	Bei der Aufrollung berücksichtigte Kirchenbeiträge, ÖGB-Beiträge	0,00
Arbeitgeberbeiträge an ausländische Pensionskassen (§ 26 Z 7) ····	0,00	Eingezahlter Übertragungsbetrag an BV	0,00

Aufgabe: a) Erfassen Sie die Daten in den Masken der anonymen Steuerberechnung der Arbeitnehmerveranlagung. **C**

b) Berechnen Sie das voraussichtliche Ergebnis der Arbeitnehmerveranlagung. **C**

Lösung:

Die Abbildungen wurden auf Basis der anonymen Berechnung der Arbeitnehmerveranlagung 2017 erstellt.

a)

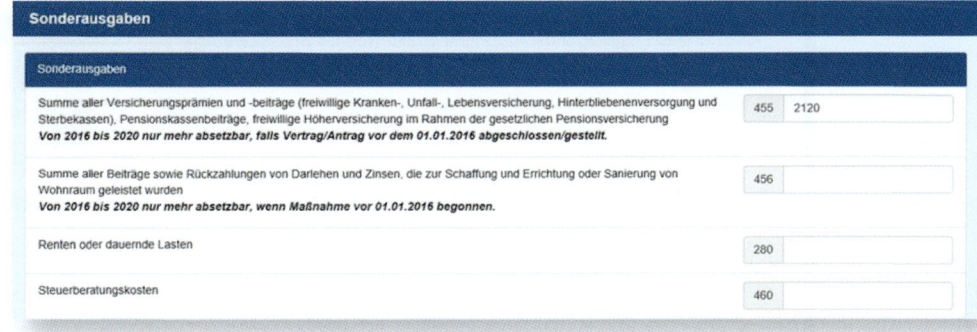

Werbungskosten

Werbungskosten (ohne Anrechnung auf das Werbungskostenpauschale von 132 Euro), Pendlerpauschale/-euro

*(Die Kennzahlen **718** und **916** sind gemeinsam auszufüllen)*
Erläuterungen zum Pendlerpauschale/-euro und zum erhöhten Verkehrsabsetzbetrag finden Sie im Steuerbuch 2018.

Pendlerpauschale - tatsächlich zustehender Jahresbetrag
Nur ausfüllen, wenn nicht bereits durch Ihre Arbeitgeberin/Ihren Arbeitgeber in richtiger Höhe berücksichtigt.
Berechnung laut Pendlerrechner unter www.bmf.gv.at/pendlerrechner/ | 718 |

Pendlereuro (Absetzbetrag) - tatsächlich zustehender Jahresbetrag
Nur ausfüllen, wenn nicht bereits durch Ihre Arbeitgeberin/Ihren Arbeitgeber in richtiger Höhe berücksichtigt. Der Pendlereuro beträgt 2 Euro pro km des einfachen Arbeitsweges für das Kalenderjahr und ist aus dem Pendlerrechner ersichtlich.
Berechnung laut Pendlerrechner unter www.bmf.gv.at/pendlerrechner/ | 916 |

Gewerkschaftsbeiträge und sonstige Beiträge zu Berufsverbänden und Interessensvertretungen - tatsächlich zustehender Jahresbetrag - ausgenommen Betriebsratsumlage.
Nur ausfüllen, wenn nicht bereits durch Ihre Arbeitgeberin/Ihren Arbeitgeber in richtiger Höhe berücksichtigt. | 717 |

Falls vom Arbeitgeber bereits in richtiger Höhe berücksichtigt, ist hier keine Eintragung vorzunehmen. Andernfalls ist der Gesamtbetrag einzutragen.

Pflichtbeiträge auf Grund einer geringfügigen Beschäftigung und Pflichtbeiträge für mitversicherte Angehörige sowie selbst einbezahlte SV-Beiträge (zB SVdGW) ausgenommen Betriebsratsumlage | 274 |

*Hier sind **weitere Werbungskosten** einzutragen. Bitte geben Sie jeweils den Jahresbetrag der Aufwendungen abzüglich steuerfreier Ersätze oder Vergütungen an. Betragen die Werbungskosten weniger als 132 Euro jährlich, ist eine Eintragung nicht erforderlich.*

Genaue Bezeichnung Ihrer beruflichen Tätigkeit (z.B. Koch, Verkäuferin; nicht ausreichend ist Angestellte, Arbeiter)		Buchhalterin
Arbeitsmittel *(bei Anschaffungen über 400 Euro nur AfA)*	719	
Fachliteratur *(keine allgemein bildenden Werke wie Lexika, Nachschlagewerke, Zeitungen etc.)*	720	373,86
Beruflich veranlasste Reisekosten *(**ohne** Fahrtkosten Wohnung/Arbeitsstätte und Familienheimfahrten)*	721	
Fortbildungs-, Ausbildungs- und Umschulungskosten	722	320
Kosten für Familienheimfahrten	300	
Kosten für doppelte Haushaltsführung	723	
Sonstige Werbungskosten, die nicht unter die Kennzahlen 719, 720, 721, 722, 300 und 723 fallen (z.B. Betriebsratsumlage)	724	

Außergewöhnliche Belastungen

Außergewöhnliche Belastungen mit Selbstbehalt (abzüglich erhaltener Ersätze oder Vergütungen)

Krankheitskosten *(inkl. Zahnersatz)*	730	720
Begräbniskosten *(soweit nicht gedeckt durch: Nachlassaktiva, Versicherungsleistungen, steuerfreie Ersätze durch Arbeitgeberin/Arbeitgeber, Vermögensübertragung innerhalb der letzten 7 Jahre vor Ableben)*	731	
Kurkosten *[nach Abzug einer anteiligen Haushaltsersparnis für Verpflegung (Vollpension) in Höhe von 5,23 Euro täglich]*	734	
Sonstige außergewöhnliche Belastungen, die nicht unter die Kennzahlen 730, 731 und 734 fallen	735	

Lohnzettel / Meldungen / Mitteilungen

Lohnzettel gemäß § 84 Abs.1 und Abs.4 EStG (Inland)

Soziale Stellung		Angestellte ⌄
Bruttobezüge gem. § 25 (ohne § 26 und ohne Familienbeihilfe)	210	38713,04
Steuerfreie Bezüge gem. § 68	215	171,13
Bezüge gem. § 67 Abs. 1 und 2 (innerhalb des Jahressechstel), vor Abzug der Sozialversicherungsbeiträge	220	5516,92
Abzüglich einbehaltene SV-Beiträge für Bezüge gem. Kennzahl 220	225	944,50
Abzüglich einbehaltene SV-Beiträge für Bezüge gem. § 67 Abs. 3 bis 8, soweit steuerfrei bzw. mit festem Steuersatz versteuert	226	
SV-Beiträge, Kammerumlage, Wohnbauförderung für laufende Bezüge	230	6026,71
Landarbeiterfreibetrag gem. § 104	240	
Pendlerpauschale		
Summe übrige Abzüge	243	58
Steuerpflichtige Bezüge	245	26940,28
Anrechenbare Lohnsteuer	260	4514,18

b)

Anonyme Berechnung der Arbeitnehmerveranlagung 2017

Die Berechnung ergibt eine Gutschrift (ohne Berücksichtigung von geleisteten Voraus- und Anzahlungen) von: 226.00

Üben

A B C D E

Ü 9.01: Arbeitnehmerveranlagung

Herr Alexander Bauer, Arbeiter (Mechaniker), möchte für das Kalenderjahr 2017 die Arbeitnehmerveranlagung durchführen. Er stellt Ihnen dazu folgende Unterlagen zur Verfügung:

- Auftragsbestätigung über die Zahlung von € 840,– als Prämie für eine Lebensversicherung (in Form einer Rentenversicherung)
- Der Dienstgeber hat Reisekosten im Ausmaß von € 1.210,– nicht ersetzt.
- Rechnung und Zahlungsbestätigung für Berufskleidung in Höhe von € 220,–
- Herr Bauer leidet an einer Zuckerkrankheit; der Grad der Behinderung beträgt 25 %; der pauschale Freibetrag ist zu berücksichtigen.

Herrn Bauer steht kein Alleinverdiener-/Alleinerzieherabsetzbetrag zu. Er legt den Lohnzettel und Beitragsgrundlagennachweis für 2017 (Auszug) den Unterlagen bei.

Bruttobezüge gemäß § 25 (ohne § 26 und ohne Familienbeihilfe)............................ 210		31.535,52
Steuerfreie Bezüge gemäß § 68 .... 215 –		132,34
Bezüge gemäß § 67 Abs. 1 und 2 (innerhalb des Jahressechstels), vor Abzug der Sozialversicherungsbeiträge (SV-Beiträge) 220 –		4.420,00
Insgesamt einbehaltene SV-Beiträge, Kammerumlage, Wohnbauförderung 5.681,72		
Abzüglich einbehaltene SV-Beiträge: für Bezüge gemäß Kennzahl 220 .... 225 – 756,70	230 –	4.925,02
für Bezüge gemäß § 67 Abs. 3 bis 8, soweit steuerfrei bzw. mit festem Steuersatz versteuert .... 226 – 0,00		
Landarbeiterfreibetrag gemäß § 104.....................	240 –	0,00
Übrige Abzüge: Auslandstätigkeit gemäß § 3 Abs. 1 Z 10............ 0,00		
Entwicklungshelfer/innen gemäß § 3 Abs. 1 Z 11............... 0,00		
Aushilfskräfte gemäß § 3 Abs. 1 Z 11 lit. a 0,00		
Steuerfrei gemäß § 3 Abs. 1 Z 16c 0,00		
Pendler-Pauschale gemäß § 16 Abs. 1 Z 6 0,00		
Werbungskostenpauschbetrag gemäß § 17 Abs. 1 für Expatriates 0,00		**Summe übrige Bezüge**
Pendlereuro, Betrag in Euro (§ 33 Abs. 5 Z 4) (Nicht in Kennzahl 243 berücksichtigt) 0,00	243 –	0,00
Einbehaltene freiwillige Beiträge gemäß § 16 Abs. 1 Z 3b......... 0,00		**Steuerpflichtige Bezüge**
Steuerfreie bzw. mit festen Sätzen versteuerte Bezüge gemäß § 67 Abs. 3 bis 8, vor Abzug der SV-Beiträge 0,00	245 =	22.058,16
Sonstige steuerfreie Bezüge..................... 0,00		
Insgesamt einbehaltene Lohnsteuer........................... 2.885,74		**Anrechenbare Lohnsteuer**
Abzüglich Lohnsteuer mit festen Sätzen gemäß § 67 Abs 3 bis 8 .... – 0,00	260 =	2.885,74

Nach dem Tarif versteuerte sonstige Bezüge (§ 67 Abs. 2,6,10) 0,00	Berücksichtigter Freibetrag laut Mitteilung gemäß § 63	0,00
Nicht steuerbare Bezüge (§ 26 Z4) u. steuerfreie Bezüge (§3 Abs. 1 Z16b) 0,00	Bei der Aufrollung berücksichtigte Kirchenbeiträge, ÖGB-Beiträge	0,00
Arbeitgeberbeiträge an ausländische Pensionskassen (§ 26 Z 7) 0,00	Eingezahlter Übertragungsbetrag an BV	0,00

Aufgabe: a) Erfassen Sie die Daten in den Masken der anonymen Steuerberechnung der Arbeitnehmerveranlagung. **C**

b) Berechnen Sie das voraussichtliche Ergebnis der Arbeitnehmerveranlagung. **C**

9 Arbeitnehmerveranlagung

Ü 9.02: **Arbeitnehmerveranlagung**

Frau Anna Oberhuber, Angestellten-Lehrling (Versicherungskauffrau), möchte für das Kalenderjahr 2017 die Arbeitnehmerveranlagung durchführen. Dazu stellt sie folgende Unterlagen zur Verfügung:

● Zahlungsbestätigung über eine Spende an die Freiwllige Feuerwehr in der Höhe von € 50,–
● Rechnung und Auftragsbestätigung über den Fortbildungskurs „Kommunikations- und Motivationstraining für Lehrlinge" über € 190,–
● Zahlungsbestätigung über die Teilrechnung einer Zahnspange in Höhe von € 1.340,–

Frau Oberhuber steht kein Alleinverdiener-/Alleinerzieherabsetzbetrag zu. Der Lohnzettel und Beitragsgrundlagennachweis für 2017 (Auszug) für Frau Anna Oberhuber lautet wie folgt:

Bruttobezüge gemäß § 25 (ohne § 26 und ohne Familienbeihilfe)........................ 210		9.490,00
Steuerfreie Bezüge gemäß § 68 .... 215 −		0,00
Bezüge gemäß § 67 Abs. 1 und 2 (innerhalb des Jahressechstels), vor Abzug der Sozialversicherungsbeiträge (SV-Beiträge) .... 220 −		1.323,64
Insgesamt einbehaltene SV-Beiträge, Kammerumlage, Wohnbauförderung 1.142,92		
Abzüglich einbehaltene SV-Beiträge: für Bezüge gemäß Kennzahl 220 ...... 225 − 157,78 230 −		985,14
für Bezüge gemäß § 67 Abs. 3 bis 8, soweit steuerfrei bzw. mit festem Steuersatz versteuert .... 226 − 0,00		
Landarbeiterfreibetrag gemäß § 104............................... 240 −		0,00
Übrige Abzüge: Auslandstätigkeit gemäß § 3 Abs. 1 Z 10............... 0,00		
Entwicklungshelfer/innen gemäß § 3 Abs. 1 Z 11.............. 0,00		
Aushilfskräfte gemäß § 3 Abs. 1 Z 11 lit. a................... 0,00		
Steuerfrei gemäß § 3 Abs. 1 Z 16c................. 0,00		
Pendler-Pauschale gemäß § 16 Abs. 1 Z 6 0,00		
Werbungskostenpauschbetrag gemäß § 17 Abs. 1 für Expatriates 0,00	**Summe übrige Bezüge**	
Pendlereuro, Betrag in Euro (§ 33 Abs. 5 Z 4) (Nicht in Kennzahl 243 berücksichtigt) ···· 0,00	243 −	0,00
Einbehaltene freiwillige Beiträge gemäß § 16 Abs. 1 Z 3b......... 0,00	**Steuerpflichtige Bezüge**	
Steuerfreie bzw. mit festen Sätzen versteuerte Bezüge gemäß § 67 Abs. 3 bis 8, vor Abzug der SV-Beiträge 0,00	245 =	7.181,22
Sonstige steuerfreie Bezüge.................. 0,00		
Insgesamt einbehaltene Lohnsteuer 0,00	**Anrechenbare Lohnsteuer**	
Abzüglich Lohnsteuer mit festen Sätzen gemäß § 67 Abs 3 bis 8 .... − 0,00 260 =		0,00
Nach dem Tarif versteuerte sonstige Bezüge (§ 67 Abs. 2,6,10) 106,36	Berücksichtigter Freibetrag laut Mitteilung gemäß § 63	0,00
Nicht steuerbare Bezüge (§ 26 Z4) u. steuerfreie Bezüge (§3 Abs. 1 Z16b) 0,00	Bei der Aufrollung berücksichtigte Kirchenbeiträge, ÖGB-Beiträge	0,00
Arbeitgeberbeiträge an ausländische Pensionskassen (§ 26 Z 7) ···· 0,00	Eingezahlter Übertragungsbetrag an BV ················	0,00

Aufgabe: a) Erfassen Sie die Daten in den Masken der anonymen Steuerberechnung der Arbeitnehmerveranlagung. C

b) Berechnen Sie das voraussichtliche Ergebnis der Arbeitnehmerveranlagung. C

◉ Sichern

| SbX | ID: 9003 |

Arbeitnehmer-veranlagung	Mit der Arbeitnehmerveranlagung wird die **Lohnsteuer des Veranlagungszeitraumes**, in der Regel des Kalenderjahres, **neu berechnet** und der **einbehaltenen Lohnsteuer gegenüber-gestellt**. Daraus kann sich entweder eine **Steuergutschrift** oder eine **Steuernachzahlung** ergeben.
Grundlage	Grundlage für die Veranlagung eines Arbeitnehmers ist der **Lohnzettel und Beitragsgrundlagennachweis**.

Arten der Arbeit-nehmerveranlagung	● Pflichtveranlagung ● Antragsveranlagung ● Antragslose (automatische) Veranlagung
Sonderausgaben	Unter Sonderausgaben versteht man **Ausgaben aus der privaten Lebensführung** des Arbeit-nehmers, die **steuerlich begünstigt** werden.
Werbungskosten	Werbungskosten sind **Ausgaben, die im Zusammenhang mit der beruflichen Tätigkeit** des Arbeitnehmers stehen. Sie dienen dem Erwerb, der Sicherung oder dem Erhalt der beruflichen Tätigkeit.
Außergewöhnliche Belastungen	Außergewöhnliche Belastungen sind **nicht alltägliche Ausgaben, die zwangsläufig** entste-hen und die **wirtschaftliche Leistungsfähigkeit wesentlich beeinträchtigen.**
Durchführung der Arbeitnehmer-veranlagung	Die Arbeitnehmerveranlagung wird elektronisch über **FinanzOnline** eingebracht, vom Finanz-amt bearbeitet und die Erledigung mittels **Bescheid** zugestellt.
Rechtsmittel – Beschwerde	Gegen den Bescheid zur Arbeitnehmerveranlagung kann **bis spätestens einen Monat** nach der Zustellung **Beschwerde** beim **Finanzamt** eingebracht werden.

SbX
ID: 9003

Im SbX finden Sie diese Zusammenfassung als Audio-Wiederholung sowie eine Bild-schirmpräsentation.

Wissen

SbX   ID: 9004

SbX

Aufgaben
mit automatischer
Aufgabenkontrolle
ID: 9004

W 9.01: Ergänzen Sie den folgenden Satz: A

Mit der Arbeitnehmerveranlagung wird die _____
_____, in der Regel des Kalenderjahres, _____
und _____.
Daraus kann sich entweder eine _____ oder eine
_____ ergeben.

W 9.02: Kreuzen Sie an. B

	Sonder-ausgaben	Werbungs-kosten	Außergewöhnliche Belastungen
Fachliteratur			
Kurkosten			
Kontaktlinsen			
Computer			
Kirchenbeitrag			
Lebensversicherung			
Fortbildungskurs			
Diätverpflegung			

W 9.03: Die Erledigung der Arbeitnehmerveranlagung erfolgt mittels Bescheid. Gegen die Be-rechnungen, die im Bescheid dargelegt werden, kann Beschwerde eingebracht wer-den. Innerhalb welchen Zeitraumes ist diese einzubringen? Kreuzen Sie an. A

☐ 6 Monate   ☐ 1 Woche   ☐ 1 Monat   ☐ 2 Wochen

9 Arbeitnehmerveranlagung

 SbX
ID: 9004

Ein kurzer Kompetenz-Check, bevor's weitergeht!

Weitere Möglichkeiten zur Kompetenzüberprüfung im SbX

| Wiederholungsfragen | Weitere Aufgaben mit automatischer Aufgabenkontrolle |  |

Kompetenz-Check

	☺	☺	☹
Ich kann bei der anonymen Steuerberechnung die Erklärung zur Arbeitnehmerveranlagung auswählen.			
Ich kann Sonderausgaben im FinanzOnline erfassen.			
Ich kann Werbungskosten im FinanzOnline erfassen.			
Ich kann außergewöhnliche Belastungen im FinanzOnline erfassen.			
Ich kann die Daten des Lohnzettels und Beitragsgrundlagennachweises im FinanzOnline eingeben.			
Ich kann das voraussichtliche Ergebnis auf Grundlage der eingegebenen Daten berechnen.			

10 COMPUTERUNTER-STÜTZTE PERSONAL-VERRECHNUNG

Worum geht's in diesem Kapitel?

Zur Durchführung der Personalverrechnung wird in Unternehmen meist ein Softwarepaket eingesetzt, mit dem die erforderlichen Aufzeichnungen, z.B. Lohnkonten, geführt; die Abrechnungen der Löhne, Gehälter usw. durchgeführt; die erforderlichen Auswertungen, z.B. Lohn- und Gehaltsabrechnungsbelege, erstellt und die entsprechenden Meldungen an die Gebietskrankenkasse, das Finanzamt und die Gemeinde abgewickelt werden.

In diesem Kapitel finden Sie Übungsbeispiele zum Kompetenzerwerb und zur Kompetenzüberprüfung auf der Handlungsebene **C** **Anwenden.**

Dieses Kapitel umfasst folgende Inhalte:

1 Allgemeines

2 Unternehmens- und Betriebsstammdaten

3 Abrechnung für Oktober

4 Neuaufnahme eines Angestellten

5 Bezugserhöhungen per 1. November 2018

6 Abrechnung für November

7 Adressänderung, Vorlage einer Erklärung/eines Nachweises zur Berücksichtigung des Pendlerpauschales und des Pendlereuros

8 Abrechnung für Dezember

9 Arbeiten anlässlich des Ausscheidens des Arbeiters Paul Stemmer

10 Arbeiten zum Jahresende

Üben

1 Allgemeines

1.1 Unternehmensbeschreibung

Das Unternehmen **Ing. Karl Berger e.U.,** 1090 Wien, Schubertgasse 10, das von Herrn Ing. Karl Berger selbst geführt wird, handelt mit Kfz-Ersatzteilen und -Zubehör. Die Verkäufe erfolgen ausschließlich an andere gewerbliche Unternehmen (Händler, Reparaturwerkstätten, Industriebetriebe).

Das Unternehmen beschäftigt **einen Angestellten (ab November 2018 zwei Angestellte), einen Arbeiter** und **einen Lehrling.**

Die **Personalverrechnung** wird mit einem **PC** durchgeführt. Die **Gutschrift der Nettobezüge** auf den Bankkonten der Mitarbeiter erfolgt spätestens am **letzten Arbeitstag eines jeden Monats.** Die erforderlichen **Abrechnungen** werden in der **letzten Arbeitswoche** des entsprechenden Kalendermonats unter Berücksichtigung der **Überstunden vom 21. des Vormonats bis zum 20. des laufenden Monats** erstellt.

1.2 Durchzuführende Arbeiten

Die Abrechnung der Löhne, Gehälter und Lehrlingsentschädigungen von **Jänner bis September** und der Urlaubsbeihilfe **wurde bereits durchgeführt.** Die entsprechenden **Datenbestände per 30. September** werden von einem **Sicherungsstand** übernommen. Anschließend sind die **erforderlichen Abrechnungen bzw. Arbeiten** von **Oktober bis Dezember** durchzuführen.

Es ergibt sich folgender **Arbeitsablauf:**

Die **Nummern in den Kreisen** entsprechen den **Nummern der Aufgabenstellungen.**

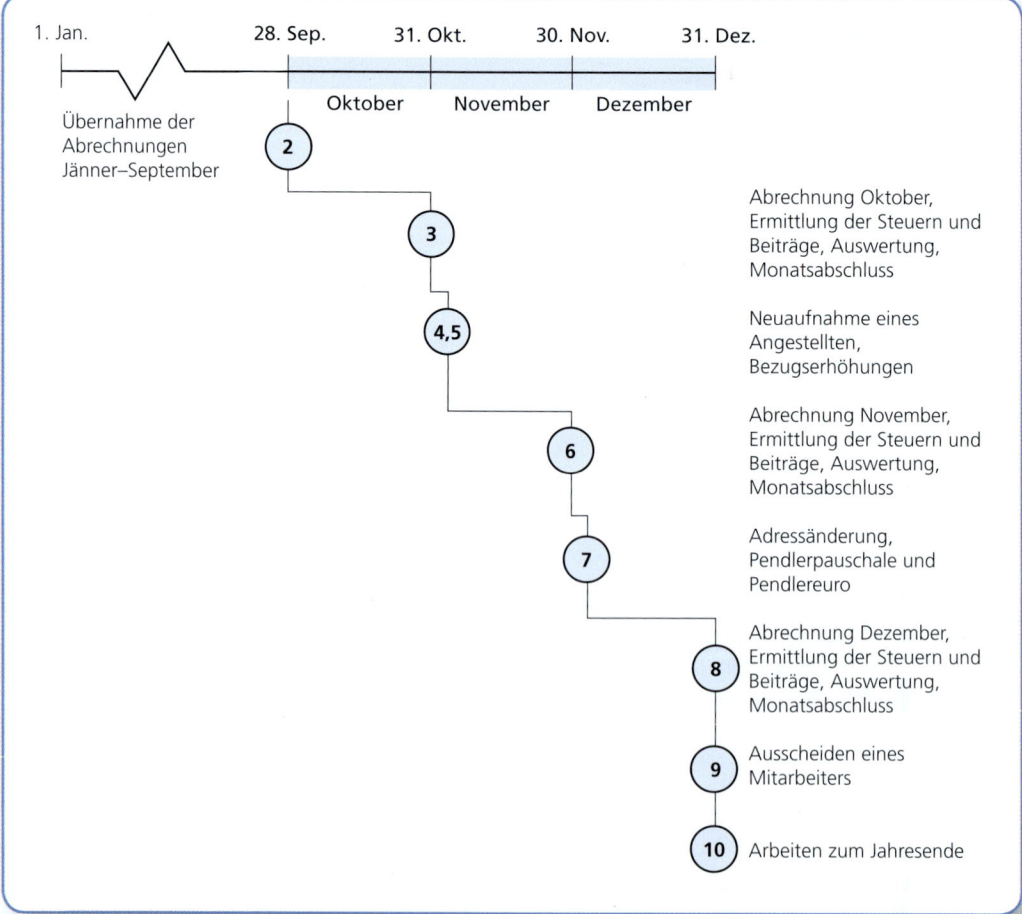

2 Unternehmens- und Betriebsstammdaten

2.1 Allgemeine Stammdaten

Name:	Ing. Karl Berger e.U.
Adresse:	Schubertgasse 10, 1090 Wien
Telefon:	+43 1 328 29 30-0
Telefax:	+43 1 328 29 30-10
E-Mail:	office@kfzberger.at
Website:	www.kfzberger.at

KB

ING. KARL BERGER E.U.
FAHRZEUGTEILE UND ZUBEHÖR

Finanzamt: für den 9., 18., 19. Bezirk und Klosterneuburg, Nummer 07
Steuernummer: 345/6758
UID-Nummer: ATU76301039
DVR-Nummer: 0016901
Firmenbuch: HG Wien, FN 171112k
Krankenkasse: Wiener Gebietskrankenkasse, Sozialversicherungsträger Code 11
Es wird das Selbstabrechnungsverfahren angewendet.
Dienstgeberkontonummer: 19390002
Gemeinde: Stadt Wien, Magistratsabteilung 6, Kontonummer 08/0924028,
Gemeindenummer 90101
Betriebliche Vorsorgekasse: Für alle Arbeitnehmer sind die Bestimmungen der Betrieblichen
Vorsorge anzuwenden. APK-Vorsorgekasse AG, BVK-Leitzahl 71100,
Betrieblicher Vorsorgebeitrag 1,53 %
Kreditinstitut: Bank für Wien und Niederösterreich, Liechtensteinstraße 23,
1090 Wien, BIC: BWNKATWW, IBAN: AT18 1234 5000 0740 0000,
Tel.: +43 1 443 17 20, Fax: +43 1 443 17 20-15

Die Absender-(Hersteller-)Daten für die Übermittlung von elektronischen Meldungen an die Gebietskrankenkasse und das Finanzamt entsprechen den Unternehmens- und Betriebsstammdaten.

2.2 Auszug aus dem Kontenplan

Kontonummern gemäß ÖPWZ-Kontenrahmen 2000

2700	Kassa
2800	Bank
3540	Verbindlichkeiten Finanzamt
3600	Verbindlichkeiten Krankenkasse
3610	Verbindlichkeiten Stadtkasse
3850	Verbindlichkeiten gegen Mitarbeiter aus der Bezugsverrechnung
6000	Löhne
6001	Überstunden Arbeiter
6020	UB und WR Arbeiter
6200	Gehälter
6201	Überstunden Angestellte
6220	UB und WR Angestellte
6300	Lehrlingsentschädigungen
6320	UB und WR Lehrlinge
6500	Gesetzlicher Sozialaufwand Arbeiter
6560	Gesetzlicher Sozialaufwand Angestellte
6565	Gesetzlicher Sozialaufwand Lehrlinge
6600	DB Arbeiter
6610	Zuschlag zum DB Arbeiter
6620	KommSt Arbeiter
6630	Wiener Dienstgeberabgabe Arbeiter
6660	DB Angestellte und Lehrlinge
6670	Zuschlag zum DB Angestellte und Lehrlinge
6680	KommSt Angestellte und Lehrlinge
6690	Wiener Dienstgeberabgabe Angestellte

2.3 Arbeitnehmerstammdaten (Lohnkonten),
Stand 28. September 2018

1. **Auer Monika,** Spindlergasse 18/7, 1140 Wien, Tel.: +43 664 900 91 18, geb. 13. April 1988 in Wien, verheiratet

   Angestellte, Eintritt in das Unternehmen mit 1. September 2012

   Bankverbindung: Bank für Wien und Niederösterreich, IBAN AT57 1234 5000 4639 0000, BIC BWNKATWW. Der Nettobezug wird auf das Bankkonto der Mitarbeiterin überwiesen.

   Beitragsgruppe D1, SV-Nr. 2377130488, Betrieblicher Vorsorgebeitrag (Abfertigung NEU)

   kein Pendlerpauschale, U-Bahn-Steuer, ohne AV(E)AB, Freibetrag € 31,20/Monat

   Gehalt Jänner bis September monatlich € 2.690,– (laufende Bezüge Jänner bis September € 24.210,–), UB im Juni € 2.690,–

   Überstundenteiler 1/158

   Weitere Daten für eine elektronische Meldung an die Gebietskrankenkasse (ELDA):

   Früher geführter Name: Grublauer, Staatsbürgerschaft: Österreich, Angestelltengesetz, mit dem Dienstgeber nicht verwandt und am Unternehmen nicht beteiligt, keine Sachbezüge, Arbeitszeit/Woche: 5 Tage mit 38,5 Stunden

> Laut Kollektivvertrag gilt die Differenz von 38,5 Stunden auf 40 Stunden als **Mehrarbeit.** Diese kann durch **Zeitausgleich** oder durch **Bezahlung** abgegolten werden, wobei im Allgemeinen **kein Zuschlag** zusteht.
>
> Erst die über 40 Stunden hinaus geleisteten Arbeitsstunden gelten als **Überstunden.**
>
> Die **Mehrarbeitsstunden in diesem Beispiel** werden durch **Zeitausgleich** abgegolten.

2. **Stemmer Paul,** Schulgasse 13/16, 1180 Wien, Tel.: +43 664 500 57 11, geb. 28. Juni 1995 in Salzburg, ledig

   Arbeiter, Eintritt in das Unternehmen mit 1. Februar 2016

   Bankverbindung: Bank für Wien und Niederösterreich, IBAN AT96 1234 5000 3528 0179, BIC BWNKATWW. Der Nettobezug wird auf das Bankkonto des Mitarbeiters überwiesen.

   Beitragsgruppe A1, SV-Nr. 2798280695, Betrieblicher Vorsorgebeitrag (Abfertigung NEU)

   kein Pendlerpauschale, U-Bahn-Steuer, ohne AV(E)AB, kein Freibetrag

   Monatslohn Jänner bis September € 2.210,– (laufende Bezüge Jänner bis September € 19.890,–), UB im Juni € 2.210,–

   Überstundenteiler 1/167

   Weitere Daten für eine elektronische Meldung an die Gebietskrankenkasse (ELDA):

   Staatsbürgerschaft: Österreich, Entgeltfortzahlungsgesetz, mit dem Dienstgeber nicht verwandt und am Unternehmen nicht beteiligt, keine Sachbezüge, Arbeitszeit/Woche: 5 Tage mit 38,5 Stunden

3. **Wolters Margit,** Steingasse 8/2/14, 1030 Wien, Tel.: +43 676 504 38 06, geb. 14. März 2002 in Wien, ledig

   Angestellten-Lehrling, Eintritt in das Unternehmen mit 1. November 2017, Lehrzeit: drei Jahre

   Bankverbindung: Bank für Wien und Niederösterreich, IBAN AT14 1234 5000 2833 0344, BIC BWNKATWW. Der Nettobezug wird auf das Bankkonto des Lehrlings überwiesen.

   Beitragsgruppe D3z, SV-Nr. 3877140302, Betrieblicher Vorsorgebeitrag (Abfertigung NEU) ab 1. Dezember 2017

   kein Pendlerpauschale, keine U-Bahn-Steuer, ohne AV(E)AB, kein Freibetrag

   Lehrlingsentschädigung Jänner bis September monatlich € 650,– (laufende Bezüge Jänner bis September € 5.850,–), UB im Juni € 650,–

   Weitere Daten für eine elektronische Meldung an die Gebietskrankenkasse (ELDA):

   Staatsbürgerschaft: Österreich, Berufsausbildungsgesetz, mit dem Dienstgeber nicht verwandt und am Unternehmen nicht beteiligt, keine Sachbezüge, Arbeitszeit/Woche: 5 Tage mit 38,5 Stunden

> **Lehrlinge** sind von der **U-Bahn-Steuer befreit.**

2.4 Ausdruck der Betriebsstammdaten und der Arbeitnehmerstammdaten

Eine Übersicht der erfassten Betriebs- und Arbeitnehmerstammdaten ist zu erstellen und mit den angeführten Stammdaten zu vergleichen. **C**

3 Abrechnung für Oktober

3.1 Abrechnung des Gehaltes, des Lohnes und der Lehrlingsentschädigung – Abrechnungsdatum 31. Oktober 2018

Führen Sie die erforderlichen Abrechnungen durch: **C**

ÜZ = Überstundenzuschlag

1. **Monika Auer:** Gehalt € 2.690,–, 12 Überstunden (im Oktober geleistet) mit 50 % ÜZ
2. **Paul Stemmer:** Monatslohn € 2.210,–, 14 Überstunden (im Oktober geleistet) mit 50 % ÜZ
3. **Margit Wolters:** Lehrlingsentschädigung € 650,–

3.2 Ermittlung der lohn- und gehaltsabhängigen Steuern und Beiträge, Erstellung des Buchungsbeleges, der Auszahlungsliste und der Nettoliste

- Erstellen Sie die Beitragsnachweisung für die Gebietskrankenkasse. **C**
- Ermitteln Sie den DB und den Zuschlag zum DB. **C**
- Ermitteln Sie die KommSt. **C**
- Ermitteln Sie die Wiener Dienstgeberabgabe (U-Bahn-Steuer). **C**
- Erstellen Sie den Buchungsbeleg. **C**
- Erstellen Sie die Auszahlungsliste (Nettoliste). **C**

3.3 Übermittlung der Beitragsnachweisung an die Gebietskrankenkasse

Die **Datenübermittlung an die Gebietskrankenkasse** wird in diesem Beispiel aus rechtlichen und technischen Gründen nur **bis zur Bereitstellung der zu übertragenden Daten durch das Softwarepaket** behandelt.

Übermitteln Sie die **Beitragsnachweisung Oktober** nach Durchführung der Abrechnung für Oktober an die Gebietskrankenkasse. Drucken Sie das Protokoll aus. **C**

4 Neuaufnahme eines Angestellten

Am 1. November 2018 wird ein weiterer Angestellter aufgenommen.

4.1 Anlage der Arbeitnehmerstammdaten (des Lohnkontos) für den neu aufgenommenen Angestellten

Legen Sie den neuen Dienstnehmer an: **C**

Hofer Michael, Fichtelgasse 28/19, 1090 Wien, Tel.: +43 1 225 55 16, geb. 29. April 1990 in Graz, verheiratet

Buchhalter (Angestellter), Eintritt in das Unternehmen mit 1. November 2018

Bankverbindung: Handelsbank, IBAN AT71 1782 0000 0233 1745, BIC KBAGATWW. Der Nettobezug wird auf das Bankkonto des Mitarbeiters überwiesen.

Beitragsgruppe D1, SV-Nr. 1206290490, Betrieblicher Vorsorgebeitrag (Abfertigung NEU) ab 1. Dezember 2018, Leitzahl der BV-Kasse 71100

kein Pendlerpauschale, U-Bahn-Steuer, mit AVAB, 2 Kinder, Ehegattin Renate Hofer: SV-Nr. 2867131192; Freibetrag € 32,10/Monat

Lohnzettel und Beitragsgrundlagennachweis siehe nächste Seite.

Gehalt monatlich € 2.950,–, keine Sachbezüge

Überstundenteiler 1/158

Weitere Daten für eine elektronische Meldung an die Gebietskrankenkasse (ELDA):

Staatsbürgerschaft: Österreich, Angestelltengesetz, mit dem Dienstgeber nicht verwandt und am Unternehmen nicht beteiligt, keine Sachbezüge, Arbeitszeit/Woche: 5 Tage mit 38,5 Stunden

4.2 Anmeldung bei der Gebietskrankenkasse

Führen Sie die **Anmeldung** von **Michael Hofer** bei der **Gebietskrankenkasse** durch (Datum 31. Oktober 2018). **C**

Drucken Sie die Bestätigungen und das Protokoll aus. **C**

Lohnzettel und Beitragsgrundlagennachweis für den Zeitraum

vom T T M M **0101** **bis** T T M M **3110** **2018**

Bezugs/pensionsauszahlende Stelle

Finanzamts-Nr. **07** Steuer-Nr. **1451553**

Arbeitnehmerin/Arbeitnehmer:

Arbeitnehmerin/Arbeitnehmer:

Familienname

Hofer

Vorname Titel

Michael

Adresse

Fichtelgasse 28/19

PLZ Ort

1090 **Wien**

Soziale Stellung **3** Vers.-Nr. **1206 290490** Geburtsdatum

weiblich männlich **X** Vollzeit-beschäftigung **X** Teilzeit-beschäftigung

(AVAB) wurde be-rücksichtigt (J/N) **J** (AEAB) wurde be-rücksichtigt (J/N) **N** erhöhter PAB wurde berücksichtigt (J/N) **N**

Wenn Kinderzuschläge berücksichtigt wurden (ab Zeitraum 2004): Anzahl der Kinder gemäß § 106 Abs. 1 **2**

Wenn AVAB: Vers.-Nr. des (Ehe)Partners **2867131192**

Bruttobezüge gemäß § 25 (ohne § 26 und ohne Familienbeihilfe)	210	29.050,00
Steuerfreie Bezüge gemäß § 68	215 −	0,00
Bezüge gemäß § 67 Abs. 1 und 2 (innerhalb des Jahressechstels), vor Abzug der Sozial-versicherungsbeiträge (SV-Beiträge)	220 −	4.150,00

Insgesamt einbehaltene SV-Beiträge, Kammerumlage, Wohnbauförderung **5.222,38**

Abzüglich einbehaltene SV-Beiträge:

für Bezüge gemäß Kennzahl 220	225 −	710,48	230 −	4.511,90
für Bezüge gemäß § 67 Abs. 3 bis 8, soweit steuerfrei bzw. mit festem Steuersatz versteuert	226 −	0,00		
Landarbeiterfreibetrag gemäß § 104			240 −	0,00

Übrige Abzüge:

Auslandstätigkeit gemäß § 3 Abs. 1 Z 10 . . . . **0,00**

Entwicklungshelfer/innen gemäß § 3 Abs. 1 Z 11 . . . . **0,00**

Aushilfskräfte gemäß § 3 Abs. 1 Z 11 lit. a **0,00**

Steuerfrei gemäß § 3 Abs. 1 Z 16c **0,00**

Pendler-Pauschale gemäß § 16 Abs. 1 Z 6 . . . . **0,00**

Werbungskostenpauschbetrag gemäß § 17 Abs. 1 für Expatriates **0,00**

Summe übrige Bezüge

Pendlereuro, Betrag in Euro (§ 33 Abs. 5 Z 4) (Nicht in Kennzahl 243 berücksichtigt) . . . . **0,00** **243 −** **0,00**

Einbehaltene freiwillige Beiträge gemäß § 16 Abs. 1 Z 3b **0,00**

Steuerpflichtige Bezüge

Steuerfreie bzw. mit festen Sätzen versteuerte Bezüge gemäß § 67 Abs. 3 bis 8, vor Abzug der SV-Beiträge . . . . **0,00** **245 =** **20.388,10**

Sonstige steuerfreie Bezüge **0,00**

Insgesamt einbehaltene Lohnsteuer **2.454,18**

Anrechenbare Lohnsteuer

Abzüglich Lohnsteuer mit festen Sätzen gemäß § 67 Abs 3 bis 8 . . . . − **0,00** **260 =** **2.454,18**

Nach dem Tarif versteuerte sonstige Bezüge (§ 67 Abs. 2,6,10) **0,00** Berücksichtigter Freibetrag laut Mitteilung gemäß § 63 . . . . **321,00**

Nicht steuerbare Bezüge (§ 26 Z4) u. steuerfreie Bezüge (§3 Abs. 1 Z16b) **0,00** Bei der Aufrollung berücksichtigte Kirchenbeiträge, ÖGB-Beiträge **0,00**

Arbeitgeberbeiträge an ausländische Pensionskassen (§ 26 Z 7) . . . . **0,00** Eingezahlter Übertragungs-betrag an BV **0,00**

Werkverkehr, Anzahl Kalendermonate (§ 26 Z 5) . . . . **0** Überlassung eines arbeitgebereig. Kfz für Fahrten Wohnung-Arbeitsstätte, Anzahl Kalendermonate (§ 16 Abs. 1 Z 6 lit. b) **0**

Dieser Teil ist nur von pensionsauszahlenden Stellen oder Körperschaften offentlichen Rechts auszufüllen

Nicht zu erfassende Bezüge gemäß § 25 Abs. 1Z 2a und 3a (75 %) . . . . **0,00** Berücksichtigter Freibetrag gemäß § 35 . . . . **0,00**

Pflegegeld von bis **0,00** Berücksichtigter Freibetrag gemäß §105 . . . . **0,00**

Sozialversicherungsrechtliche Daten:

Sozialversicherungsträger 11

Beitragszeitraum (wenn abweichend): von 01 bis 10

Arbeiter(in) (J/N) ...... N   Angestellte(r) (J/N) .... J

Allgemeine Beitragsgrundlage..... 24.900,00

Beitragsgrundlage Sonderzahlung 4.150,00

Betrieblichevorsorgekasse: BV-Beitragsgrundlage inkl. SZ 29.050,00

Eingezahlter Betrag an BV 444,50

Arbeitnehmerin/Arbeitnehmer:

Familienname: Hofer   Vers.-Nr. 1206 Geburtsdatum 290490

Dienstgeberkontonummer 19390002

SZ-Anspruch (J/N) .... J   SZ ohne allgemeine Beitragsgrundlage (J/N).... N

freie(r) Dienstnehmer(in) (J/N) N   geringfügig beschäftigt (J/N) N

Beitragsgrundlage Teilentgelt 0,00

Anzahl Tage mit Teilentgelt 0

BV-Beitragszeiten: von 01 bis 10

Sozialversicherungsrechtliche Daten: (Fortsetzung 1)

Sozialversicherungsträger ......

Beitragszeitraum: von 0 bis 0

Arbeiter(in) (J/N) .....   Angestellte(r) (J/N) ....

Allgemeine Beitragsgrundlage..... 0,00

Beitragsgrundlage Sonderzahlung 0,00

Betrieblichevorsorgekasse: BV-Beitragsgrundlage inkl. SZ 0,00

Eingezahlter Betrag an BV 0,00

Dienstgeberkontonummer ....

SZ-Anspruch (J/N) .... SZ ohne allgemeine Beitragsgrundlage (J/N).....

freie(r) Dienstnehmer(in) (J/N)   geringfügig beschäftigt (J/N)

Beitragsgrundlage Teilentgelt 0,00

Anzahl Tage mit Teilentgelt 0

BV-Beitragszeiten: von 0 bis 0

Adresse der Arbeitsstätte am 31.12. oder am letzten Beschäftigungstag gemäß § 34 Abs. 2 ASVG

[Dieser Teil ist nur auszufüllen, wenn die Adresse der Arbeitsstätte von der (Firmen-)Adresse der Arbeitgeberin/des Arbeitgebers abweicht]

Straße .... Seifriedgasse

Hausnummer................. 4 bis 4   Stiege   Tür/Top

Postleitzahl................. 1150   Ortschaft Wien

Politische Gemeinde bzw. Staat, wenn Ausland .... Wien

Gemeindekennziffer (entfällt bei Ausland) 90101

Bezugs/pensionsauszahlende Stelle

Karl Fischer GmbH
Seifriedgasse 4
1150   Wien
+43 1 824 13 12-8

Name und Anschrift, Telefonnummer und Klappe

Ausstellungsdatum 31.10.2018

Die Richtigkeit und Vollständigkeit wird bestätigt:

Karl Fischer

Unterschrift

5 Bezugserhöhungen per 1. November 2018

Führen Sie die Bezugserhöhungen durch: **C**

1. Das Gehalt der Angestellten **Monika Auer** wird per 1. November 2018 auf € 2.840,– erhöht.
2. Der Angestellten-Lehrling **Margit Wolters** beginnt am 1. November 2018 das 2. Lehrjahr. Die Lehrlingsentschädigung von Lehrling Margit Wolters wird per 1. November 2018 auf € 780,– erhöht.

6 Abrechnung für November

6.1 Abrechnung der Gehälter, des Lohnes und der Lehrlingsentschädigung – Abrechnungsdatum 30. November 2018

Führen Sie die erforderlichen Abrechnungen durch: **C**

1. **Monika Auer:** Gehalt € 2.840,–, 11 Überstunden (im November geleistet) mit 50 % ÜZ, WR € 2.840,–
2. **Paul Stemmer:** Monatslohn € 2.210,–, 16 Überstunden (im November geleistet) mit 50 % ÜZ, WR € 2.210,–
3. **Margit Wolters:** Lehrlingsentschädigung € 780,–, WR € 780,–
4. **Michael Hofer:** Gehalt € 2.950,–, aliquote UB und WR (je $\frac{2}{12}$ von € 2.950,–)

6.2 Ermittlung der lohn- und gehaltsabhängigen Steuern und Beiträge, Erstellung des Buchungsbeleges, der Auszahlungsliste und der Nettoliste

- Erstellen Sie die Beitragsnachweisung für die Gebietskrankenkasse. **C**
- Ermitteln Sie den DB und den Zuschlag zum DB. **C**
- Ermitteln Sie die KommSt. **C**
- Ermitteln Sie die Wiener Dienstgeberabgabe (U-Bahn-Steuer). **C**
- Erstellen Sie den Buchungsbeleg. **C**
- Erstellen Sie die Auszahlungsliste (Nettoliste). **C**

6.3 Übermittlung der Beitragsnachweisung an die Gebietskrankenkasse

Übermitteln Sie die **Beitragsnachweisung November** nach Durchführung der Abrechnung für November an die Gebietskrankenkasse. Drucken Sie das Protokoll aus. **C**

7 Adressänderung, Vorlage einer Erklärung/eines Nachweises zur Berücksichtigung des Pendlerpauschales und des Pendlereuros

Frau **Monika Auer** ist mit 1. Dezember 2018 nach 2340 Mödling, Liechtensteinstraße 4, übersiedelt. Der Meldezettel wird vorgelegt.

Am 3. Dezember legt Frau Auer die auf den Seiten 134 und 135 abgebildete Erklärung zur Berücksichtigung des Pendlerpauschales und des Pendlereuros (€ 696,–/Jahr) vor.

7.1 Durchführung der entsprechenden Korrekturen

Erfassen Sie die **neue Adresse** sowie den **Anspruch auf das Pendlerpauschale und den Pendlereuro** in den Arbeitnehmerstammdaten der Angestellten **Monika Auer**. **C**

7.2 Meldung (Änderungsmeldung) an die Gebietskrankenkasse

Geben Sie die Änderung der Adresse von **Monika Auer** der Gebietskrankenkasse mit einer **Änderungsmeldung** bekannt. **C**

8 Abrechnung für Dezember

8.1 Abrechnung der Gehälter, des Lohnes und der Lehrlingsentschädigung – Abrechnungsdatum 31. Dezember 2018

Führen Sie die erforderlichen Abrechnungen durch: **C**

1. **Monika Auer:** Gehalt € 2.840,–
2. **Paul Stemmer:** Monatslohn € 2.210,–; der Arbeiter hat gekündigt und scheidet mit 31. Dezember aus dem Betrieb aus.
3. **Margit Wolters:** Lehrlingsentschädigung € 780,–
4. **Michael Hofer:** Gehalt € 2.950,–, 15 Überstunden (im Dezember geleistet) mit 50 % ÜZ

8.2 Ermittlung der lohn- und gehaltsabhängigen Steuern und Beiträge, Erstellung des Buchungsbeleges, der Auszahlungsliste und der Nettoliste

- Erstellen Sie die Beitragsnachweisung für die Gebietskrankenkasse. **C**
- Ermitteln Sie den DB und den Zuschlag zum DB. **C**
- Ermitteln Sie die KommSt. **C**
- Ermitteln Sie die Wiener Dienstgeberabgabe (U-Bahn-Steuer). **C**
- Erstellen Sie den Buchungsbeleg. **C**
- Erstellen Sie die Auszahlungsliste (Nettoliste). **C**

8.3 Übermittlung der Beitragsnachweisung an die Gebietskrankenkasse

Übermitteln Sie nach Durchführung der Abrechnung für Dezember die **Beitragsnachweisung Dezember** an die Gebietskrankenkasse. Drucken Sie das Protokoll aus. **C**

9 Arbeiten anlässlich des Ausscheidens des Arbeiters Paul Stemmer

9.1 Ausdruck des Lohnzettels und Beitragsgrundlagennachweises

Drucken Sie den bei Beendigung des Dienstverhältnisses vom Dienstgeber auszustellenden **Lohnzettel und Beitragsgrundlagennachweis** aus. **C**

9.2 Weitere Arbeiten anlässlich des Ausscheidens

Führen Sie die **weiteren Arbeiten** (Abmeldung bei der Gebietskrankenkasse, Erstellung eines Dienstzeugnisses, Abschluss des Lohnkontos, Inaktivsetzen des Dienstnehmers im Softwarepaket), die beim Ausscheiden eines Dienstnehmers erledigt werden müssen, durch. **C**

10 Arbeiten zum Jahresende

10.1 Erstellung von Ausdrucken

Drucken Sie zum Jahresende (mit Datum 31. Dezember 2018) die **Lohnkonten** (Jahreslohnkonten) und die **Lohnzettel und Beitragsgrundlagennachweise** aller Dienstnehmer aus. Der Ausdruck des Lohnzettels und Beitragsgrundlagennachweises des Arbeiters Paul Stemmer wurde bereits im Punkt 9.1 durchgeführt. **C**

10.2 Übermittlung der Lohnzettel und Beitragsgrundlagennachweise an die Gebietskrankenkasse

Übermitteln Sie die **Lohnzettel und Beitragsgrundlagennachweise** aller beschäftigten **Dienstnehmer** in elektronischer Form mithilfe der ELDA-Software an die Gebietskrankenkasse. **C**

Der Dienstgeber hat bis **Ende Februar des folgenden Kalenderjahres** die Lohnzettel und Beitragsgrundlagennachweise aller im Kalenderjahr beschäftigten Dienstnehmer zu übermitteln. Mangels technischer Voraussetzungen endet die Übertragung in diesem Beispiel bei der **Bereitstellung der zu übertragenden Daten** durch das Softwarepaket.

Dieses Formular dient entweder:
- *Als Erklärung zur Berücksichtigung des Pendlerpauschales und des Pendlereuro durch den Arbeitgeber. In diesem Fall übermitteln Sie bitte das Formular dem Arbeitgeber, der es zum Lohnkonto zu nehmen hat. Beachten Sie bitte, dass Sie verpflichtet sind, alle Umstände, die sich auf das Pendlerpauschale oder den Pendlereuro auswirken, dem Arbeitgeber innerhalb eines Monats zu melden.*
- *Als Nachweis zur Berücksichtigung des Pendlerpauschales und des Pendlereuro im Rahmen der Arbeitnehmer- bzw. Einkommensteuerveranlagung. In diesem Fall tragen Sie das Pendlerpauschale (Betrag siehe unten) unter der **Kennzahl 718** und den Pendlereuro (Betrag siehe unten)unter der **Kennzahl 916** im Formular L1 bzw. E1 ein. Bitte übermitteln Sie in diesem Fall das Formular nicht dem Finanzamt. Bewahren Sie es aber mindestens 7 Jahre für eine etwaige Überprüfung durch das Finanzamt auf.*

Erklärung/Nachweis zur Berücksichtigung des Pendlerpauschales und des Pendlereuro ab 01.01.2014

(für Fahrten zwischen Wohnung und Arbeitsstätte gemäß § 16 Abs. 1 Z 6 Einkommensteuergesetz 1988)

Familien- oder Nachname und Vorname der Arbeitnehmerin bzw. des Arbeitnehmers
Auer Monika
Anschrift der Wohnung (Postleitzahl, Ort, Straße, Hausnummer)
Liechtensteinstraße 4, 2340 Mödling
Anschrift der Arbeitsstätte (Falls keine Anschrift vorhanden - Bezeichnung der Arbeitsstätte)
Schubertgasse 10, 1090 Alsergrund (Wien)

Es wird kein arbeitgebereigenes KFZ für Fahrten zwischen Wohnung und Arbeitsstätte zur Verfügung gestellt.

Ich lege die Entfernung zwischen Wohnung und Arbeitsstätte an mehr als 10 Tagen im Kalendermonat zurück.

Tag der Abfrage: Mo , 03.12.2018   Arbeitsbeginn: 08:00 Uhr

Abgefragter Tag: Mo, 03.12.2018   Arbeitsende: 16:30 Uhr

Das Pendlerpauschale beträgt 696 Euro jährlich/ 58 Euro monatlich

Der Pendlereuro beträgt 46,00 Euro jährlich/ 3,83 Euro monatlich

Die Benützung von öffentlichen Verkehrsmitteln ist auf der überwiegenden Strecke möglich und zumutbar.

Die Wegstrecke berechnet sich wie folgt:

Gehweg von Schubertgasse 10, 1090 Alsergrund (Wien) bis Wien Nußdorfer Straße	0,6 km
U-Bahn U6 von Wien Nußdorfer Straße bis Wien Meidling	7,1 km
Umstiegspunkt von Wien Meidling bis Wien Meidling	0,3 km
S-Bahn S3 von Wien Meidling bis Brunn-Maria Enzersdorf Bahnhof	9,5 km
Umstiegspunkt von Brunn-Maria Enzersdorf Bahnhof bis P+R Brunn-Maria Enzersdorf, Brunn am Gebirge	0,3 km
Fahrtstrecke PKW von P+R Brunn-Maria Enzersdorf, Brunn am Gebirge bis Liechtensteinstraße 4, 2340 Mödling	4,7 km
Die Entfernung zwischen Wohnung und Arbeitsstätte beträgt (gerundet)	23 km

BMF BUNDESMINISTERIUM FÜR FINANZEN

L34 EDV

Sofern ich diese Erklärung meiner Arbeitgeberin/meinem Arbeitgeber vorlege, werde ich jede Änderung der Voraussetzungen, z.B. einen Wohnungswechsel, innerhalb eines Monats meiner Arbeitgeberin/meinem Arbeitgeber bekanntgeben. Ich weiß, dass ich mich eines Finanzvergehens schuldig mache, wenn ich durch unrichtige Angaben oder unterlassene Meldungen die Pendlerpauschale und den Pendlereuro in Anspruch nehme; außerdem muss ich die zu wenig bezahlte Lohnsteuer nachzahlen.

3|12|18   Monika Auer

Datum, Unterschrift der Arbeitnehmerin bzw.
des Arbeitnehmers

Hinweise für die Arbeitgeberin bzw. den Arbeitgeber
Diese Erklärung ist zum Lohnkonto zu nehmen und verbleibt bei diesem.
Bei offensichtlichen unrichtigen Angaben sind Pendlerpauschale sowie Pendlereuro nicht zu berücksichtigen.

L34 EDV

Wissen

Ein kurzer Kompetenz-Check, bevor's weitergeht!

Kompetenz-Check

	😊	😐	😞
Ich kann die Anpassung der Stammdaten bei An- und Abmeldungen, Bezugserhöhungen und sonstigen Änderungen vornehmen.			
Ich kann die Abrechnung laufender und sonstiger Bezüge mit einem Softwarepaket durchführen.			
Ich kann die Auswertungen am Monatsende erstellen.			
Ich kann die Übermittlung der Daten an die Gebietskrankenkasse und an das Finanzamt vornehmen.			
Ich kann die Auswertungen am Jahresende erstellen und übermitteln.			

ANHANG

Der Anhang enthält

- zusätzliche anspruchsvollere Übungsbeispiele zu den Kapiteln des Schülerbuches,
- Besonderheiten zur Personalverrechnung in der Hotellerie und Gastronomie,
- eine Tabellensammlung,
- Kopiervorlagen,
- Fachbegriffe Deutsch/Englisch und
- einen Bildnachweis.

Der Anhang umfasst folgende Inhalte:

Zusätzliche anspruchsvollere Übungsbeispiele

Personalverrechnung in der Hotellerie und Gastronomie

Tabellensammlung

Kopiervorlagen

Fachbegriffe Deutsch/Englisch

Fachbegriffe in weiteren Sprachen SbX

Bildnachweis

Zusätzliche anspruchsvollere Übungsbeispiele

Die zusätzlichen anspruchsvolleren Übungsbeispiele sind entsprechend dem Aufbau des Schülerbuches gegliedert. Für deren Lösung sind die Kenntnisse des entsprechenden Kapitels erforderlich.

Üben

Ü 11.01: Abrechnung eines Angestellten mit Überstunden

Helmut Binder (Kfz-Sachverständiger); Gehalt € 3.340,–; im Abrechnungszeitraum 15 Überstunden mit 50 % ÜZ und 9 Nacht-Überstunden mit 100 % steuerfreiem ÜZ, Überstundenteiler 1/143; ohne AV(E)AB; Freibetrag € 48,40/Monat, Pendlerpauschale € 58,–/Monat, Pendlereuro für 30 km (einfache Fahrtstrecke); Gewerkschaftsbeitrag € 32,10, Betriebsratsumlage € 8,30; Akontozahlung € 500,–, Rückzahlung eines Gehaltsvorschusses € 160,–

Aufgabe: Stellen Sie die Abrechnung auf. **C**

Ü 11.02: Abrechnung eines Arbeiters mit Überstunden und SFN-Zuschlägen

Christian Anglberger (Maschinenarbeiter); Monatslohn € 1.930,–; im Mai 12 Überstunden mit 50 % ÜZ, Überstundenteiler 1/167; Feiertagsarbeit 7 Stunden (Normalarbeitszeit an diesem Tag 8 Stunden); Zuschlag für Nachtarbeit € 108,–; ohne AV(E)AB; Freibetrag € 38,30/Monat, Pendlerpauschale € 58,–/Monat, Pendlereuro für 39 km (einfache Fahrtstrecke); Akontozahlung € 600,–; Feiertagsarbeitsentgelt = 1/167 des Monatslohnes je Stunde; Abrechnung für den Monat Juni inkl. der Überstunden vom Mai

Aufgabe: Stellen Sie die Abrechnung auf. **C**

Ü 11.03: Abrechnung einer Arbeiterin mit Sachbezug und SEG-Zulagen

Petra Porsche (Kraftfahrzeugmechanikerin); Stundenlohn € 15,90; Monatsabrechnung mit 167 Stunden, davon 38,5 Stunden mit 20 % Schmutzzulage (SV- und LSt-frei) und 24 Stunden mit 10 % steuerfreier Erschwerniszulage; Sachbezugswert für die Privatnutzung eines arbeitgebereigenen Kfz-Abstellplatzes € 14,53; ohne AV(E)AB; Freibetrag € 30,60/Monat, Pendlerpauschale € 31,–/Monat, Pendlereuro für 15 km (einfache Fahrtstrecke); Gewerkschaftsbeitrag € 28,16; Akontozahlung € 450,–

Aufgabe: Stellen Sie die Abrechnung auf. **C**

Ü 11.04: Abrechnung eines Angestellten mit Überstunden inklusive der Abrechnung einer Sonderzahlung

Peter Hübel (EDV-Trainer); Gehalt November € 2.610,–; 11 Überstunden mit 50 % ÜZ, Überstundenteiler 1/158; gleichzeitig wird eine WR von € 2.610,– bezahlt (gemeinsame Abrechnung); bisherige Sonderzahlung (UB) € 2.610,–; laufende Bezüge Jänner bis Oktober € 28.578,–; mit AVAB, 1 Kind; Freibetrag € 35,10/Monat, Service-Entgelt (E-Card-Gebühr) € 11,70; Gewerkschaftsbeitrag € 26,10; Abrechnung für November

Aufgabe: Stellen Sie die Abrechnung auf. **C**

Zur Berechnung des Jahressechstels ist das Novembergehalt samt Überstundenentlohnung mitzurechnen.

Ü 11.05: Abrechnung eines Angestellten mit Überstunden und Sachbezug inklusive der Abrechnung einer Sonderzahlung (mit Jahressechstel)

Kurt Pflanzer (Cheflektor in einem Buchverlag); Anfang Mai wird eine UB von € 4.050,– bezahlt; bisherige Sonderzahlung € 4.530,–; laufende Bezüge Jänner bis April € 16.200,–; Ende Mai wird das Gehalt für Mai, das sind € 4.050,– sowie 13 Überstunden mit 50 % ÜZ und 6 Nacht-Überstunden mit 100 % steuerfreiem ÜZ (Überstundenteiler 1/158) abgerechnet; Sachbezugswert für die private Nutzung des arbeitgebereigenen Pkw € 577,–; ohne AV(E)AB; Freibetrag € 47,80/Monat; Gewerkschaftsbeitrag € 32,10; Abrechnung der UB und des Gehaltes für Mai (getrennt)

Aufgabe: Stellen Sie die Abrechnung auf. C

Ü 11.06: Abrechnung eines Arbeiters mit Überstunden und Sachbezug inklusive der Abrechnung einer Sonderzahlung (mit Jahressechstel)

Zur Berechnung des Jahressechstels ist der Novemberlohn samt Überstundenentlohnung und Sachbezugswert mitzurechnen.

James Clark (Bürokommunikationstechniker); Ende November wird der Lohn für November, das sind € 2.860,–, 16 Überstunden mit 50 % ÜZ sowie 3 Nacht-Überstunden mit 100 % steuerfreiem ÜZ (Überstundenteiler 1/143) und die Weihnachtsremuneration von € 2.860,– abgerechnet; bisherige Sonderzahlung (UB) € 2.860,–; laufende Bezüge Jänner bis Oktober € 27.100,–; Sachbezugswert für die Dienstwohnung € 396,–; mit AVAB, 1 Kind; Freibetrag 39,50/Monat, Service-Entgelt (E-Card-Gebühr) € 11,70; Betriebsratsumlage € 7,10; Abrechnung der WR und des Lohnes für November (gemeinsam)

Aufgabe: Stellen Sie die Abrechnung auf. C

Ü 11.07: Endabrechnung eines Angestellten

Verringerung des AV-Beitrages für Sonderzahlungen

Wilhelm Ortner (Kostenrechner); Gehalt € 3.020,–, 14 Überstunden mit 50 % ÜZ (Überstundenteiler 1/143); der Angestellte wurde mit 30. Juni gekündigt. Er war 18 Jahre im Betrieb angestellt. Der Urlaub ist bereits verbraucht, die UB mit € 3.020,– ausbezahlt. Keine Rückzahlung der aliquoten UB; ohne AV(E)AB; Freibetrag € 44,40/Monat; Gewerkschaftsbeitrag € 30,20. Abrechnung des Gehaltes für Juni inkl. der aliquoten WR von € 1.510,– und der Abfertigung. Die Überstunden sind bei Berechnung der Abfertigung nicht zu berücksichtigen.

Aufgabe: Stellen Sie die Abrechnung auf. C

Ü 11.08: Endabrechnung einer Angestellten

Der Aufgabenbereich von Logistikern umfasst die Überwachung des Wareneinganges, das Ausladen, die Eingangskontrolle, das Einlagern und Bereitstellen von Waren sowie das Verpacken und Verladen.

Ursula Michl (Logistikerin); Eintritt 1. Jänner 2012, Lösung des Arbeitsverhältnisses: Kündigung durch die Dienstnehmerin per 31. Juli 2018; monatliche Abrechnung für Juli 2018: Gehalt € 2.970,–, aliquote Urlaubsbeihilfe € 1.732,50, aliquote Weihnachtsremuneration € 1.732,50, Ersatzleistung für Urlaubsentgelt für 8 Werktage € 1.066,16, davon laufender Bezugsbestandteil € 913,85 und Sonderzahlungsteil € 152,31; mit AEAB, 1 Kind

Aufgabe: Stellen Sie die Abrechnung auf. C

Ü 11.09: Beitragsabrechnung nach dem Selbstabrechnungsverfahren

Ein Betrieb rechnet im Juli 2018 folgende Angestellte und einen Angestellten-Lehrling ab:

	Gehalt/Lehrlingsentschädigung	Urlaubsbeihilfe	bish. Sonderzahlungen	Beitragsgruppe
1. Berger	€ 2.410,00	€ 2.410,00		D1
2. Dorner	€ 3.360,00	€ 3.360,00	€ 3.430,00 (Bilanzgeld)	D1
3. Mag. Moser	€ 5.260,00	€ 5.260,00	€ 5.460,00 (Bilanzgeld)	D1
4. Paul (Lg., 1. Lj.)	€ 630,00	€ 630,00		D3z

Die Rückverrechnung des AV-Beitrages des Angestellten-Lehrlings Paul erfolgt mit der Verrechnungsgruppe N25d.

Alle Dienstnehmer unterliegen der Abfertigung NEU.

Aufgabe: a) Ermitteln Sie die SV-Beitragsgrundlagen. C
b) Stellen Sie die Beitragsabrechnung auf. C

Ü 11.10: Gehaltsabrechnung, gehaltsabhängige Steuern und Beiträge

Sandra Obauer (Personalreferentin); Gehalt € 2.490,–; 16 Überstunden mit 50 % ÜZ, Überstundenteiler 1/158; ohne AV(E)AB; Freibetrag € 40,50/Monat, Pendlerpauschale € 113,–/Monat, Pendlereuro für 45 km (einfache Fahrtstrecke)

Aufgabe: a) Rechnen Sie das Gehalt ab. C
b) Berechnen Sie die gehaltsabhängigen Steuern und Beiträge (inkl. BV-Beitrag, DB, DZ 0,44 %). C

Personalverrechnung in der Hotellerie und Gastronomie

SbX

Alle SbX-Inhalte zu dieser Lerneinheit finden Sie unter der ID: 9910.

Die Personalverrechnung in der Hotellerie und Gastronomie stellt durch ihre zahlreichen Besonderheiten eine Herausforderung für all jene dar, die mit ihr befasst sind und erfordert im Allgemeinen eine hohe Personalverrechnungskompetenz.

Lernen

Markieren Sie im nachfolgenden Text die Antworten auf folgende Fragen:

● **Welche Gesetze bzw. Vereinbarungen bilden die Grundlage für die Entlohnung der Angestellten?**
● **Welche Bestimmungen sind im Kollektivvertrag für Angestellte in der Hotellerie und Gastronomie unter anderem enthalten?**
● **Welche Vereinbarung bildet die Grundlage für die Entlohnung der Arbeiter?**
● **Welche Arten der Entlohnung unterscheidet man bei Arbeitern?**
● **Unterliegen Trinkgelder der Sozialversicherung bzw. der Lohnsteuer?**
● **Wie erfolgt die Ermittlung des Überstundenentgeltes für Arbeiter in der Hotellerie und Gastronomie?**

1 Allgemeines

Die **Kollektivverträge** für die Hotellerie und Gastronomie sind auf der **Website der Wirtschaftskammer** unter **www.wko.at** angeführt.

Die in den Kapiteln 1 bis 8 behandelten gesetzlichen Bestimmungen und Abrechnungsschemata gelten auch für die Personalverrechnung in der Hotellerie und Gastronomie. Aus der Besonderheit dieser Gewerbezweige bzw. aus den Kollektivverträgen resultieren jedoch eine Reihe von speziellen Regelungen.

2 Abrechnung von Gehältern

Entlohnung der Angestellten → Kollektivvertrag

Grundlage für die **Entlohnung der Angestellten** bildet, neben den einschlägigen Gesetzen (z. B. Angestelltengesetz), dem Dienstvertrag usw., der **Kollektivvertrag für Angestellte in der Hotellerie und Gastronomie.**

Dieser enthält unter anderem Bestimmungen über die

Arbeitszeit

● **Arbeitszeit**
Hinsichtlich der Normalarbeitszeit wurde in den Kollektivvertrag ein **Durchrechnungszeitraum von 26 Wochen** aufgenommen, wobei die **wöchentliche Normalarbeitszeit bis zu 48 Stunden** ausgedehnt werden kann. Die **tägliche Normalarbeitszeit** beträgt im **Durchrechnungszeitraum 9 Stunden.** Zeitguthaben am Ende des Durchrechnungszeitraumes können entweder durch Zeitausgleich oder durch Auszahlung von Überstunden ausgeglichen werden.

Überstundenarbeit

● **Überstundenarbeit**

Das **Normalstundengehalt** beträgt **1/173 des Bruttonormalmonatsgehaltes**. Der **Überstundenzuschlag beträgt 50 %.** Über die geleisteten Arbeitsstunden (Normalarbeitszeit und Überstunden) und deren Entlohnung muss der Arbeitgeber Aufzeichnungen führen (z. B. Arbeitszeitkarte) und die geleisteten Überstunden dem Angestellten wöchentlich, jedenfalls zum Monatsende, schriftlich bestätigen.

Jahresremuneration

● **Jahresremuneration (Urlaubszuschuss, Weihnachtsremuneration)**

Die **Jahresremuneration** beträgt **230 %** des im **Zeitpunkt der Fälligkeit** geltenden **kollektivvertraglichen Mindestmonatsgehaltes**, maximal jedoch das **Zweifache des tatsächlichen Gehaltes** für die Normalarbeitszeit. Die Auszahlung erfolgt jeweils zur Hälfte bei Urlaubsantritt (Urlaubszuschuss) und mit der Gehaltszahlung für den Monat November, spätestens aber bis zum 15. Dezember des Jahres (Weihnachtsremuneration).

Gehaltsordnung

● **Gehaltsordnung**

Die **Gehaltssätze**, die **Lehrlingsentschädigungen** und die diversen **Zulagen** und **Zuschläge** sind **länderweise** geregelt.

Lehrbeispiel

L 11.01: Abrechnung eines Gehaltes

Karl Obauer (Sales- und Marketingmanager in einem Hotel); Gehalt € 2.270,–; 11 Überstunden mit 50 % ÜZ; ohne AV(E)AB; Freibetrag € 32,50/Monat

Aufgabe: Stellen Sie die Abrechnung für Jänner auf. `C`

Lösung:

Gehalt			2.270,00
ÜG: 2.270,00 : 173 = 13,12 · 11			+ 144,32
ÜZ steuerfrei: 6,56 · 10			+ 65,60
ÜZ steuerpflichtig: 6,56 · 1			+ 6,56
Gesamtbruttogehalt			2.486,48
SV lfd.: 2.486,48 · 18,12 %			– 450,55
LSt lfd.: Brutto	2.486,48		
– ÜZ frei	65,60		
– SV lfd.	450,55		
– Freibetrag	32,50	1.937,83	– 260,14
Auszahlung/Überweisung			**1.775,79**

1.937,83 · 35 % –
– 418,10 = 260,14

3 Abrechnung von Löhnen

Entlohnung der
Arbeiter/innen →
Kollektivvertrag

Grundlage für die **Entlohnung der Arbeiter** bildet der **Kollektivvertrag für Arbeiter/innen in der Hotellerie und Gastronomie.** Die wichtigsten Besonderheiten werden nachstehend behandelt.

Allgemeine Lohnzahlungsbestimmungen

Die **Arbeiter in der Gastronomie** werden wie die Angestellten **monatlich abgerechnet.** Die Lohnauszahlung hat im Allgemeinen **bis zum Dritten des folgenden Monats** zu erfolgen.

Nach der **Art der Entlohnung** unterscheidet man

Lohnsysteme

● **Festlöhner** und
● **Garantielöhner.**

Festlöhner

Festlöhner erhalten einen **Monatslohn.**

Garantielöhner

Garantielöhner erhalten einen **Leistungslohn,** der durch Berechnung eines Prozentanteiles, bezogen auf den **Konsum der Gäste** (Bedienungsgeld, Umsatzprozente), aufgebracht wird.

Die **überwiegende Zahl der Arbeiter** in der Hotellerie und Gastronomie wird **nach dem Festlohnsystem abgerechnet.** Auch in den Bundesländern Kärnten, Salzburg, Tirol und Vorarlberg, in denen nach der Lohnordnung noch bis 30. April 2021 Garantielöhne bezahlt werden dürfen, werden mit wenigen Ausnahmen nur mehr Festlöhne ausbezahlt.

Trinkgelder

Die von den Gästen bezahlten Trinkgelder sind wie folgt zu behandeln:

SV-Beitrag 🔵 **Sozialversicherung**	**Trinkgelder** gelten gemäß § 49 Abs. 1 ASVG als Entgelt und **unterliegen** daher **der Beitragspflicht.** Die Feststellung der Höhe des Trinkgeldes erfolgt aufgrund der vom Dienstnehmer genannten Beträge durch den Dienstgeber, durch Erhebungen bzw. Schätzungen oder durch Pauschalierung seitens der zuständigen Gebietskrankenkasse. Die **Trinkgeldpauschalen** sind je Bundesland verschieden und betragen für Dienstnehmer mit Inkasso z.B. monatlich € 43,60, für Dienstnehmer ohne Inkasso z.B. monatlich € 19,60.
Lohnsteuer 🔵 **Lohnsteuer**	**Ortsübliche Trinkgelder,** die anlässlich einer Arbeitsleistung dem Arbeitnehmer von dritter Seite freiwillig und ohne dass ein Rechtsanspruch besteht gegeben werden, sind **von der Lohn- bzw. Einkommensteuer befreit.** Die Steuerfreiheit gilt nicht nur für „bare" Trinkgelder, sondern auch für sogenannte Kreditkartentrinkgelder, die vorerst dem Arbeitgeber zufließen und an den Arbeitnehmer weitergeleitet werden.

Lehrbeispiel

L 11.02: Abrechnung eines Lohnes (mit Trinkgeldpauschale)

Richard Brunnauer (Restaurantfachmann); Bruttolohn € 2.090,–, Trinkgeldpauschale € 43,60; mit AVAB, 1 Kind; Freibetrag € 31,10/Monat, Pendlerpauschale € 31,–/Monat, Pendlereuro für 15 km (einfache Fahrtstrecke); Akontozahlung € 500,–

Aufgabe: Stellen Sie die Abrechnung für Jänner auf. **C**

Lösung:

Lohn				2.090,00	
SV lfd.:	Brutto	2.090,00			
	+ Trinkgeldpauschale	43,60	2.133,60 · 18,12 %	–	386,61
LSt lfd:	Brutto	2.090,00			
	– SV lfd.	386,61			
	– Freibetrag	31,10			
	– Pendlerpauschale	31,00	1.641,29	–	112,68
Akontozahlung				–	500,00
Auszahlung/Überweisung				**1.090,71**	

Pendlereuro:
15 · 2,00 = 30,00 : 12 = 2,50
1.641,29 · 35 % – 459,27 –
– 2,50 = 112,68

Überstunden

Die **Überstundenarbeit** wird mit dem Normalstundenlohn und einem **Überstundenzuschlag von 50 %** entlohnt.

Berechnung des Überstundengrundlohnes

Festlöhner: Überstundengrundlohn/Stunde = $\dfrac{\text{Monatslohn}}{173}$

Üben

Rechnen Sie die Gehälter und Löhne nachstehender Dienstnehmer ab. C

Ü 11.11:

Julia Eberharter (Empfangschefin in einem Hotel); Gehalt € 2.210,–; 20 Überstunden mit 50 % ÜZ; ohne AV(E)AB; Pendlerpauschale € 31,–/Monat, Pendlereuro für 18 km (einfache Fahrtstrecke); Gewerkschaftsbeitrag € 22,10

Ü 11.12:

Thomas Schiffler (Salesmanager in einem Hotel); Gehalt € 2.410,–; 15 Überstunden mit 50 % ÜZ; mit AVAB, 1 Kind; Freibetrag € 28,–/Monat, Pendlerpauschale € 168,–/Monat, Pendlereuro für 66 km (einfache Fahrtstrecke)

Ü 11.13:

Veronika Huber (Restaurantfachfrau); Bruttolohn € 2.110,–; von der Restaurantfachfrau bekanntgegebenes Trinkgeld € 79,60; ohne AV(E)AB; Freibetrag € 43,10/Monat

Ü 11.14:

Roland Trettl (Restaurantfachmann); Bruttolohn € 2.057,–, Trinkgeldpauschale € 43,60; ohne AV(E)AB; Freibetrag € 32,10/Monat, Pendlerpauschale € 58,–/Monat, Pendlereuro für 39 km (einfache Fahrtstrecke); Akontozahlung € 400,–

Ü 11.15:

Günter Lohn (Servierkraft); Bruttolohn € 1.770,–; 18 Überstunden mit 50 % ÜZ, Überstundenteiler 1/173; bekanntgegebenes Trinkgeld € 55,90; mit AEAB, 1 Kind; Pendlerpauschale € 58,–/Monat, Pendlereuro für 24 km (einfache Fahrtstrecke)

Ü 11.16:

Veronika Hofbauer (Restaurantfachfrau); Bruttolohn € 1.864,–; 12 Überstunden mit 50 % ÜZ, Überstundenteiler 1/173; Trinkgeldpauschale € 15,50; ohne AV(E)AB; Freibetrag € 43,10/Monat; Gewerkschaftsbeitrag € 20,58

Sichern

Grundlagen für die Entlohnung der Angestellten und Arbeiter

Grundlage für die **Entlohnung der Angestellten** ist neben dem Angestelltengesetz und dem Dienstvertrag, der **Kollektivvertrag für Angestellte in der Hotellerie und Gastronomie.** Dieser enthält u.a. Bestimmungen über die Arbeitszeit, die Überstundenarbeit, die Jahresremuneration und die Gehaltsordnung.

Grundlage für die **Entlohnung der Arbeiter** ist der **Kollektivvertrag für Arbeiter/innen in der Hotellerie und Gastronomie.**

Lohnsysteme

Nach der **Art der Entlohnung** unterscheidet man

- **Festlöhner** und
- **Garantielöhner.**

Festlöhner erhalten einen **Monatslohn.**

Garantielöhner erhalten einen **Leistungslohn,** der durch Berechnung eines Prozentanteiles, bezogen auf den **Konsum der Gäste,** aufgebracht wird.

In der Praxis werden mit wenigen Ausnahmen **nur mehr Festlöhne ausbezahlt.**

Trinkgeld

Die von Gästen bezahlten **Trinkgelder sind sozialversicherungspflichtig.** Ortsübliche Trink-**gelder** sind **von der Lohn- bzw. Einkommensteuer befreit.**

Überstundenarbeit

Die **Überstunden** von Angestellten bzw. Arbeitern werden mit dem **Normalstundengehalt** bzw. **Normalstundenlohn** und einem **Überstundenzuschlag** von **50 %** abgegolten.

[SbX]
ID: 9913

Im SbX finden Sie diese Zusammenfassung als Audio-Wiederholung sowie eine Bild-schirmpräsentation.

Wissen

| SbX | ID: 9914 |

[SbX]
ID: 9914

Weitere Möglichkeiten zur Kompetenzüberprüfung im SbX

| **Wiederholungsfragen** | Weitere Aufgaben mit auto-matischer Aufgabenkontrolle | HLÖ MUSTERUNTERNEHMEN |

Ein kurzer Kompetenz-Check, bevor's weitergeht!

Kompetenz-Check

	☺	😐	☹
Ich kann die Grundlagen für die Entlohnung der Angestellten und der Arbeiter in der Hotellerie und Gastronomie nennen.			
Ich kann die Bestimmungen des Kollektivvertrages der Angestellten in der Hotellerie und Gastronomie über die Arbeitszeit, die Überstunden-arbeit, die Jahresremuneration und die Gehaltsordnung erklären.			
Ich kann zwischen Festlöhnern und Garantielöhnern unterscheiden.			
Ich kann die abgabenrechtliche Behandlung der Trinkgelder vornehmen.			
Ich kann einfache Lohn- und Gehaltsabrechnungen (mit Überstunden und Trinkgeld) für Arbeitnehmer der Hotellerie und Gastronomie durch-führen.			

Tabellensammlung

Sozialversicherung

SbX
Alle Tabellen finden Sie unter der ID: 9920.

Sozialversicherungs-Beitragssätze – Arbeiter und Angestellte* (Seite 17)

Sozialversicherungs-Beitragssätze für Arbeiter und Angestellte		Dienstnehmer-anteil (SV-DNA) %	Dienstgeber-anteil (SV-DGA) %	Summe (SV-Beitrag) %
Beitragsgruppen				
A1 bzw. D1 bis € 171,00/Tag € 5.130,00/Monat	Arbeitslosenversicherung	3,00*	3,00	6,00
	Krankenversicherung	3,87	3,78	7,65
	Unfallversicherung	—	1,30	1,30
	Pensionsversicherung	10,25	12,55	22,80
		17,12	20,63	37,75
	Kammerumlage	0,50	—	0,50
	Wohnbauförderungs-beitrag	0,50	0,50	1,00
	IESG-Zuschlag	—	0,35	0,35
	BV-Beitrag	—	(1,53)	(1,53)
		18,12	21,48 (23,01)	39,60 (41,13)

* Zur Senkung bzw. zum Entfall des Dienstnehmeran-teiles zur Arbeits-losenversicherung siehe Kapitel 2, Lerneinheit 2.

monatliche Beitragsgrundlage	AV-Beitrag %	SV-DNA %	SV-DGA %	Gültigkeit
bis € 1.381,00	0,00	15,12		
von € 1.381,01 bis € 1.506,00	1,00	16,12	21,48 (23,01)	ab 1. Jänner 2018
von € 1.506,01 bis € 1.696,00	2,00	17,12		
über € 1.696,00	3,00	18,12		

monatliche Beitragsgrundlage	AV-Beitrag %	SV-DNA %	SV-DGA %	Gültigkeit
bis € 1.648,00	0,00	15,12		
von € 1.648,01 bis € 1.798,00	1,00	16,12	21,48 (23,01)	ab 1. Juli 2018
von € 1.798,01 bis € 1.948,00	2,00	17,12		
über € 1.948,00	3,00	18,12		

Beginn des Lehrverhältnisses ab dem 1. Jänner 2016

Sozialversicherungs-Beitragssätze – Arbeiter- und Angestellten-Lehrlinge* (Seite 26)

Sozialversicherungs-Beitragssätze für Arbeiter- und Angestellten-Lehrlinge		Dienstnehmer-anteil (SV-DNA) %	Dienstgeber-anteil (SV-DGA) %	Summe (SV-Beitrag) %
Beitragsgruppen				
A3z bzw. D3z bis € 171,00/Tag € 5.130,00/Monat	Arbeitslosenversicherung	1,20*	1,20	2,40
	Krankenversicherung	1,67	1,68	3,35
	Unfallversicherung	—	—	—
	Pensionsversicherung	10,25	12,55	22,80
		13,12	15,43	28,55
	Kammerumlage	—	—	—
	Wohnbauförderungs-beitrag	—	—	—
	IESG-Zuschlag	—	—	—
	BV-Beitrag	—	(1,53)	(1,53)
		13,12	15,43 (16,96)	28,55 (30,08)

* Zur Senkung bzw. zum Entfall des Dienstnehmeranteiles zur Arbeitslosenversicherung siehe Kapitel 2, Lerneinheit 3.

monatliche Beitragsgrundlage	AV-Beitrag %	SV-DNA %	SV-DGA %	Gültigkeit
bis € 1.381,00	0,00	11,92		
von € 1.381,01 bis € 1.506,00	1,00	12,92	15,43 (16,96)	ab 1. Jänner 2018
über € 1.506,00	1,20	13,12		

monatliche Beitragsgrundlage	AV-Beitrag %	SV-DNA %	SV-DGA %	Gültigkeit
bis € 1.648,00	0,00	11,92		
von € 1.648,01 bis € 1.798,00	1,00	12,92	15,43 (16,96)	ab 1. Juli 2018
über € 1.798,00	1,20	13,12		

Dienstnehmeranteil Sonderzahlungen (Seite 51)

Jahresbetrag	Arbeiter und Angestellte
bis € 10.260,00	17,12 %*
über € 10.260,00	—

Geringfügig Beschäftigte (Seite 73)

Entgelt höchstens € 438,05 pro Kalendermonat

Gesamtbeiträge Angestellte und Angestellten-Lehrlinge* (Seite 99)

Beitragsgruppen für Angestellte und Angestellten-Lehrlinge		Gesamtbeitrag
D1:	Gehälter bis € 5.130,00 monatlich; Sonderzahlungen (SZ) bis € 10.260,00 jährlich	37,75 %
D3z:	Beginn des Lehrverhältnisses ab dem 1. Jänner 2016 Lehrlingsentschädigungen (inkl. Sonderzahlungen)	28,55 %
KU:	Gehälter bis € 5.130,00 monatlich	0,50 %
WF:	wie Kammerumlage	1,00 %
IE:	Gehälter bis € 5.130,00 monatlich; Sonderzahlungen bis € 10.260,00 jährlich	0,35 %
BV:	Gehälter inkl. Sonderzahlungen (ohne betragsmäßige Obergrenze), Lehrlingsentschädigungen inkl. Sonderzahlungen	1,53 %

Gesamtbeiträge Arbeiter und Arbeiter-Lehrlinge* (Seite 99)

Beitragsgruppen für Arbeiter und Arbeiter-Lehrlinge		Gesamtbeitrag
A1:	Löhne bis € 5.130,00 monatlich; Sonderzahlungen (SZ) bis € 10.260,00 jährlich	37,75 %
A3z:	Beginn des Lehrverhältnisses ab dem 1. Jänner 2016 Lehrlingsentschädigungen (inkl. Sonderzahlungen)	28,55 %
KU:	Löhne bis € 5.130,00 monatlich	0,50 %
WF:	wie Kammerumlage	1,00 %
IE:	Löhne bis € 5.130,00 monatlich; Sonderzahlungen bis € 10.260,00 jährlich	0,35 %
BV:	Löhne inkl. Sonderzahlungen (ohne betragsmäßige Obergrenze), Lehrlingsentschädigungen inkl. Sonderzahlungen	1,53 %

Allgemeine Verrechnungsgruppen (Seite 99)

* Zur Senkung bzw. zum Entfall des Dienstnehmeranteiles zur Arbeitslosenversicherung siehe Kapitel 2, Lerneinheiten 2 und 3.

Allgemeine Verrechnungsgruppen – ab 1. Jänner 2018*

Die Senkung bzw. der Entfall der Arbeitslosenversicherungsbeiträge der Arbeiter, Angestellten, Lehrlinge (Lehrzeitbeginn vor dem 1. Jänner 2016) und freien Dienstnehmer wird in eigenen Verrechnungsgruppen abgerechnet.

N25a:	Verrechnungsgruppe für gänzlichen Entfall der AV-Beiträge bei einer monatlichen Beitragsgrundlage bis € 1.381,00	– 3,00 %
N25b:	Verrechnungsgruppe für verminderte AV-Beiträge bei einer monatlichen Beitragsgrundlage von € 1.381,01 bis € 1.506,00	– 2,00 %
N25c:	Verrechnungsgruppe für verminderte AV-Beiträge bei einer monatlichen Beitragsgrundlage von € 1.506,01 bis € 1.696,00	– 1,00 %

Verrechnungsgruppen für Lehrlinge mit Lehrzeitbeginn ab dem 1. Jänner 2016:

N25d:	Verrechnungsgruppe für gänzlichen Entfall der AV-Beiträge bei einer monatlichen Beitragsgrundlage bis € 1.381,00	– 1,20 %
N25e:	Verrechnungsgruppe für verminderte AV-Beiträge bei einer monatlichen Beitragsgrundlage von € 1.381,01 bis € 1.506,00	– 0,20 %

* Zur Senkung bzw. zum Entfall des Dienstnehmer-anteiles zur Arbeits-losenversicherung siehe Kapitel 2, Lerneinheiten 2 und 3.

Allgemeine Verrechnungsgruppen – ab 1. Juli 2018 *

Die Senkung bzw. der Entfall der Arbeitslosenversicherungsbeiträge der Arbeiter, Angestellten, Lehrlinge (Lehrzeitbeginn vor dem 1. Jänner 2016) und freien Dienstnehmer wird in eigenen Verrechnungsgruppen abgerechnet.

N25a: Verrechnungsgruppe für gänzlichen Entfall der AV-Beiträge bei einer monatlichen Beitragsgrundlage bis € 1.648,00 — 3,00 %

N25b: Verrechnungsgruppe für verminderte AV-Beiträge bei einer monatlichen Beitragsgrundlage von € 1.648,01 bis € 1.798,00 — 2,00 %

N25c: Verrechnungsgruppe für verminderte AV-Beiträge bei einer monatlichen Beitragsgrundlage von € 1.798,01 bis € 1.948,00 — 1,00 %

Verrechnungsgruppen für Lehrlinge mit Lehrzeitbeginn ab dem 1. Jänner 2016:

N25d: Verrechnungsgruppe für gänzlichen Entfall der AV-Beiträge bei einer monatlichen Beitragsgrundlage bis € 1.648,00 — 1,20 %

N25e: Verrechnungsgruppe für verminderte AV-Beiträge bei einer monatlichen Beitragsgrundlage von € 1.648,01 bis € 1.798,00 — 0,20 %

Lohnsteuer

Berechnung der Lohn-steuer mithilfe der Effektiv-Tarif-Tabelle 2018 – Monatslohnsteuer-tabelle für Arbeitnehmer

Bei mehr **als 5 Kindern** erhöht sich der **Abzugs-betrag für jedes weitere Kind um € 220,– jährlich** bzw. um **€ 18,33** (gerundet) **monatlich.**

(Seite 20)

Effektiv-Tarif-Tabelle 2018 für Arbeitnehmer								
Monatslohn		Grenz-steuersatz	Abzug ohne AVAB/AEAB	Abzug mit AVAB/AEAB				
von	bis			1 Kind	2 Kinder	3 Kinder	4 Kinder	5 Kinder
SV-Rückerstattung oder Steuer			1.066,01	1.230,67	1.289,00	1.362,33	1.435,67	1.509,00
1.066,01	1.516,00	25 %	266,50	307,67	322,25	340,58	358,92	377,25
1.516,01	2.599,33	35 %	418,10	459,27	473,85	492,18	510,52	528,85
2.599,34	5.016,00	42 %	600,05	641,22	655,80	674,14	692,48	710,81
5.016,01	7.516,00	48 %	901,01	942,18	956,76	975,10	993,43	1.011,77
7.516,01	83.349,33	50 %	1.051,33	1.092,50	1.107,08	1.125,42	1.143,76	1.162,09
	darüber	55 %	5.218,80	5.259,97	5.274,55	5.292,88	5.311,22	5.329,55

Berechnung der Lohn-steuer mithilfe der Effektiv-Tarif-Tabelle 2018 – Tageslohnsteuer-tabelle für Arbeitnehmer

Bei **mehr als 5 Kindern** erhöht sich der **Abzugs-betrag für jedes weitere Kind um € 0,611.**

(Seite 38)

Effektiv-Tarif-Tabelle 2018 für Arbeitnehmer								
Tageslohn		Grenz-steuersatz	Abzug ohne AVAB/AEAB	Abzug mit AVAB/AEAB				
von	bis			1 Kind	2 Kinder	3 Kinder	4 Kinder	5 Kinder
SV-Rückerstattung oder Steuer			35,54	41,03	42,97	45,42	47,86	50,30
35,54	50,53	25 %	8,883	10,256	10,742	11,353	11,964	12,575
50,54	86,64	35 %	13,937	15,309	15,795	16,406	17,017	17,628
86,65	167,20	42 %	20,002	21,374	21,860	22,472	23,083	23,694
167,21	250,53	48 %	30,034	31,406	31,892	32,503	33,114	33,726
250,54	2.778,31	50 %	35,044	36,417	36,903	37,514	38,125	38,736
	darüber	55 %	173,960	175,332	175,818	176,429	177,041	177,652

Pendlerpauschale
(Seite 19)

Voraussetzung für die Berücksichtigung des Pendlerpauschales und des Pendlereuros

Anzahl der Fahrten von der Wohnung zur Arbeitsstätte pro Kalendermonat	Ausmaß des Pendlerpauschales und Pendlereuros
mindestens elf Fahrten	voller Monatsbetrag
mindestens acht Fahrten	2/3 des Monatsbetrages
mindestens vier Fahrten	1/3 des Monatsbetrages

Kleines Pendlerpauschale

	mind. 20 km	mehr als 40 km	mehr als 60 km
Jahresbetrag	€ 696,00	€ 1.356,00	€ 2.016,00
Monatsbetrag	€ 58,00	€ 113,00	€ 168,00

Großes Pendlerpauschale

	mind. 2 km	mehr als 20 km	mehr als 40 km	mehr als 60 km
Jahresbetrag	€ 372,00	€ 1.476,00	€ 2.568,00	€ 3.672,00
Monatsbetrag	€ 31,00	€ 123,00	€ 214,00	€ 306,00

Jährlich € 2,– pro Kilometer der einfachen Fahrtstrecke zwischen Wohnung und Arbeitsstätte

Schmutz-, Erschwernis- und Gefahrenzulagen (SEG-Zulagen) sowie **Zuschläge für Sonntags-, Feiertags- und Nachtarbeit** (SFN-Zuschläge) und **mit diesen Arbeiten zusammenhängende Überstundenzuschläge** sind insgesamt **bis € 360,– monatlich** unter bestimmten Voraussetzungen **steuerfrei.** Der Freibetrag erhöht sich auf € 540,–/Monat für jene Arbeitnehmer, deren **Normalarbeitszeit** im Lohnzahlungszeitraum **überwiegend** in der Zeit zwischen 19:00 und 7:00 Uhr („steuerliche Nacht") liegt.

Zusätzlich zu den vorgenannten Zulagen und Zuschlägen sind **Zuschläge für die ersten zehn Überstunden im Monat** an Werktagen und Samstagen außerhalb der Nachtzeit im Ausmaß von **höchstens 50 % des Grundlohnes, insgesamt höchstens jedoch € 86,– monatlich, steuerfrei.** Als Überstundenzuschläge gelten auch Zuschläge für Mehrarbeit, die sich aufgrund der verkürzten kollektivvertraglichen Normalarbeitszeit ergibt.

Die Berechnung der Tagesgelder erfolgt grundsätzlich **für 24 Stunden (24-Stunden-Regelung).** Arbeitsrechtliche Vorschriften (z. B. Kollektivverträge) können jedoch auch eine **Abrechnung pro Kalendertag** vorsehen **(Kalendertagsregelung).**

Tages- und Nächtigungsgelder sind **SV-beitragsfrei,** soweit sie nicht der Lohnsteuerpflicht unterliegen.

Das **steuerfreie Tagesgeld** für Inlandsdienstreisen darf **bis zu € 26,40 pro 24 Stunden** bzw. **pro Kalendertag** betragen.

Bis zu einer Reisedauer von **drei Stunden** steht **kein steuerfreies Tagesgeld** zu. Dauert eine Dienstreise **länger als drei Stunden,** so kann für **jede angefangene Stunde** jeweils ein **Zwölftel von € 26,40 steuerfrei abgerechnet** werden.

Bezahlt der Arbeitgeber ein Arbeitsessen, das überwiegend der Werbung dient, so sind die **Tagesgelder pro Mittagessen bzw. Abendessen um jeweils € 13,20 zu kürzen.**

Als **Nächtigungsgeld einschließlich der Kosten des Frühstücks** können **ohne Nachweis der Kosten € 15,–** (Nachweis der tatsächlichen Nächtigung jedoch erforderlich) oder der volle **Betrag der nachgewiesenen höheren Kosten** abgabenfrei ausgezahlt werden.

Steuersätze:
- für die ersten € 620,– (= Freibetrag)   0 %
- für die nächsten € 24.380,–   6 %
- für die nächsten € 25.000,–   27 %
- für die nächsten € 33.333,–   35,75 %

Freibetrag: € 620,–

Freigrenze: € 2.100,– (bis zu einem Jahressechstel von € 2.100,–)

Sonstige Werte

Die **gesetzliche Abfertigung** beträgt bei einer ununterbrochenen Dauer des Dienstverhältnisses von

3 Jahren – 2 Monatsentgelte,	15 Jahren – 6 Monatsentgelte,
5 Jahren – 3 Monatsentgelte,	20 Jahren – 9 Monatsentgelte,
10 Jahren – 4 Monatsentgelte,	25 Jahren – 12 Monatsentgelte.

3,9 %; Beitragsgrundlage maximal € 1.460,–, dann abzüglich Freibetrag von € 1.095,–

Der DZ beträgt in **Prozenten der Beitragsgrundlage des DB** für das **Kalenderjahr 2018:**

Bundesland	Zuschlag zum DB	Bundesland	Zuschlag zum DB
Burgenland	0,44 %	Steiermark	0,39 %
Kärnten	0,41 %	Tirol	0,43 %
Niederösterreich	0,40 %	Vorarlberg	0,39 %
Oberösterreich	0,36 %	Wien	0,40 %
Salzburg	0,42 %		

Beitragsgrundlage maximal € 1.460,–, dann abzüglich Freibetrag von € 1.095,–

3 %; Bemessungsgrundlage maximal € 1.460,–, dann abzüglich Freibetrag von € 1.095,–

€ 2,– je Dienstnehmer für jede angefangene Woche eines bestehenden Dienstverhältnisses

Kopiervorlagen

SbX

Die Kopiervorlagen
finden Sie unter der
ID: 9930.

Beitragsnachweisung

Beitragsnachweisung

Dienstgeber _____   zuständiger Versicherungsträger _____   Ordnungsbegriff _____

Beitragszeitraum [ ] / [ ] (Monat / Jahr)   Alle Angaben in Euro

Beitrags-gruppe	Summe der allgemeinen Beitragsgrundlagen	Summe der Beitragsgrundlagen für Sonderzahlungen	Beitrags-satz (%)	Gesamtbeiträge (Dienstgeber- und Versichertenbeiträge)
1.				
2.				
3.				
4.				
5.				
6.				
7.				
8.				
9.				
10.				
11.				
12.				

	Summe der Beitragsgrundlagen	Beitrags-satz (%)	Höhe des Nebenbeitrags
Arbeiterkammerumlage			
Wohnbauförderungsbeitrag			
Landarbeiterkammerumlage			
Schlechtwetterentschädigungsbeitrag			
IESG-Zuschlag			
Nachtschwerarbeitsbeitrag			

Diese Beitragsnachweisung enthält die Beitragsgrundlagen für die Anzahl von:

[ ] Arbeitern   [ ] Angestellten   [ ] geringf. beschäftigten Arbeitern

[ ] Arbeiter Lehrlingen   [ ] Angestellten Lehrlingen   [ ] geringf. beschäftigten Angestellten

Davon [ ] Geschäftsführer   Summe allg. Beitragsgrundlagen für Geschäftsführer: [ ]

Sonderzahlungen für Geschäftsführer: [ ]

Beitragsgrundlage für unbezahlten Urlaub: [ ]

MALUS (Beiträge gem. AMPFG): [ ] Angestellte   Malusbetrag Angestellte: [ ]

[ ] Arbeiter   Malusbetrag Arbeiter: [ ]

Summe Auflösungsabgabe (N80): [ ]

Summe Service-Entgelt (e-card Gebühr; N89): [ ]

Summe aller BV-Beiträge (N98): [ ]

BV-Zuschlag bei jährlicher Abrechnung des BV-Beitrages für geringfügig Beschäftigte (N97): [ ]

= Gesamtsumme der Beiträge: [ ]

Lohnkonto

Lohn-/Gehaltsliste

LOHNKONTO für 20 . .

Name:

	Eintritt:	(Ehe)Partner:		Kind:		Kind:	
	Austritt:	SV-Nr.:		SV-Nr.:		SV-Nr.:	
besch. als:	SV-Nr.:						
Anschr.:	SV-Träger:						
IBAN:	BV seit:						
BIC:	BV-Kasse:						
Betriebsst.:	Aufroll. am:						

Lohnzettel und Beitragsgrundlagennachweis ausgefolgt:

Datum	Stunden				Art d. Bezuges	Normal-bezug	Überstunden			Gesamt-bezug	DB und DZ				BV-Beitrag		SV-Beitragsgr.		Abzug SV	Bemes-sungsgr. LSt	Abzug LSt	nicht steuerbare Leistungen		Abzug		Aus-zahlungs-betrag
Abr.-Per.	N	Ü 50%	Ü 100%				ÜG	ÜZ LSt-frei	ÜZ LSt-pfl.		Bemes-sungs-grundl.	Beitr. %	%		Bemes-sungs-grundl.	Beitr.	allgem.	Sonder-zahlung						Service-Entgelt	Gewerk-schafts-beitrag	

ab | Lohn/Gehalt | AVAB/AEAB | steuer-frei lt. Mitt. | Pendler-pauschale | Pendler-euro | steuerfreie Bezüge

Jahress. (JS) | bish. § 67/1 | Rest auf JS | sonst. Bezug | stpfl. | zum lfd. Bezug

---

Lohn-/Gehaltsliste vom .... bis .... 20 . .

Datum	Stunden				Art d. Bezuges	Normal-bezug	Überstunden			Gesamt-bezug	DB und DZ				BV-Beitrag		SV-Beitragsgr.		Abzug SV	Bemes-sungsgr. LSt	Abzug LSt	Abzug			Aus-zahlungs-betrag	Name
Abr.-Per.	N	Ü 50%	Ü 100%				ÜG	ÜZ LSt-frei	ÜZ LSt-pfl.		Bemes-sungs-grundl.	Beitr. %	%		Bemes-sungs-grundl.	Beitr.	allgem.	Sonder-zahlung				Service-Entgelt	Gewerk-schafts-beitrag			
Summen:																										

SbX

Fachbegriffe Deutsch / Englisch
ID: 9940

Fachbegriffe Deutsch/Englisch

Nach dem Verlassen Ihrer Schule kann Sie Ihr Arbeitsplatz in einen anderen Staat Europas oder sogar auf einen anderen Kontinent führen. Eine Voraussetzung, um erfolgreich zu sein, ist das Beherrschen der englischen Sprache, auch im Bereich der Fachsprache.

Sie finden dazu ausgewählte Fachbegriffe dieses Schulbuches nachfolgend in deutscher und englischer Sprache angeführt.

SbX

Fachbegriffe in weiteren Sprachen
ID: 9940

Die **Fachbegriffe** stehen Ihnen im SbX auch in **Bosnisch/Kroatisch/Serbisch**, **Französisch**, **Italienisch**, **Spanisch** und **Türkisch** als PDF-Dateien zur Verfügung.

Deutsch	Englisch
Angestellte/r	employee
Arbeiter/in	worker
Dienstvertrag	contract of employment
Gehälter	salaries
Löhne	wages
Lohnsteuer	wage tax
Lohnsteuerpflichtiger Anteil	taxable share of income
Personalverrechnung	payroll accounting
Sachbezüge	payment in kind
Sozialversicherung	social insurance, social security
Sozialversicherungsbeitrag	social insurance contribution, social security contribution
Steuer	tax
Überstunde	overtime
Urlaubsbeihilfe	holiday allowance
Weihnachtsremuneration	Christmas allowance

Quelle: Praxiswörterbuch Business Accounting, Langenscheidt Fachverlag

Bildnachweis

Seite 1: JiSign/Fotolia
Seite 2: Marco 2811/Fotolia
Seite 3: Shutterstock (1. Bild), Meryll/Shutterstock (2. Bild)
Seite 4: Manz'sche Verlags- und Universitätsbuchhandlung (1. und 2. Bild)
Seite 7: DOC RABE Media/Fotolia
Seite 8: Naci Yavuz (1. Bild), rcx/Fotolia (2. Bild)
Seite 11: momius/Fotolia
Seite 14: Unbreakable/Fotolia (1. Bild), Manz'sche Verlags- und Universitätsbuchhandlung (2. Bild)
Seite 18: Jonas Wolff/Fotolia
Seite 20: Bernd Leitner Fotodesign/Shutterstock
Seite 21: Dan Race/Fotolia
Seite 25: Doris Heinrichs/Fotolia
Seite 27: wavebreakmedia/Shutterstock
Seite 29: fotomek/Fotolia
Seite 33: BONNINSTUDIO/Shutterstock
Seite 34: Günter Sachadonig (1. Bild), Igor Mojzes/Fotolia (2. Bild)
Seite 37: Mmaxer/Shutterstock
Seite 38: Günter Sachadonig
Seite 43: Simone Voigt/Shutterstock
Seite 44: nmann77/Fotolia
Seite 49: WoGi (1. Bild), WoGi (2. Bild)

Seite 52: Günter Sachadonig
Seite 54: Minerva Studio/Fotolia
Seite 61: Gina Sanders/Fotolia
Seite 62: Gerhard Ribnicsek
Seite 64: Stauke/Fotolia
Seite 68: M. Stasy/Shutterstock
Seite 70: PhotoSG/Fotolia
Seite 73: Torbz/Fotolia (1. Bild), Marco 2811/Fotolia (2. Bild)
Seite 79: JiSign/Fotolia
Seite 80: psdesign1/Fotolia
Seite 83: momius/Fotolia
Seite 91: freshidea/Fotolia
Seite 97: Meryll/Shutterstock
Seite 109: Vivian Seefeld/Fotolia
Seite 115: Stauke/Fotolia
Seite 116: Felix Pergande/Fotolia
Seite 118: Maria Lohrbach/Fotolia
Seite 125: Scanrail/Fotolia
Seite 137: jd-photodesign/Fotolia
Seite 140: Mike Vogl/www.neumayr.cc
Seite 142: Mike Vogl/www.neumayr.cc
Seite 143: Ricardo Thaler/Fotolia
Seite 151: Yuri Arcurs/Fotolia

Wir haben uns bemüht, alle Inhaber/innen von Bildrechten ausfindig zu machen. Sollten dennoch Urheberrechte verletzt worden sein, bitten wir um Kontaktaufnahme mit uns.